职业教育"十四五"新形态教材

财经商贸大类新专标系列教材

ZHINENGHUA CAIWUGUANLI SHIWU

智能化财务管理实务

朱丹萍　郑梅青　主编

立信会计出版社

图书在版编目（CIP）数据

智能化财务管理实务 / 朱丹萍，郑梅青主编.
上海：立信会计出版社，2025.8. -- ISBN 978-7-5429-
7982-7

Ⅰ．F232

中国国家版本馆 CIP 数据核字第 202510A8J5 号

策划编辑	赵志梅
责任编辑	赵志梅
美术编辑	吴博闻

智能化财务管理实务

出版发行	立信会计出版社		
地　　址	上海市中山西路 2230 号	邮政编码	200235
电　　话	(021)64411389	传　　真	(021)64411325
网　　址	www.lixinaph.com	电子邮箱	lixinaph2019@126.com
网上书店	http://lixin.jd.com		http://lxkjcbs.tmall.com
经　　销	各地新华书店		

印　　刷	常熟市人民印刷有限公司	
开　　本	787 毫米×1092 毫米	1/16
印　　张	17.25	
字　　数	410 千字	
版　　次	2025 年 8 月第 1 版	
印　　次	2025 年 8 月第 1 次	
书　　号	ISBN 978-7-5429-7982-7/F	
定　　价	49.00 元	

如有印订差错，请与本社联系调换

前言

Preface

在数字经济时代,人工智能、大数据、云计算等技术的迅猛发展正深刻重塑企业财务管理的模式与格局。智能化财务管理作为财务数字化转型的核心领域,不仅显著提高了财务处理效率,更推动了企业战略决策的科学化与精准化,使企业管理者能够基于实时数据动态调整资源配置,在快速变化的环境中把握增长机遇。

为适应这一趋势,满足各行业对既精通财务专业内核,又掌握 Python 数据分析、RPA 流程设计等技术工具,同时具备商业场景转化能力的复合型财务管理人才的需求,编者编写了《智能化财务管理实务》教材。

本教材以"技术赋能财务,智能驱动管理"为核心理念,系统构建了智能企业财务管理的知识体系,涵盖智能财务分析、预算与预测、投资管理、筹资管理、风险管理、资金管理等内容,深度剖析财务管理困境的实现路径。本教材紧密结合企业真实场景,设计了丰富的案例与实训项目,通过理论与实践的结合,帮助学习者深入理解智能技术如何优化财务流程、提升决策质量,特别是培养其将"智能技术＋财务知识"转化为业务解决方案的能力。

本教材的主要特点如下。

1. 技术赋能——工具场景融合

本教材以 Excel 为基础工具,深度融合 RPA、Python、BI 等智能财务工具,充分体现行业前沿动态与技术发展趋势。本教材配套"财务管理"国家在线精品课程,由刘舒叶教授、朱丹萍副教授联合打造,课程资源丰富,涵盖教学视频、实战案例、互动实训平台等,构建了"理论＋工具＋场景"的立体化学习支持体系,特别解决了传统财务教学中工具滞后、实践脱节、数据孤岛等核心痛点。此外,本教材内容将定期更新,确保与政策法规、技术迭代及行业需求同步。

2. 结构优化——逻辑分层递进

本教材采用"基础—进阶—综合"的三阶递进式架构,创新性地构建了"财微话(情境导入)—财学堂(基础理论)—财智堂(技能实训)—智驭未来(前沿技术)—财思汇(总结升华)"的完整闭环。首先,各项目以"财微话"再现典型业务场景;其次,各任务以"财学堂"系统梳理理论知识体系,并以"财智堂"培养学习者的实务操作能力;再次,各项目以"智驭未来"模块引入大数据、人工智能、区块链等新兴技术在财务领域的最新应用与发展趋势,激发学习者洞察未来、运用科技赋能财务工作的前瞻性思维;最后,各项目以"财思汇"实现学习内容的反思整合与职业素养的内化。这一闭环设计层层递进,环环相扣,有效促进了知识获取、能力训练、素养养成与前沿视野拓展的深度融合,为培养适应数字经济时代的高素质复合型财务人才奠定了坚实的结构化基础。

3. 案例贯穿——企业成长实践

本教材突破了传统教材的技术滞后性,以"真实企业痛点—相关理论基础—实践能力培养"为主线,为读者提供数字经济时代财务管理的系统性学习指南。本教材通过详解智能财务分析系统构建逻辑和企业成长的真实案例,助力学习者在管理实践中高效运用财务知识进行决策分析,最终成长为能驾驭"财务数据+智能工具+商业洞察"的新型财务人才。

本教材由朱丹萍、郑梅青主编,刘舒叶、谢咏梅、王佳慧、柳岚方参与编写,教育部全国行业职业教育教学指导委员会委员、上海市高校教学名师、资深注册会计师严玉康教授对教材进行了规划和指导,企业财务总监及技术工程师提供了实务和技术支持。在此,编者特别感谢合作企业提供的真实案例与技术资源,感谢教育界同仁的宝贵建议。

本教材既可作为高等院校财经类专业的教材使用,又可作为实务工作者的参考用书。编者期待本教材能帮助学习者突破传统财务管理的边界,使其成为兼具业务洞察力与技术应用能力的智能财务人才。当学习者能够自主开发 RPA 脚本、自动化处理应收票据,或运用 BI 工具生成财务数据图表,便是教材价值的最佳印证。同时,作为探索性成果,本教材可能存在不足之处,恳请广大读者与专家批评指正,编者将持续优化内容,定期更新,通过教材官网的迭代日志和教师社群保持动态更新,共同推动智能财务教育的创新与发展。

编 者

2025 年 8 月

「新专标」
系列教材 Xinzhuanbiao
Xilie Jiaocai

目录

项目一

认知财务管理

◎ **知识目标**

➤ 理解企业的定义及其组织形式；
➤ 掌握财务管理的内容；
➤ 熟悉企业财务管理的目标及其相互关系。

◎ **技能目标**

➤ 能够通过公开渠道调研企业基本信息及财务管理制度；
➤ 能够计算并分析不同财务管理目标对应的财务指标；
➤ 能够运用 PEST 模型和 SWOT 模型分析企业的内外部环境。

◎ **素养目标**

➤ 培养创业初期的风险意识和社会责任感，避免短视行为；
➤ 树立依法经营、诚信纳税的财务管理理念；
➤ 增强团队协作能力，通过小组任务提升沟通与分工效率。

◎ **知识导图**

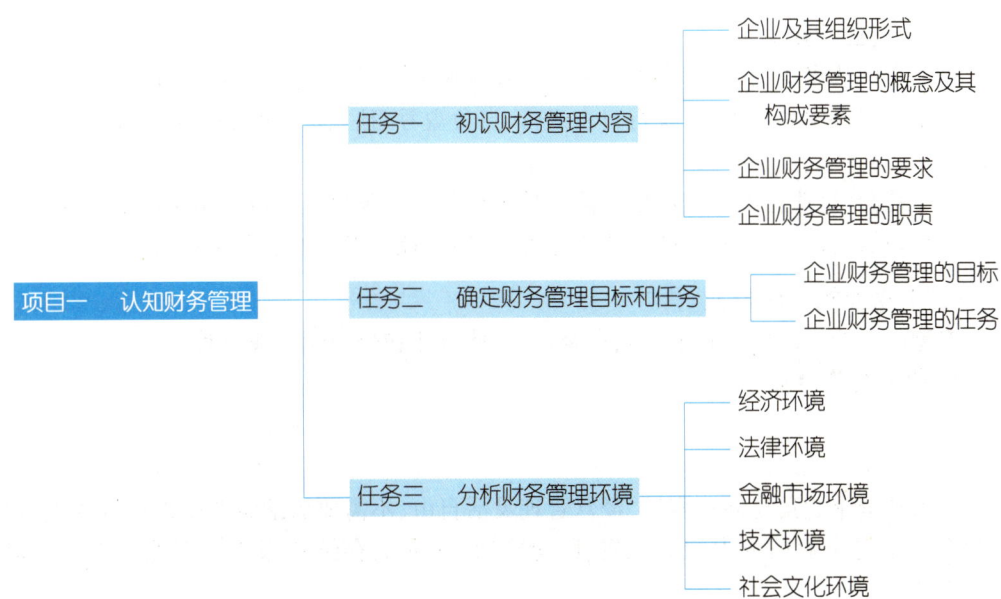

◎ 财微话（情境导入）

　　毕业于某大学会计系的小东踏入职场两年有余。毕业后,她始终怀揣着一颗创业之心。正巧,学弟小海也对创业充满了向往。两人一拍即合,决定联手,共同追求梦想。

　　这天,小东兴奋地分享着她的创业计划:"我想打造一家独具风格的服装店,为追求时尚与品质的都市人提供优质的服饰选择。"

　　小海问道:"学姐,那我们需要创办什么组织形式的公司呀?"

　　小东想了想,说:"我觉得合伙企业比较适合我们初创阶段的需求。它既能满足我们筹集资金、共同经营的需求,又能根据每个人的贡献来分配利润,非常灵活。我们可以先从小做起,等公司走上正轨,再将其转成公司制企业,做大做强。"

　　小海说:"好呀。但是,学姐,我们怎么筹资?怎么经营呢?"

　　小东说:"不用担心,你还记得我们上学时曾学过的'财务管理'课程吗?里面涉及企业的经营与管理,如筹资、投资和利润分配等,还有税务、法律等方面的知识。我们一起重温一下这门课程吧,让它为我们的创业实践指导方向。"

　　两人继续深入讨论,不断完善他们的创业计划。虽然前路充满挑战,但他们相信,只要共同努力,就一定能够闯出一片属于自己的天地。

任务一　初识财务管理内容

◎ 财学堂（基础理论）

一、企业及其组织形式

(一) 企业的定义

　　企业是依法设立的,以营利为目的,运用各种生产要素(土地、劳动力、资本和技术等),向市场提供商品或服务,实行自主经营、自负盈亏、独立核算的法人或其他社会经济组织。

　　当今社会,企业在国民经济中扮演着越来越重要的角色。企业是市场经济活动的主要参与者,是社会生产和服务的主要承担者,是经济社会发展的重要推动力量。

(二) 企业的组织形式

　　典型的企业组织形式有个人独资企业、合伙企业和公司制企业三种。

1. 个人独资企业

　　个人独资企业是由一个自然人投资,财产为投资人个人所有,投资人以其个人财产对企业债务承担无限责任的经营实体。

　　个人独资企业具有创立容易、经营管理灵活自由、不需要缴纳企业所得税等优点,但也存在业主对企业债务承担无限责任、融资难、企业的存续年限受制于业主寿命等局限性。

2. 合伙企业

合伙企业是由各合伙人订立合伙协议，共同出资，合伙经营，共享收益，共担风险，并对合伙债务承担无限连带责任的营利性组织。合伙企业包括普通合伙企业和有限合伙企业。

除业主不止一人外，合伙企业的优点和缺点与个人独资企业类似。由于合伙企业和个人独资企业存在类似的缺陷，一些企业尽管在刚成立时以独资或合伙的形式出现，但在发展到一定阶段后都会转换成公司的形式。

3. 公司制企业

公司是由股东共同投资形成的、依法定条件和程序设立的、以营利为目的的企业法人。法人是具有民事权利能力和民事行为能力，依法独立享有民事权利和承担民事义务的组织。

《中华人民共和国公司法》（以下简称《公司法》）将公司制企业分为有限责任公司和股份有限公司两种。公司制企业具有容易转让所有权、有限债务责任、可以无限存续、融资渠道多等优点。然而，公司制企业也具有组建成本高、代理问题和双重课税等缺陷。

练一练

【单选题】 个人独资企业的主要缺点是（　　）。

A. 需要缴纳企业所得税　　　　　B. 业主对企业债务承担无限责任

C. 融资容易　　　　　　　　　　D. 企业的存续年限受制于业主寿命

答案：B。

【单选题】 公司制企业的主要优点是（　　）。

A. 容易转让所有权和有限债务责任

B. 组建成本低和不存在代理问题

C. 双重课税和无限责任

D. 难以筹集资金和所有权转让困难

答案：A。

二、 企业财务管理的概念及其构成要素

财务管理是利用价值形式组织企业财务活动、处理财务关系的一项经济管理工作。财务管理是对企业财务活动进行的管理，它是企业组织财务活动、处理企业与各方面财务关系的一项经济管理工作，是企业管理的重要组成部分。

根据企业的基本活动不同，财务管理的内容可以分为筹资管理、投资管理、营运资金管理和收入与分配管理四个方面。

（一）筹资管理

企业应根据自身发展的需要，通过各种筹资渠道，依法、经济、有效地筹集自身所需资金。企业应按规定核算和使用筹集的资金，并认真履行合同，依法接受监督，做到诚实守信。

企业在进行资金筹集时,一方面要科学预测资金需求量,确定合理的筹资规模;另一方面要通过选择恰当的筹资渠道和筹资方式,保持合理的筹资结构,从而降低企业的资本成本。

(二)投资管理

企业取得资金后,会将其投入使用,以取得最大的经济效益。

企业投资按其内涵可以分为广义的投资和狭义的投资。其中,广义的投资包括对内投资(购置固定资产、无形资产等)和对外投资(购买股票、债券和兼并收购等);狭义的投资仅指对外投资。

企业投资按其投资内容可以分为项目投资和证券投资。在进行投资管理时,企业需选择合适的投资方式、投资规模和投资结构,提高效益、降低风险。

(三)营运资金管理

营运资金是指短期资产和短期负债的差额。企业的营运资金在全部资产中占有较大的比重,是财务管理工作的一项重要内容。

营运资金管理活动旨在加速资金周转,提高资金的利用率,主要包括现金持有量的确定,应收账款的信用标准、信用条件和收款政策的确定,存货周期、存货数量、订货计划的确定等。在一定时期内,营运资金周转越快,资金的利用效率越高,企业就能生产出更多的产品,获得更多的报酬。

(四)收入与分配管理

收入是企业经济利益的来源,分配是企业经济利益的去向,两者共同构成企业经济利益流动的完整链条。收入的初次分配用于弥补成本费用,利润分配是对收入初次分配结果的再分配。

根据投资者的意愿和企业生产经营的需要,企业实现的净利润可以作为投资收益分配给投资者,也可以形成留存收益,或者作为投资者的追加投资。收入与分配管理活动要求合理确定分配的规模和结构,确保企业取得最大的长期利益。

练一练

【单选题】 企业财务管理的内容可以分为( )四个方面。

　　A. 筹资管理、投资管理、营运资金管理和收入与分配管理

　　B. 人力资源管理、成本管理、销售管理和市场推广管理

　　C. 资产管理、风险管理、财务分析和税务规划

　　D. 预算管理、现金流管理、债务管理和资本结构管理

答案:A。

三、 企业财务管理的要求

(一)生存目标的要求

生存是第一目标,是企业发展和获利的基础。企业不能生存便会破产,企业破产的直接原因通常为企业不能清偿到期债务。

[新专标] Xinzhuanbiao 系列教材 Xilie Jiaocai

现金流是企业生存的"血液",是否具备必要的现金流直接关系企业的生死存亡。因此,生存目标对企业财务管理的要求是,企业应保持以收抵支的能力,保证必要的现金流,确保企业能够按时偿还到期债务,减少破产风险。

(二)发展目标的要求

发展是企业生存的条件。在激烈的市场竞争中,企业只有不断发展壮大,才能在市场中生存。

企业的发展集中表现在收入的可持续增长。收入的增长源于市场份额的扩大,而市场份额的扩大依赖于产品的更新换代和产品质量的提高,这要求企业增加资源的投入。在市场经济中,各种资源的取得,都需要付出资金。因此,发展目标对企业财务管理的要求是,运用合适的金融手段,筹集企业发展所需的资金。

(三)获利目标的要求

获利既是企业生存的条件,又是企业生存和发展的目的。获利是指企业运用资产后所获得的经济利益超过其投资成本,即企业的产出大于其投入。获利对企业财务管理的要求是,有效地使用企业的资源,使其产生最大的经济利益。

四、 企业财务管理的职责

(一)财政部门的财务管理职责

在市场经济中,财政部门负责加强对企业财务的指导、服务与监督。各级财政部门的主要职责如下:

(1)监督执行企业财务规章制度,指导企业建立健全内部财务制度。

(2)制定促进企业改革发展的财务政策,建立健全支持企业发展的财政资金管理制度。

(3)建立健全企业年度财务报告审计制度,检查企业财务报告的质量。

(4)实施企业财务评价,检测企业财务运行状况。

(5)研究、拟定企业国有资本收益分配制度和国有资本经营预算制度。

(6)参与审核属于本级人民政府及其有关部门、机构出资的企业重要改革、改制方案。

(7)根据企业财务管理的需要,提供必要的帮助、服务。

(二)投资者的财务管理职责

投资者是企业法律意义上的"主人"。投资者履行财务管理职责是企业内部财务管理职责中最重要的组成部分。《公司法》第四条第二款明确规定:"公司股东对公司依法享有资产收益、参与重大决策和选择管理者等权利。"投资者的财务管理职责主要包括以下几个方面:

(1)审议批准企业内部财务管理制度、企业财务战略、财务规划和财务预算。

(2)决定企业的筹资、投资、担保、捐赠、重组、经营者报酬、利润分配等重大财务事项。

（3）决定企业聘请或者解聘会计师事务所、资产评估机构等中介机构事项。

（4）对经营者实施财务监督和财务考核。

（5）按照规定向全资或者控股企业委派或者推荐财务总监。

（三）经营者的财务管理职责

经营者承担企业整体的经营领导职务，对经营成果负有最终责任。根据《企业财务通则》第十三条的规定，经营者的财务管理职责主要包括以下几项：

（1）拟定企业内部财务管理制度、财务战略、财务规划，编制财务预算。

（2）组织实施企业筹资、投资、担保、捐赠、重组和利润分配等财务方案，诚信履行企业偿债义务。

（3）执行有关职工劳动报酬和劳动保护的规定，依法缴纳社会保险费、住房公积金等，保障职工合法权益。

（4）组织财务预测和财务分析，实施财务控制。

（5）编制并提供企业财务会计报告，如实反映财务信息和有关情况。

（6）配合有关机构依法进行审计、评估和财务监督等工作。

◎ **财智堂（技能实训）**

小东和小海开始筹建公司，他们想了解市场情况，便着手调研同类企业的基本信息、组织形式、经营状况等。

一、任务目标

调研企业基本情况。

二、任务描述

调研服装企业海澜之家集团股份有限公司（以下简称海澜之家）的财务管理制度，调研内容包括企业基本信息（企业名称、企业性质、注册资本、注册时间、法定代表人、主营业务）及其组织形式、企业财务管理人员配备、企业财务管理岗位设置、企业财务管理岗位职责，以及企业主要利益相关者。

三、实施步骤

1. 获取海澜之家基本信息

访问企查查官网，搜索海澜之家，获取其基本信息，如图1-1所示。

2. 获取海澜之家财务管理人员配备信息

访问海澜之家官方网站，在首页"投资者关系"项下"公司治理"栏目"其他高管"模块获取其财务管理人员配备信息，如图1-2所示。

3. 获取海澜之家财务管理岗位设置信息

访问海澜之家官方网站，在"人才招聘"中检索"财务"关键词获取其财务管理岗位设置信息，如图1-3所示。

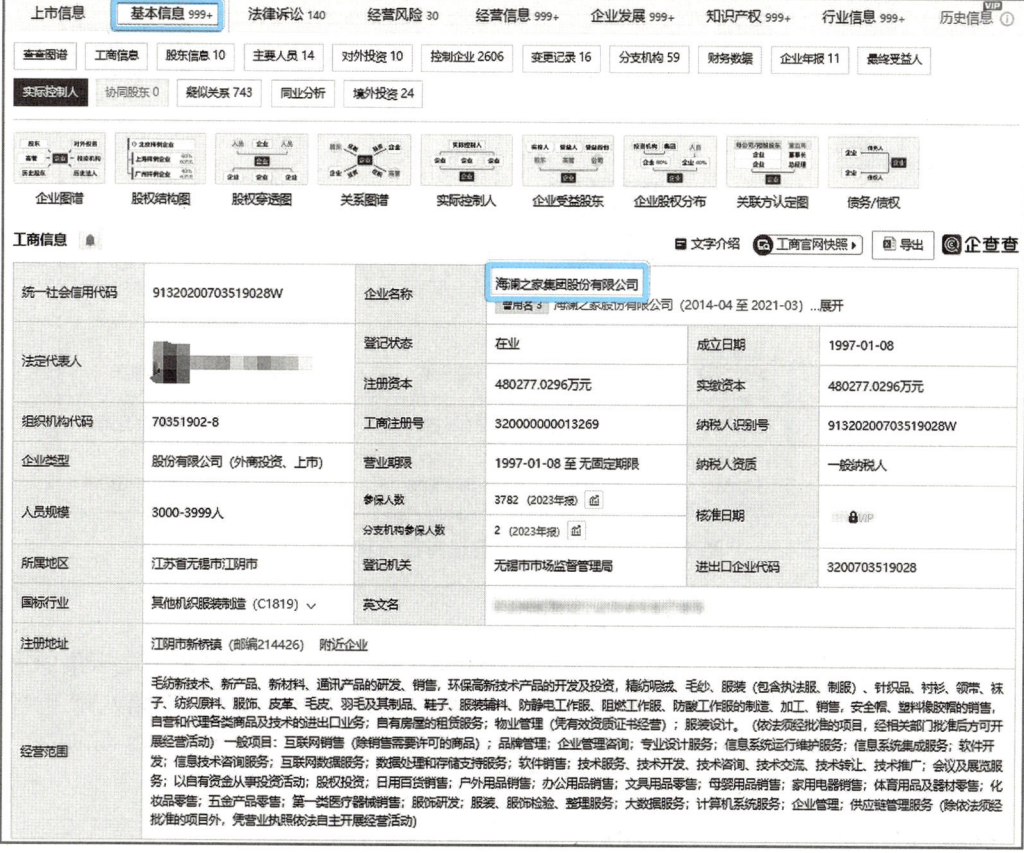

图1-1 海澜之家基本信息

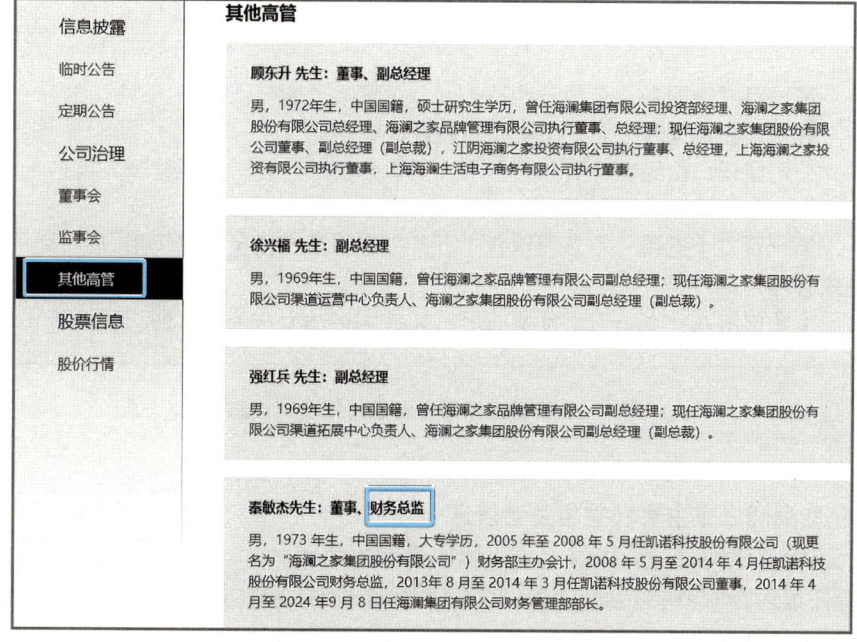

图1-2 海澜之家财务管理人员配备信息

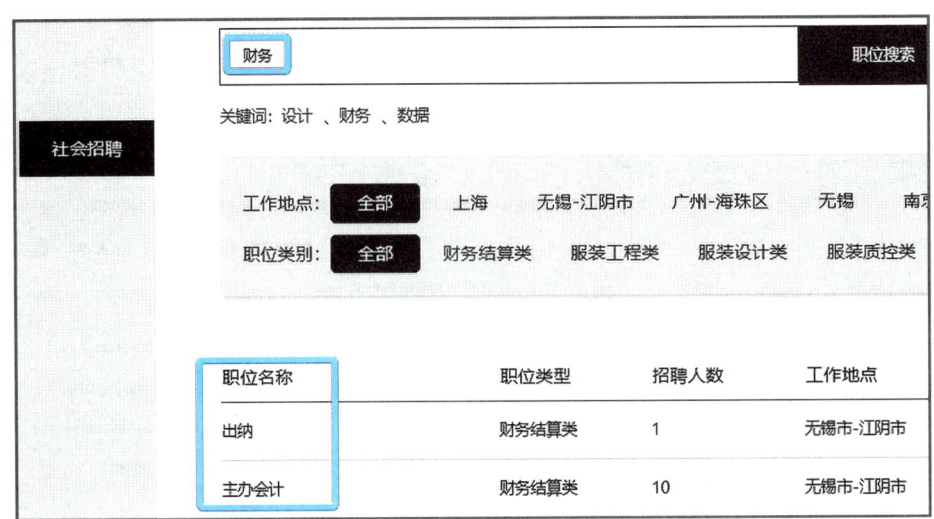

图 1-3　海澜之家财务管理岗位设置信息

4. 获取海澜之家财务管理岗位职责信息

访问巨潮资讯网(http://www.cninfo.com.cn/new/index),检索"海澜之家集团股份有限公司章程",在其最新章程中的"第六章 经理及其他高级管理人员""第八章 财务会计制度、利润分配和审计"中获取其财务管理岗位职责信息,部分详情如图 1-4 所示。

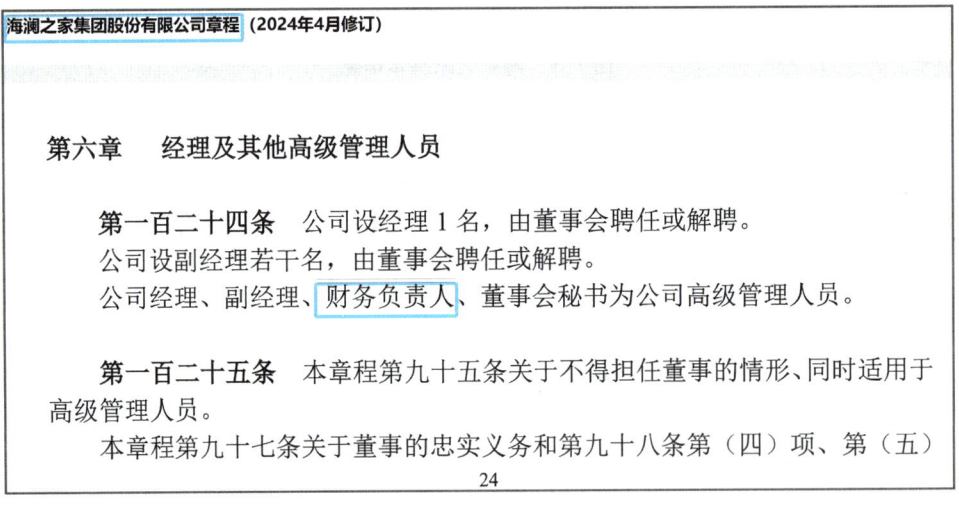

图 1-4　海澜之家财务管理岗位职责信息

5. 获取海澜之家主要利益相关者信息

访问巨潮资讯网,检索"海澜之家集团股份有限公司 2023 年社会责任报告",在其最新社会责任报告"利益相关方沟通"和"实质性社会责任议题"中获取其主要利益相关者信息,如图 1-5 所示。

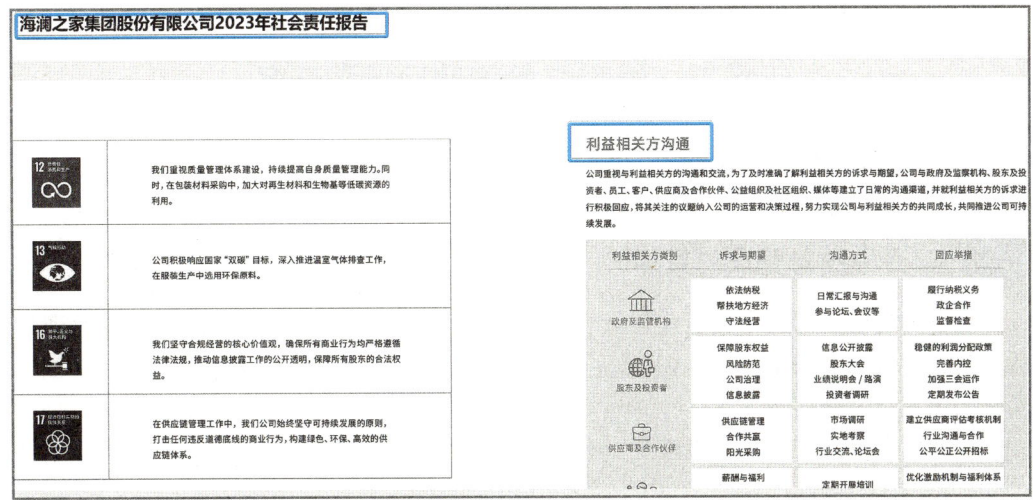

图 1-5 海澜之家主要利益相关者信息

做一做

以小组为单位,每组成员不超过 6 人,选择一家企业,调研该企业并完成表 1-1 的填制。

表 1-1 ＿＿＿＿＿企业财务管理制度调研表

＿＿＿＿＿企业财务管理制度调研表
一、企业基本信息(包括企业名称、企业性质、注册资本、注册时间、法定代表人、主营业务及其组织形式)
二、企业财务管理人员配备
三、企业财务管理岗位设置
四、企业财务管理岗位职责
五、企业主要利益相关者

「新专标」

Xinzhuanbiao
系列教材 *Xilie Jiaocai*

任务二　确定财务管理目标和任务

 财学堂（基础理论）

一、企业财务管理的目标

企业财务管理的目标是企业财务管理活动希望实现的结果。它既是评价企业理财活动是否合理有效的基本标准，又是企业财务管理工作的行为导向，还是财务人员工作实践的出发点和归宿。

企业财务管理目标的代表性观点有如下几种。

（一）利润最大化

利润最大化是指企业财务管理以实现利润最大为目标。持利润最大化观点的学者认为，企业创造的利润越多，财富增加得越多，越接近企业目标。

利润最大化目标的主要优点是，企业为追求利润最大化，必须加强管理，改进技术，提高劳动生产率，降低产品成本，这都有利于资源的合理配置，促进企业整体经济效益的提高。然而，利润最大化目标也存在如下缺陷：没有考虑利润取得的时间；没有考虑风险问题；没有反映利润与投入资本之间的关系；可能导致企业的短期行为倾向，影响其长远发展。

如果利润取得的时间相同、获得利润承担的风险相同、投入资本也相同，则利润最大化是一个可以接受的观念。因此，许多公司都把提高利润作为公司的短期目标。

（二）每股收益最大化

每股收益是指归属于普通股股东的净利润与发行在外普通股股数的比值。它反映投资者投入资本获得回报的能力。

每股收益最大化目标认为，应当把企业的利润与股东投入资本联系起来考察，克服利润最大化目标的局限性。然而，该目标仍存在如下局限性：没有考虑每股收益取得的时间；没有考虑每股收益的风险；不同行业企业的每股收益可能不可比。

若每股收益的取得时间、承担风险、投入资本都相同，则每股收益最大化也是可以接受的目标。事实上，许多投资者都把每股收益作为评价公司业绩的关键指标。

（三）股东财富最大化

股东财富最大化的目标认为，股东创办企业的目的在于增加自身财富，如果企业不能为股东创造财富，股东就不会提供权益资本，企业便不复存在。因此，增加股东财富是企业财务管理的基本目标。股东财富可以用股东权益的市场价值衡量。上市公司的股东财富由其所持有的股票数量和股票价格两方面决定。在股票数量一定时，股票价格达到最高，股东财富就达到最大值。

该目标具有如下主要优点：考虑了现金流量的时间价值；股价能反映风险因素；在一定程度上可以规避企业的短期行为；上市公司股东财富最大化目标容易量化，便于奖惩和考核。但是,该目标仍具有如下不足:难以被非上市公司应用;股价不能完全准确反映企业财务管理状况;更强调股东利益,对其他相关者的利益不够重视。

(四) 企业价值最大化

企业价值是指企业股东权益和债权人权益的市场价值,亦是企业所能创造的预计未来现金流量的现值。企业价值最大化目标要求企业采用最优的财务政策,充分考虑资金的时间价值和风险与收益的关系,在保证企业长期稳定发展的基础上,使企业总价值达到最大。

以企业价值最大化为财务管理目标,具有如下优点:考虑了资金的时间价值;考虑了风险与收益的关系;考虑了企业的长远发展,可以规避短期行为。但是,该目标依然存在如下缺陷:过于理论化,很难预计企业未来报酬和折现率,不易操作;对于非上市公司而言,企业价值的评估更难做到客观和准确。

企业价值最大化与股东价值最大化具有一定的内在联系:如果债权人权益的市场价值不变,则企业价值增加与股东权益价值增加具有相同意义;如果股东投资资本和债权人权益的市场价值不变,则企业价值最大化与股东财富最大化具有相同意义。

(五) 相关者利益最大化

相关者利益最大化目标认为,现代企业是多边契约关系的总和,企业不能单纯以实现股东利益为目标。因此,在确定企业财务管理目标时,不能忽略债权人、经营者、客户、供应商、员工和政府等相关群体的利益。

以相关者利益最大化为财务管理目标,具有如下优点:能兼顾各利益主体的利益,有利于企业长期稳定发展;可以体现合作共赢的价值理念,有利于实现企业经济效益和社会效益的统一;体现了前瞻性和现实性的统一。然而,该目标的主要问题在于,其在诞生时就披上了理想主义的外衣,很难被运用于实践。

(六) 各种财务管理目标之间的关系

以上各种财务管理目标,都以股东财富最大化为基础。

企业是市场经济的主要参与者,股东的投入是企业存在的前提。股东对企业的经营收益仅享有剩余请求权。在企业日常经营过程中,股东承担着最大的风险,相应也需享有最高的收益,即股东财富最大化,否则就难以为市场经济的持续发展提供动力。没有股东财富最大化的目标,利润最大化、每股收益最大化、企业价值最大化和相关者利益最大化的目标也就无法实现。

因此,在强调企业承担应尽的社会责任的前提下,应当允许企业以股东财富最大化为目标。

练一练

【单选题】( )目标最能够体现合作共赢的价值理念。

A. 利润最大化　　　　　　　　　　B. 每股收益最大化

C. 股东财富最大化　　　　　　　　D. 相关者利益最大化

答案:D。

「新专标」系列教材 Xinzhuanbiao 系列教材 Xilie Jiaocai

二、企业财务管理的任务

企业财务管理的任务不仅要求企业在资金筹集和使用上做到合理高效,还要求企业在成本控制、收入分配和依法理财等方面作出努力,以实现可持续发展和市场竞争力的提升。具体而言,企业财务管理的任务可以归纳为以下四个方面。

(一)合理筹集和使用资金,提高资金的使用效益

企业应当根据自身的经营目标和实际情况,合理地筹集和使用资金,以最大限度地提高资金的使用效益。

举例来说,企业可以根据自身的实际情况,选择最适合的筹资方式,如银行贷款、发行债券、股权融资等,并控制筹资成本,以最大限度地降低财务风险。同时,企业应该合理安排资金使用计划,确保资金的使用效益最大化,避免资金的闲置和浪费。此外,企业还应该加强资金的管理和监督,确保资金的安全和合规使用。

(二)降低产品生产成本,增强企业的市场竞争力

产品成本是企业生产耗费的综合表现,在产品价格不变的条件下,产品成本的高低决定产品的利润水平。

企业可以通过优化生产流程、提高生产效率、降低原材料成本等手段,降低生产成本,提高盈利能力。这要求企业做好成本的预测和计划工作,在生产过程中严格控制各项费用的开支,并动员全体职工对成本形成的全过程实行全面管理。同时,企业还应加强成本与利润的控制、考核与分析工作,奖优罚劣,推动实现降本增效,增强市场竞争力。

(三)合理分配企业收入,建立稳定的财务关系

合理分配企业收入,就是要正确处理企业与投资者、债权人、供应商、员工及政府等各方的经济利益关系,既要保证积累和消费的适当比例,又要使权限、责任、效果、利益有机结合,使眼前利益与长远利益相结合,从而最大限度地调动各方面的积极性。

具体来说,企业应合理分配企业利润、合理支付员工工资和福利、合理支付供应商货款、合理缴纳税款等。同时,企业要按照合同约定履行义务,维护各方利益相关者的合法权益,确保财务关系的健康和稳定。

(四)遵守相关法律法规,树立良好的企业形象

在市场经济中,依法理财、诚实守信是有效管理的前提与基础。

首先,企业要遵守相关法律法规,包括公司法规、税收法规、劳动法规和环保法规等,以保障企业的合法经营。

其次,企业应做好财务监督,通过对资金、成本、利润等财务指标的检查,发现资金和物资的占用是否合理,人力、物力、财力的利用是否有效。财务监督应贯穿财务管理活动的始终,以便企业及时掌握经营活动的变化并贯彻国家方针政策的执行情况,督促企业及时发现问题,总结经验。

最后,企业应承担社会责任,积极参与社会公益事业,树立良好的社会形象。

练一练

【单选题】企业财务管理任务中的(　　　)涉及合理安排资金使用计划,确保资金使用

效益最大化。

　　A. 合理筹集和使用资金　　　　　B. 降低产品生产成本

　　C. 合理分配企业收入　　　　　　D. 遵守相关法律法规

答案：A。

【单选题】 财务管理中的(　　)反映了投资者投入资本获得回报的能力。

　　A. 利润　　　　　　　　　　　　B. 每股收益

　　C. 企业价值　　　　　　　　　　D. 现金流量

答案：B。

◎ 财智堂(技能实训)

　　小东和小海在筹备公司期间，了解到常用的企业财务管理目标，便着手在公开网站上获取与财务管理目标有关的财务指标。

一、任务目标

检索一家服装企业近3年的净利润、基本每股收益、股东财富及总市值。

二、任务描述

通过公开网站检索服装企业海澜之家的四种财务管理目标对应的财务指标，并进行同行业对比。

三、实施步骤

1. 检索海澜之家净利润

访问东方财富网(https://finance.eastmoney.com/)，搜索海澜之家，在"财务分析"栏目下"利润表"中选择"年报"，从中可以查到该公司2019—2023年的净利润，如图1-6所示。

2. 检索海澜之家每股收益

在"财务分析"栏目下"利润表"中，可以查到该公司2019—2023年的每股收益，如图1-6所示。

3. 检索海澜之家股东财富

在"财务分析"栏目下"资产负债表"中，可以查到该公司2019—2023年的股东财富(股东权益)，如图1-7所示。

4. 检索海澜之家企业价值

在"操盘必读"栏目下"最新指标"中，可以查到该公司"总市值"，即海澜之家当前企业价值，如图1-8所示。

5. 获取海澜之家同行业财务数据

在"同行比较"栏目下"公司规模"中，可获取企业价值(总市值)、净利润的同行业比较信息，如图1-9所示；在"同行比较"栏目下"成长性比较"中，可获取每股收益的同行业比较信息，如图1-10所示。

600398 海澜之家　最新价：8.37　涨跌：-0.19　涨跌幅：-2.22%　振幅：4.21%　成交量：240318　成交额：2.031亿

操盘必读 | 股东研究 | 经营分析 | 核心题材 | 资讯公告 | 公司大事 | 公司概况 | 同行比较 | 盈利预测 | 研究报告
财务分析 | 分红融资 | 股本结构 | 公司高管 | 资本运作 | 关联个股 | 资金流向 | 龙虎榜单 | 机构评级 | 智能点评

主要指标 | 杜邦分析 | 财务报表 | 百分比报表 | 原始财报

注：杜邦分析是一种以净资产收益率为核心，综合分析企业盈利水平的方法。为了聚焦重点，在收入总额、成本总额、流动资产和非流动资产细分科目中，仅展示重点科目，部分科目未展示。收入总额和成本总额划分口径在财务上尚有争议，因此两者差额不一定与净利润相等。

○ 财务报表　表格　图表

资产负债表　利润表　现金流量表

按报告期　按单季度　报告期同比　单季度环比　　全部　年报　三季报　中报　一季报

利润表	2023-12-31	2022-12-31	2021-12-31	2020-12-31	2019-12-31
其中:利息收入	1.974亿	2.949亿	2.237亿	1.136亿	1.516亿
其他经营收益					
加:公允价值变动收益	-290.2万	-1944万	1041万	829.0万	—
投资收益	1.860亿	-6955	4657万	934.7万	7065万
其中:对联营企业和合营企业的投资收益	3402万	—	—	—	-1.083亿
资产处置收益	146.2万	112.5万	975.6万	-661.2万	19.47万
资产减值损失(新)	-4.524亿	-5.041亿	-5.632亿	-5.686亿	-4.217亿
信用减值损失(新)	-435.8万	-1694万	-457.9万	-3576万	-337.1万
其他收益	2237万	3150万	5423万	3774万	3485万
营业利润	36.11亿	28.06亿	32.50亿	22.82亿	41.79亿
加:营业外收入	3028万	1.218亿	3632万	3777万	5534万
减:营业外支出	1705万	3094万	2888万	2041万	1035万
利润总额	36.24亿	28.97亿	32.57亿	22.99亿	42.24亿
减:所得税	7.055亿	8.348亿	8.564亿	5.814亿	10.57亿
净利润	29.18亿	20.62亿	24.01亿	17.18亿	31.68亿
(一)按经营持续性分类					
持续经营净利润	29.18亿	20.62亿	24.01亿	17.18亿	31.68亿
(二)按所有权归属分类					
归属于母公司股东的净利润	29.52亿	21.55亿	24.91亿	17.85亿	32.11亿
少数股东损益	-3353万	-9325万	-9057万	-6699万	-4295万
扣除非经常性损益后的净利润	27.10亿	20.75亿	23.86亿	17.32亿	30.13亿
每股收益					
基本每股收益	0.6800	0.5000	0.5800	0.4100	0.7200
稀释每股收益	0.6400	0.4800	0.5500	0.4100	0.7100

图 1-6　海澜之家 2019—2023 年的净利润和每股收益

600398 海澜之家　最新价：8.37　涨跌：-0.19　涨跌幅：-2.22%　振幅：4.21%　成交量：241038　成交额：2.037亿

操盘必读 | 股东研究 | 经营分析 | 核心题材 | 资讯公告 | 公司大事 | 公司概况 | 同行比较 | 盈利预测 | 研究报告
财务分析 | 分红融资 | 股本结构 | 公司高管 | 资本运作 | 关联个股 | 资金流向 | 龙虎榜单 | 机构评级 | 智能点评

主要指标 | 杜邦分析 | 财务报表 | 百分比报表 | 原始财报

注：杜邦分析是一种以净资产收益率为核心，综合分析企业盈利水平的方法。为了聚焦重点，在收入总额、成本总额、流动资产和非流动资产细分科目中，仅展示重点科目，部分科目未展示。收入总额和成本总额划分口径在财务上尚有争议，因此两者差额不一定与净利润相等。

○ 财务报表　表格　图表

资产负债表　利润表　现金流量表

按报告期　报告期同比　　全部　年报　三季报　中报　一季报

资产负债表	2023-12-31	2022-12-31	2021-12-31	2020-12-31	2019-12-31
应交税费	6.965亿	8.350亿	9.307亿	5.087亿	6.343亿
其他应付款合计	12.17亿	13.67亿	12.46亿	15.90亿	20.15亿
一年内到期的非流动负债	33.12亿	6.545亿	6.060亿	3.583亿	2.610亿
其他流动负债	1.213亿	1.292亿	9926万	9309万	—
流动负债合计	167.7亿	141.9亿	126.5亿	108.4亿	120.3亿
非流动负债					
应付债券	—	27.77亿	26.26亿	24.90亿	23.73亿
租赁负债	6.533亿	8.799亿	7.014亿	—	—
长期应付款	1.691亿	2.543亿	2.556亿	2.148亿	3.716亿
递延所得税负债	8447万	1.297亿	1.847亿	2.341亿	2.806亿
非流动负债合计	9.069亿	40.41亿	37.67亿	29.39亿	30.25亿
负债合计	176.8亿	182.3亿	164.2亿	137.7亿	150.5亿
所有者权益(或股东权益)					
实收资本（或股本）	10.56亿	9.950亿	9.950亿	9.950亿	10.95亿
其他权益工具	4.721亿	5.408亿	5.408亿	5.408亿	5.408亿
资本公积	9.408亿	5.632亿	9.135亿	8.871亿	14.52亿
减:库存股	—	—	—	—	2.452亿
其他综合收益	-1.283亿	-1.524亿	-1.649亿	-3876万	1173万
盈余公积	24.25亿	24.25亿	24.25亿	21.71亿	17.40亿
未分配利润	112.8亿	102.3亿	102.8亿	91.46亿	90.07亿
归属于母公司股东权益总计	160.5亿	146.0亿	149.9亿	137.0亿	136.0亿
少数股东权益	-1194万	-7918万	1.020亿	1.926亿	2.596亿
股东权益合计	160.4亿	145.2亿	150.9亿	138.9亿	138.6亿
负债和股东权益总计	337.1亿	327.5亿	315.1亿	276.7亿	289.2亿

图 1-7　海澜之家 2019—2023 年的股东财富

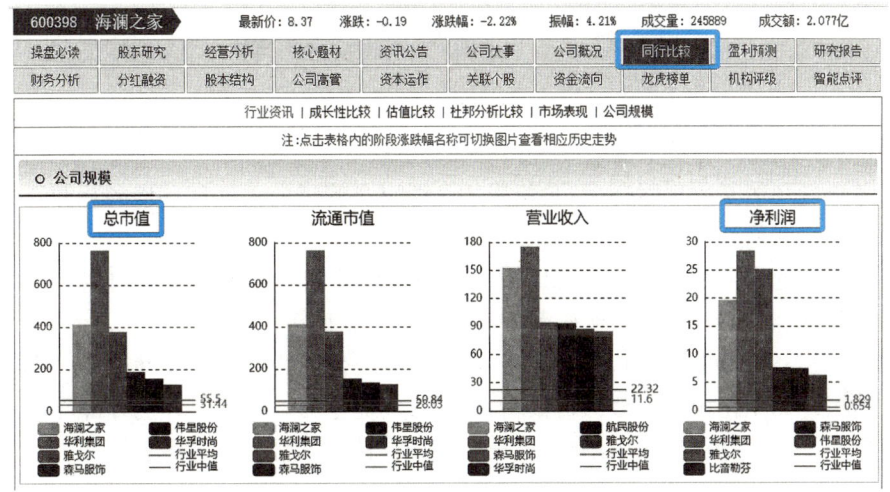

| 600398 海澜之家 | 最新价: 8.36 | 涨跌: -0.20 | 涨跌幅: -2.34% | 振幅: 4.21% | 成交量: 243710 | 成交额: 2.059亿 |

| 操盘必读 | 股东研究 | 经营分析 | 核心题材 | 资讯公告 | 公司大事 | 公司概况 | 同行比较 | 盈利预测 | 研究报告 |
| 财务分析 | 分红融资 | 股本结构 | 公司高管 | 资本运作 | 关联个股 | 资金流向 | 龙虎榜单 | 机构评级 | 智能点评 |

| 最新指标 | 大事提醒 | 资讯公告 | 核心题材 | 机构预测 | 研报摘要 | 估值分析● | 主要指标 | 股东分析 | 龙虎榜单 | 大宗交易 | 融资融券 |

2024三季报已披露,一图看懂最新财报数据,点击查看>>

○ 最新指标(根据今日总股本计算所得,综合考虑分红送转、增发、新股上市等情况,可能会与最新报告期不一致)❓　　　　更多>>

指标名称	最新数据	指标名称	最新数据	指标名称	最新数据
基本每股收益(元)*	0.3972	每股净资产(元)*	3.4882	每股经营现金流(元)	0.0056
扣非每股收益(元)	—	每股公积金(元)	0.7433	市盈率动(倍)❓	15.79
稀释每股收益(元)	0.4100	每股未分配利润(元)	1.9566	市盈率TTM(倍)❓	16.67
总股本(万股)	480,277.03	流通股本(万股)	480,277.03	市盈率静(倍)*❓	13.60
总市值(元)	401.5亿	流通市值(元)	401.5亿	市净率(倍)*	2.40

数据来源:2024三季报,部分数据来自最新业绩快报;其中每股收益字段均以最新总股本计算得出,精确到小数点后四位,其余指标若发生股本变动等情况则将重新计算

图1-8　海澜之家当前企业价值

| 600398 海澜之家 | 最新价: 8.37 | 涨跌: -0.19 | 涨跌幅: -2.22% | 振幅: 4.21% | 成交量: 245889 | 成交额: 2.077亿 |

| 操盘必读 | 股东研究 | 经营分析 | 核心题材 | 资讯公告 | 公司大事 | 公司概况 | 同行比较 | 盈利预测 | 研究报告 |
| 财务分析 | 分红融资 | 股本结构 | 公司高管 | 资本运作 | 关联个股 | 资金流向 | 龙虎榜单 | 机构评级 | 智能点评 |

| 行业资讯 | 成长性比较 | 估值比较 | 杜邦分析比较 | 市场表现 | 公司规模 |

注:点击表格内的阶段涨跌幅名称可切换图片查看相应历史走势

○ 公司规模

图1-9　海澜之家企业价值(总市值)、净利润的同行业比较信息

| 600398 海澜之家 | 最新价: 8.36 | 涨跌: -0.20 | 涨跌幅: -2.34% | 振幅: 4.21% | 成交量: 247249 | 成交额: 2.089亿 |

| 操盘必读 | 股东研究 | 经营分析 | 核心题材 | 资讯公告 | 公司大事 | 公司概况 | 同行比较 | 盈利预测 | 研究报告 |
| 财务分析 | 分红融资 | 股本结构 | 公司高管 | 资本运作 | 关联个股 | 资金流向 | 龙虎榜单 | 机构评级 | 智能点评 |

| 行业资讯 | 成长性比较 | 估值比较 | 杜邦分析比较 | 市场表现 | 公司规模 |

○ 成长性比较 ❓

排名	代码	简称	基本每股收益增长率(%)					营业收入增长率(%)				
			3年复合	23A	TTM	24E	25E	26E	3年复合	23A	TTM	24E	25E	26E
29/99	600398	海澜之家	18.37	36.00	-24.20	-29.79	17.78	13.36	6.23	15.98	3.72	-2.22	12.25	10.60
	行业平均		-18.30	87.62	9.44	18.30	-66.58	21.30	4.28	3.35	5.94	5.90	13.60	11.97
	行业中值		3.60	28.49	10.88	-0.26	18.25	15.90	4.98	3.17	3.68	5.52	11.69	10.70
1	600493	凤竹纺织	109.21	949.68	303.25	—	—	—	-1.75	-13.33	8.31	—		
2	300819	聚杰微纤	102.74	100.00	-9.49	-21.58	38.55	22.76	25.36	13.15	-10.23	-10.93	12.38	10.58
3	200726	鲁泰B	62.27	-57.27	-37.59	—	—	—	7.86	-14.08	-0.92	—		
4	000726	鲁泰A	62.27	-57.27	-37.59	4.72	22.05	9.75	7.86	-14.08	-0.92	3.38	8.31	7.81
5	002722	物产金轮	48.32	5.08	26.56	19.76	11.85	13.04	5.63	-1.64	-1.27	-2.51	7.11	8.81

图1-10　海澜之家每股收益的同行业比较信息

以小组为单位,每组成员不超过 6 人,选择一家企业,检索该企业近 3 年的净利润、基本每股收益、股东财富和总市值,并完成表 1-2 的填制。

表 1-2　　_____企业财务管理目标指标　　　　　　单位:元

年份			
净利润			
基本每股收益			
股东财富			
总市值			

任务三　分析财务管理环境

◎ 财学堂(基础理论)

财务管理环境又称理财环境,是指影响企业财务管理的内外部环境的总和。它通常包括内部环境和外部环境。

财务管理的内部环境是企业可以采取措施加以控制和改变的因素,包括资本实力、生产技术条件、内部控制环境、经营管理水平和员工素质等。

然而,财务管理的外部环境是客观存在的,不以企业的主观意志而改变。企业需要根据外部条件的变化积极调整经营战略,增强市场竞争力。财务管理的外部环境主要包括经济环境、法律环境、金融市场环境、技术环境和社会文化环境等。

一、经济环境

经济环境是企业财务管理的重要外部条件,包括经济周期、经济发展水平、经济政策和通货膨胀水平四个方面。

企业应深入理解经济环境的各个方面,并根据经济环境的变化灵活调整财务管理策略,以保持企业的竞争力,实现企业的可持续发展。同时,企业还应积极探索与经济发展水平相适应的财务管理模式,以适应不断变化的市场环境。

(一)经济周期

在市场经济条件下,经济发展通常会经历复苏、繁荣、衰退、萧条四个阶段的循环,这就是经济周期。面对周期性的经济波动,企业应采用不同的财务管理战略,降低经济周期带来的外部风险。西方学者对此进行了理论探讨,主要结论如表 1-3 所示。

(二)经济发展水平

财务管理发展水平与经济发展水平密切相关。一般来说,提高财务管理水平,将推动企业降本增效,进而提升经济发展水平;而经济发展水平的提升,会改善企业的财务管

表1-3 经济周期中不同阶段的财务管理战略

经济周期阶段	复苏	繁荣	衰退	萧条
财务管理战略	(1) 增加厂房设备 (2) 实行长期租赁 (3) 建立存货储备 (4) 开发新产品 (5) 增加劳动力	(1) 扩充厂房设备 (2) 继续建立存货储备 (3) 提高产品价格 (4) 开展营销规划 (5) 增加劳动力	(1) 停止扩张 (2) 出售多余设备 (3) 停产不利产品 (4) 停止长期采购 (5) 削减存货 (6) 停止扩招雇员	(1) 建立投资标准 (2) 保持市场份额 (3) 压缩管理费用 (4) 放弃次要利益 (5) 削减存货 (6) 裁减雇员

理理念,改进财务管理的方法和手段,促进企业管理水平的提高。

随着互联网时代的到来,以电子商务为表现形式的崭新运作模式,极大地拓展了财务管理的空间。在当前的社会背景下,企业财务管理应当以经济发展水平为基础,以宏观经济发展目标为导向,积极探索与经济发展水平相适应的财务管理模式,保证企业经营目标的实现。

(三)经济政策

经济政策是政府为了增进社会福利而制定的解决经济问题的指导原则和措施,主要包括财政政策、货币政策、税收政策和价格政策等。

经济政策对企业的财务管理活动具有重要影响。例如,货币发行量、信贷规模会影响企业的资金来源和预期投资收益;财税政策会影响企业的资金结构和投资项目的选择;价格政策会影响企业资金的投向、投资回收期及回报率;会计制度改革会影响会计要素的确认和计量,进而对企业财务活动的事前预测、决策和事后评价产生影响。

因此,企业应顺应经济政策的导向,趋利除弊,提高政策敏感性和预见性,以更好地实现财务管理目标。

(四)通货膨胀水平

通货膨胀水平是指物价总体水平的上涨程度。当通货膨胀水平上升时,物价逐步提高,货币购买力下降,人们需要支付更多的钱购买同样的商品和服务。

通货膨胀水平对企业财务活动的影响是多方面的,主要表现为:导致资金占用量增加,提高企业的资金需求量;引起利润虚增;引起利率上升,提高企业资本成本;引发有价证券价格下降,导致资金供应紧张,增加企业筹资难度。

企业应采取措施减轻通货膨胀的不利影响。例如,在通货膨胀初期,货币面临贬值风险,此时企业可以通过增加投资实现保值增值;与客户签订长期购货合同,减少物价上涨造成的损失;采用较严格的信用条件,降低坏账风险等。

练一练

【多选题】 下列各项中,属于企业经济周期的衰退阶段所采取的财务管理战略有( )。

    A. 扩充厂房设备   B. 削减存货

    C. 停止长期采购   D. 提高产品价格

答案:BC。

二、 法律环境

财务管理的法律环境是指规范企业财务管理活动的法律法规和规章制度。

法律环境对企业的影响是多方面的,其会对企业组织形式和治理结构、企业筹资、企业投资、收益分配等方面造成影响,具体如下:

(1)影响企业组织形式和治理结构的法规主要是指公司法,其规定了企业组建和运行的基本形态。

(2)影响企业筹资的法规主要有公司法和证券法等,它们从不同方面规范和制约企业的筹资活动。

(3)影响企业投资的法规主要有证券法、公司法和企业财务通则,它们从不同角度规范企业的投资活动。

(4)影响收益分配的法规主要包括税法、公司法和企业财务通则,它们从不同层面约束和规范企业的收益分配行为。

三、 金融市场环境

企业资金的取得和投放都与金融市场密不可分,**金融市场在资金融通中发挥着金融中介和调节余缺的功能。**

金融市场由主体、客体和参与人构成。其中,主体是指银行类(商业银行和政策性银行)和非银行类(证券公司、基金公司和财务公司等)金融机构,他们是连接投资人和筹资人的纽带;客体是指金融市场的交易对象,如股票、债券和商业票据等;参与人是指客体的供应者和需求者,如企业、政府部门和个人等。

金融市场环境对企业财务管理活动的影响主要体现在以下方面:

(1)金融市场为企业投融资活动提供场所。企业可以在金融市场中选择合适的筹资方式筹集资金,也可以选择灵活多样的投资方式为资金的使用寻找出路。

(2)企业可以通过金融市场实现长期资金及短期资金的互相转化。以商业银行为代表的主体,可以将消费资金转化为经营资金,有效地续短为长;以证券公司为代表的金融机构,可以将企业持有的长期债券和股权等转手变现,化长为短。

(3)金融市场为公司理财提供信息。金融市场的利率变动和金融资产的价格变动,都反映了资金的供需变化、发行方生产经营状况的变化和宏观经济环境的变化等,这些信息构成企业财务管理的重要依据。

四、 技术环境

财务管理的技术环境是指企业实施财务管理所需的技术手段和技术条件。

数据库管理系统作为财务管理工作的基石,可以支撑财务数据的安全存储和高效处理,为决策提供准确信息;智能数据分析能够挖掘财务数据价值,揭示隐藏在数据背后的业务趋势和市场动态,有助于企业精准把握市场脉搏,为战略规划和风险控制提供科学依据;

新专标 Xinzhuanbiao 系列教材 Xilie Jiaocai

云计算技术可以实现远程和移动办公,增强企业内外部合作的协同性,推动财务管理的转型升级;信息安全技术能够保障财务数据的安全性和机密性,防止数据泄露和非法访问。

总之,技术环境可以通过集成数据库、智能分析、云计算和信息安全技术,提升财务管理效率,为企业可持续发展提供技术保障。

五、 社会文化环境

社会文化环境是指在特定社会环境中形成的习俗观念、价值观念和行为准则等。社会文化环境对财务管理的影响,主要体现为其对财务人员的价值取向、道德判断和职业行为的塑造。

例如,在一些强调权威和等级的社会中,财务人员会注重遵守规则和程序,确保企业财务活动符合既定标准;而在强调创新和变革的社会中,财务人员会更加注重灵活性和创新性,尝试和应用新的财务管理工具和方法,推动企业的变革和发展。

此外,财务管理的社会文化环境还体现为对社会责任和可持续发展的关注。随着全社会对环境保护和社会责任的日益重视,财务人员需要更加关注企业的非财务绩效,如环境影响、员工福利和社会贡献等。这要求财务人员不仅要具有专业的财务知识和技能,还要具有宽广的视野和深厚的社会责任感。

练一练

【多选题】 财务管理的环境主要包括( )。

A. 经济环境 B. 法律环境

C. 金融市场环境 D. 社会文化环境

答案:ABC。

【单选题】 ( )是指在特定社会环境中形成的习俗观念、价值观念和行为准则等。

A. 经济环境 B. 技术环境

C. 金融市场环境 D. 社会文化环境

答案:D。

◎ 财智堂(技能实训)

在了解完财务指标后,小东和小海开始对公司进行外部环境分析和内部环境分析,他们了解到常用的外部环境分析模型为 PEST 模型,常用的内部环境分析模型为 SWOT 分析。

一、任务目标

对目标企业进行 PEST 分析和 SWOT 分析。

二、任务描述

选择目标企业,并运用 PEST 模型和 SWOT 模型对企业进行外部环境分析和内部环境分析。

三、实施步骤

1. 搭建 PEST 模型分析框架

PEST 模型是一种企业宏观环境分析法，通过对政治（political）、经济（economic）、社会（social）和技术（technological）四个维度的深度分析，来评估企业所处的宏观环境的模型。这四个维度具体如表 1-4 所示。

表 1-4　PEST 模型的四个维度

维度	内容
政治环境（political）	法律法规、政府政策、国际政治局势等因素
经济环境（economic）	宏观经济状况、利率、汇率、市场规模、消费者购买力等因素
社会环境（social）	人口结构、文化习惯、生活方式、社会观念等因素
技术环境（technological）	技术创新、科技发展趋势、行业技术标准等因素

2. 运用 PEST 模型分析海澜之家的外部环境

海澜之家 PEST 模型分析如表 1-5 所示。

表 1-5　海澜之家 PEST 模型分析

政治环境（political）	◆政策支持：中国政府出台提高服装出口退税率的政策 ◆法规监管：政府对于服装行业的法规监管在不断加强，如对于产品质量、环保等方面的要求日益严格
经济环境（economic）	◆经济增长：受益于中国经济的快速增长，海澜之家在国内市场享有较高的知名度和市场份额 ◆消费变化：随着消费者购买力和生活方式的改变，消费者对于服装的需求也在不断改变
社会环境（social）	◆消费者偏好：近年来消费者对于环保、健康、时尚等方面的关注不断提升，海澜之家需要关注消费者偏好的变化，调整产品设计和营销策略 ◆社会责任：随着社会的进步，消费者对于社会责任的关注日益增加，海澜之家需要积极履行社会责任，关注环保、公益等方面的问题，以提升品牌形象和竞争力
技术环境（technological）	◆数字化转型：随着数字化技术的不断发展，服装行业也在逐步实现数字化转型 ◆创新技术：虚拟现实、增强现实等为服装行业带来了创新的可能性，有利于提升品牌形象和消费者黏性

3. 搭建 SWOT 模型分析框架

SWOT 模型是一种经典的企业战略分析模型，由优势（strengths）、劣势（weaknesses）、机会（opportunities）和威胁（threats）四部分组成。这种模型可以帮助企业衡量其本身的优劣势，以及外部环境的机会和威胁，从而制定合理的发展策略。SWOT 模型的四个维度具体如表 1-6 所示。

表 1-6　SWOT 模型的四个维度

优势（strengths）	劣势（weaknesses）
产品质量、技术研发、品牌形象、市场份额等	管理不善、资金短缺、产品质量不稳定等
机会（opportunities）	**威胁（threats）**
市场需求增长、政策扶持、技术创新等	竞争对手的威胁、政策变化、市场变化等

4. 运用 SWOT 模型分析海澜之家的内部环境

海澜之家 SWOT 模型分析如表 1-7 所示。

表 1-7 海澜之家 SWOT 模型分析

优势(strengths)	劣势(weaknesses)
◆品牌影响力：海澜之家作为中国知名的服装品牌，已经建立了强大的品牌影响力和知名度，这使它在市场上具有显著的优势 ◆产品线丰富：海澜之家提供多种类型的服装，包括休闲装、商务装等，满足了不同消费者的需求 ◆渠道优势：海澜之家拥有广泛的销售渠道，包括直营店、加盟店等，覆盖了全国各地，为消费者提供了便利的购物体验	◆品牌定位模糊：海澜之家在品牌定位上存在一定的模糊性，可能导致消费者对品牌形象的认知混乱 ◆竞争激烈：服装市场竞争激烈，众多品牌都在争夺市场份额，这对海澜之家构成了一定的威胁
机会(opportunities)	**威胁(threats)**
◆消费变化：随着消费者对品质和服务的要求转变，海澜之家可以抓住消费变化的机会，提升产品品质和服务水平，满足消费者的需求 ◆线上线下融合：随着电子商务的快速发展，海澜之家可以加强线上、线下融合，拓宽销售渠道，提高销售效率	◆市场竞争加剧：随着更多品牌的进入，市场竞争将进一步加剧，海澜之家需要保持警惕，不断提升自身竞争力 ◆消费者需求变化：消费者需求的变化可能对海澜之家的产品线和品牌定位产生影响，需要密切关注市场动态，及时调整战略

做一做

以小组为单位，每组成员不超过 6 人，选择一家企业，运用 PEST 模型和 SWOT 模型对该企业进行外部环境分析和内部环境分析，并完成表 1-8 和表 1-9 的填制。

表 1-8 ＿＿＿＿＿＿企业外部环境分析

维度	内容
政治环境 （political）	
经济环境 （economic）	
社会环境 （social）	
技术环境 （technological）	

表 1-9 ＿＿＿＿＿＿企业内部环境分析

优势(strengths)	劣势(weaknesses)
机会(opportunities)	**威胁(threats)**

「新专标」
Xinzhuanbiao
系列教材 Xilie Jiaocai

◎ **智驭未来（前沿技术）**

一、新技术工具对财务职能的革新

新技术工具的引入重构了财务管理的边界与效率，与基础理论深度融合。AI 与大数据技术通过分析历史数据与市场趋势，模拟不同经济周期下的投资回报率，辅助企业选择符合股东财富最大化目标的长期项目，同时利用自然语言处理自动解析报表，生成战略分析报告，提升决策科学性。区块链技术则通过不可篡改的分布式账本，确保供应链金融场景中的应收账款数据透明可追溯，增强利益相关者信任，响应相关者利益最大化目标的分配要求。云计算技术打破时空限制，实现跨区域财务数据实时共享。例如，零售企业通过云端系统同步全球门店销售数据，优化存货管理，直接服务于发展目标对资源整合的需求。低代码平台进一步降低技术门槛，将 Excel 逻辑封装为简易操作界面。例如，动态预算系统允许业务部门直接输入数据，后台自动生成分析结果，兼顾成本控制与操作便捷性。这些技术不仅提升了财务流程效率，更通过数据驱动的洞察与风险预警，推动财务管理从事后核算向战略赋能转型，为企业可持续发展注入新动能。

二、Excel 的持续价值与功能延展

Excel 作为财务管理的基石工具，始终在筹资、投资、营运资金及分配管理等领域发挥着不可替代的作用。其灵活的表格计算与公式功能（如 NPV、IRR）支撑着资本成本测算、预算编制等基础任务，直接服务于合理筹集资金与优化资金使用目标。例如，通过数据透视表快速汇总各部门费用，企业可动态调整预算分配，确保生存目标对现金流的要求。随着技术演进，Excel 通过 VBA 编程与插件实现功能延展——VBA 自动化生成资金日报，减少人工误差。此外，Excel 与新技术工具深度协同：结合 Power BI 构建可视化驾驶舱，实时监控 EVA 等关键指标；调用 Python 脚本运行机器学习模型，预测坏账风险并优化信用政策。这种兼容性使 Excel 不仅是数据处理工具，而且成为连接传统理论与智能实践的枢纽，推动财务管理从静态记录向动态分析升级。

◎ **财思汇（总结升华）**

在筹划过程中，小东和小海越来越清晰他们的目标，他们希望通过自己的努力和创意，让每一位走进服装店内的顾客都能找到属于自己的那份独特与优雅。

在市场调研的过程中，他们偶然看到网络上由国家市场监督管理总局发布的一则通报。通报显示，在抽查的 185 批次羽绒服装产品中，竟有 14% 的产品不达标。通报中发现的问题除了产品纤维含量不合格和羽绒含绒量不合格，还有产品涉嫌假冒。不达标产品不乏知名品牌，如探路者、千仞岗等。

小东看着网页上的新闻，眉头紧锁。她对小海说："小海，你看这些服装公司，他们明明可以生产好产品，却为了追求利润而牺牲了消费者的利益。这种行为真是太不负责任了！"

小海也叹了口气："是啊，他们虽然赚了钱，却失去了消费者的信任和社会的尊重。我觉得我们开公司，一定要引以为戒，不能重蹈他们的覆辙。"

两人陷入了沉思。他们意识到,创业不仅仅是为了追求利润,更重要的是要承担起相应的社会责任。一家成功的企业,除了提供优质的产品和服务,还应该积极回馈社会,关注消费者的权益和社会的福祉。

小东坚定地说:"我们要做一家有良知、有责任心的企业。我们的服装店不仅要提供优质的产品和服务,还要关注消费者的需求和反馈,不断改进和提升品质。"

小海回应说:"是的,我们一定要坚定初心,在坚持创业梦的同时,还要积极参与公益活动,为社会贡献自己的力量。"

就这样,小东和小海以坚定的信念和执着的努力,推动着他们为创业梦想奋力前行。他们相信一定能创立一家真正有价值且受人尊敬的企业,而他们的创业之路也将成为一段充满挑战与成就的精彩旅程。

思政元素:遵纪守法、社会责任感

习题答案

习 题

一、单项选择题

1. 为了满足投资和用资的需要,筹措和集中所需资金的过程为( )。
   A. 筹资活动　　　　　B. 投资活动　　　C. 分配活动　　　D. 成本控制

2. 企业与投资者之间的关系为( )。
   A. 资本保全、按资分红、共担风险关系
   B. 在保证还本付息基础之上的民事关系
   C. 税收征纳关系
   D. 分工协作和等价交换关系

3. 企业与其他单位之间的关系为( )。
   A. 税收征纳关系　　　　　　　　　　B. 分工协作和等价交换关系
   C. 集中和分管的权、责、利关系　　　D. 按劳分配关系

4. 现代管理理论认为,企业是多边契约关系的总和。如果将企业财务管理的目标仅仅归结为某个单一利益主体的价值,而忽视其他相关利益主体,必然导致矛盾冲突,最终损害企业的( )价值。
   A. 股东　　　　　　　B. 债权人　　　　C. 经理层　　　　D. 一般员工

5. ( )是由各合伙人订立合伙协议,共同出资,合伙经营,共享收益,共担风险,并对合伙债务承担无限连带责任的营利性组织。
   A. 个人独资企业　　　　　　　　　　B. 合伙企业
   C. 有限责任公司　　　　　　　　　　D. 股份有限公司

6. ( )是运用科学的技术手段和数量方法,对预算期的财务状况、经营成果和现金流量进行预计的总称。
   A. 财务预测　　　　　B. 财务决策　　　C. 财务预算　　　D. 财务控制

7. ( )是通过指标对比,从数量上确定差异的最常用的一种分析方法。
   A. 对比分析法　　　　　　　　　　　B. 平衡分析法
   C. 因素分析法　　　　　　　　　　　D. 趋势分析法

8. ( )不属于平衡分析法。
   A. 余额平衡法　　　　　　　　　　　B. 全额平衡法
   C. 指标平衡法　　　　　　　　　　　D. 连环替代法

二、多项选择题

1. 企业的特点包括( )。
   A. 投资主体和组织形式多元化　　　B. 出资来源和形式多元化
   C. 生产销售灵活　　　　　　　　　　D. 内部管理松散

2. 企业向职工支付的劳动报酬包括( )。
   A. 工资　　　　　　　B. 奖金　　　　　C. 津贴　　　　　D. 补贴

3. 下列方法中,属于平衡分析法的有( )。

   A. 余额平衡法　　　　　　　　　　B. 全额平衡法

   C. 指标平衡法　　　　　　　　　　D. 连环替代法

4. 财务管理的核心职能包括( )。

   A. 财务预测　　　　B. 财务决策　　　C. 财务控制　　　D. 税收筹划

5. 企业财务管理目标的主要观点有( )。

   A. 股东财富最大化　　　　　　　　B. 企业价值最大化

   C. 利润最大化　　　　　　　　　　D. 成本最小化

三、判断题

1. 国家财税部门是征税主体,企业为纳税主体。　　　　　　　　　　　( )

2. 依靠内部资金增长为实现资金增长的来源是一种可持续增长方式。　　( )

3. 企业必须先学会发展,即发展第一,生存第二。　　　　　　　　　　( )

4. 有限责任公司经理由董事会决定聘任或者解聘。经理对董事会负责,经理可以列席董事会会议。　　　　　　　　　　　　　　　　　　　　　　　( )

5. 企业财务管理的目标应始终以股东财富最大化为核心,无需考虑债权人、员工等利益相关者的诉求。　　　　　　　　　　　　　　　　　　　　　　( )

树立价值观念

◎ **知识目标**

➤ 理解货币时间价值的概念及其计算方式；
➤ 掌握风险价值的衡量方法；
➤ 熟悉资本资产定价模型的原理及应用。

◎ **技能目标**

➤ 能够使用 Excel 计算现值和终值，并比较不同投资方案的收益；
➤ 能够评估个人或企业的风险承受能力，制定合理的投资策略；
➤ 能够运用 β 系数和 CAPM 模型计算权益资本成本。

◎ **素养目标**

➤ 培养理性消费观念，警惕高利贷等金融陷阱；
➤ 树立长期投资理念，注重资金的时间价值和风险平衡；
➤ 增强数据敏感性，通过量化分析支持决策。

◎ **知识导图**

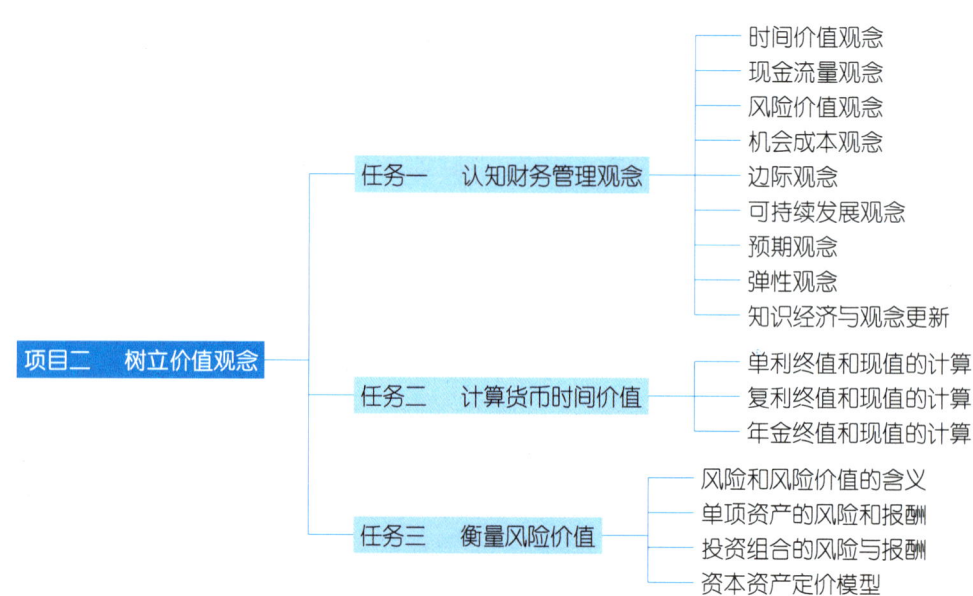

◎ **财微话（情境导入）**

服装店即将开业，小东和小海筹集的 60 万元启动资金，除去房租、装修费、进货成本等，还剩下 30 万元。这天，他们坐在服装店前的台阶上，商量着如何投资这笔钱。

小东眉头紧锁，认真地分析着各种投资方案，而小海则一边听，一边用笔在纸上记录着。

"小海，你看，如果我们把这笔钱存银行，虽然安全，但利息似乎不高。"小东说。

小海点点头："是的，学姐。我听说'余额宝'现在的收益还不错，但也不太确定。"

小东叹了口气，非常纠结："选择真难。不过你知道吗？想要分析各类投资方案的利弊，就一定要理解货币时间价值这一概念。简单来说，就是钱在不同的时间点上价值不同。"

小海好奇地问："具体怎么计算呢？"

小东解释道："货币时间价值的计算主要有两种，单利计算和复利计算。单利就是利息只按本金计算，每年都是一样的；而复利则指利息也会计算利息，俗称'利滚利'，所以长期下来，复利的收益会更高。"

小海恍然大悟："哦，我明白了。所以，我们如果要长期投资，选择复利计算的方式可能会更有利。"

小东点头表示赞同："对，但我们也要注意风险。毕竟有句话说得好，'投资有风险，选择需谨慎'嘛。我们要好好研究一下，看看哪种方式最适合我们。"

任务一　认知财务管理观念

◎ **财学堂（基础理论）**

财务管理观念是企业在进行财务规划和决策时必须考虑的理念，主要包括时间价值观念、现金流量观念、风险价值观念、机会成本观念、边际观念、可持续发展观念、预期观念、弹性观念、知识经济与观念更新九个方面。

认知财务管理观念有助于企业更好地理解资金时间价值、风险管理、资源分配、市场适应性和长期可持续发展的重要性。在财务管理观念的引导下，企业可以更加科学合理地进行财务管理活动，实现可持续发展。

一、　时间价值观念

在自然经济条件下，生产经营的目的是满足自给需要，资金生息的利益需求性就缺乏必要的基础。商品经济发展后，人们开始"为买而卖"或"为卖而买"，价值增值意识开始强烈。当资金所有权与资金使用权相分离，资金的所有者就会向资金的使用者索取一种报酬，这是资金时间价值产生的客观条件。

资金的时间价值是指资金经历一定时间的投资和再投资所增加的价值。比如，投资者年初投入 1 万元，资金循环由此开始。企业利用资金购买设备、物资、人力等生产要素，生产产品，完成销售后收回的资金大于 1 万元，此时扣除了风险报酬的增值即为资金时间价值。当企业周而复始地进行"投资—生产—销售"循环时,资金的价值将在周转过程中呈现几何级数的增长。因此,资金时间价值的实质就是资金周转使用后的增值额。

资金时间价值可以用绝对数(利息额)表示,也可以用相对数(利率)表示。资金时间价值一般以扣除了风险报酬和通货膨胀水平后的社会平均资金报酬率(折现率)来衡量。

在财务管理实践中,资金在循环中不断增值,导致不同时点上资金的筹集、投放、使用和回收的价值通常是不等的。因此,在进行决策时,财务管理人员需要将不同时期的现金流入和现金流出按一定的折现率折算为同一时点上的价值,才能作出恰当的决策。

二、现金流量观念

现金流量观念是企业财务管理的核心。企业销售商品、提供劳务、出售资产、取得借款等形成现金流入;购买材料、接受劳务、购建固定资产、对外投资、偿还债务等形成现金流出;净现金流量则为企业一定期间全部现金流入和现金流出的差额。现金流量观念强调企业必须保持充足的现金流,以维持日常运营和支持长期战略。

现金流量管理不仅涉及对现金流入和流出的监控,还包括对企业资产流动性、偿债能力和财务灵活性的综合考量。企业应通过建立现金流量预测模型识别可能的现金短缺,并采取相应措施规避现金流短缺的风险,如调整信用政策、优化库存管理、延长付款周期或寻求短期融资等。此外,企业还应关注现金流的质量,区分经营活动、投资活动和筹资活动产生的现金流量,确保现金流来源于可持续的经营活动,而非一次性的资产出售或债务融资。

在财务管理活动中,财务管理人员通常使用现金流量示意图作为计算资金时间价值的工具,以直观、便捷地反映资金运动的时间和方向。典型的现金流量折线图如图2-1所示。图2-1的横轴表示时间,箭头表示资金运动的方向。图2-1表明,在0时点和2时点,企业分别流入资金100和300个单位;在1时点,企业流出资金200个单位。本书将在后面章节运用这一工具解决各种折现问题。

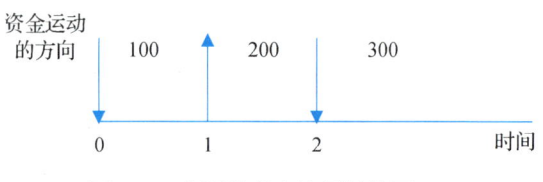

图2-1 典型的现金流量折线图

【单选题】 现金流量观念中的企业现金流量的主要分类不包括( )。
A. 经营活动现金流量　　B. 投资活动现金流量
C. 筹资活动现金流量　　D. 利润分配现金流量
答案:D。

三、风险价值观念

风险是指收益的不确定性。从财务管理的角度看,风险是指企业在财务活动的过程中,难以预料或者无法控制的因素导致实际收益与预计收益发生背离,从而蒙受经济损失的可能性。

企业投资决策一般基于风险与收益的权衡,高风险通常伴随着高收益。投资风险价值是指投资者冒着风险进行投资而获得的超过资金时间价值的额外收益,投资风险价值通常以风险收益率(风险收益额与投资额的比率)来衡量。

企业的风险按照不同的标准有不同的分类方式:

(1)按照风险形成的来源,企业风险可以分为经营风险和财务风险。

(2)按照风险能否被分散,企业风险可以分为系统风险和非系统风险。

(3)按照风险的表现形式,企业风险可以分为违约风险、流动性风险和期限性风险。

企业通常可以通过风险承担、风险规避、风险转移和风险控制等手段进行风险管理。

根据对风险的不同态度,经济主体可以被划分为以下三类:

(1)风险厌恶者。风险厌恶者在面对同等预期收益的投资时,更愿意选择低风险投资。他们倾向于避免风险,即使这意味着其可能会错过获得更高收益的机会。

(2)风险偏好者。风险偏好者在面对同等预期收益的投资时,愿意承担更高风险,以获得潜在高收益。

(3)风险中立者。风险中立者在决策过程中不会因为潜在高收益而追求高风险投资,也不会因为避免损失而选择低风险投资。

练一练

【单选题】 在风险价值观念中,( )最可能是风险厌恶者。

    A. 极度厌恶者   B. 一般厌恶者

    C. 敢于冒险者   D. 风险中立者

答案:A。

四、 机会成本观念

机会成本是指为了执行一种方案而放弃另一种方案所丧失的潜在收益。机会成本观念在资源有限的情况下尤为重要,因为它能帮助企业识别和选择最具创造价值的决策路径。

在财务管理中,机会成本观念常被应用于投资决策、筹资决策、资本预算、分配决策等领域。例如,一笔款项可以用于购买有价证券,也可以存入银行。存入银行后预期获得的利息就是选择购买有价证券的机会成本。

贯彻机会成本观念,要求我们在确定任何一个项目的收益时,不能只考虑该项目总收益的高低,还要考虑扣除机会成本后的相对收益水平。

练一练

【单选题】 为了执行一种方案而放弃另一种方案所丧失的潜在收益被称为( )。

    A. 潜在收益   B. 机会成本

    C. 显性成本   D. 边际成本

答案:B。

「新专标」系列教材 *Xinzhuanbiao 系列教材 Xilie Jiaocai*

五、 边际观念

边际成本是指企业在生产过程中每增加一单位产出所增加的成本,它是总成本增量与总产出增量的比值;边际收入是指每增加一单位产出所增加的收入,它是总收入增量与总产出增量的比值;边际利润等于边际收入与边际成本的差额。

边际观念在企业的定价策略、生产规模决策和成本控制中发挥着重要作用。

例如,企业在决定推出新产品前,应结合定价策略和生产决策测算新产品的边际成本和边际收入,确定它能否为企业带来正的边际利润,这决定了推出新产品的可行性和必要性。

边际观念也适用于企业推出降本措施。通过识别和消除非增值活动,企业可以有效降低成本。

因此,在激烈的市场竞争中,企业需灵活运用边际观念,快速响应市场变化,优化资源配置,实现利润最大化。

六、 可持续发展观念

可持续发展是人类面临的重大问题。财务管理上的可持续发展是指在企业的发展过程中要寻找一条与资产增长、资金来源相互协调的,既可以满足当前发展需求,又不会对未来发展能力构成危害的道路。

首先,可持续发展观念鼓励企业关注长期价值的创造,而不仅仅注重短期的财务表现。这意味着企业在进行决策时,需要考虑其行为对未来盈利能力、市场地位和品牌声誉的长期影响。

其次,可持续发展观念要求企业保持良好的财务状况,包括适当的资本结构、充足的流动性和稳定的现金流。这有助于企业在面对市场波动和经济不确定性时保持稳定。

最后,可持续发展观念要求企业对社会负责,包括对员工的公平对待、对社区的贡献,以及对社会问题的关注和解决。

七、 预期观念

预期观念要求企业在作出财务决策时,必须对未来的市场条件、经济趋势和自身财务表现进行预测。这要求企业建立有效的预测和规划机制,以应对不确定性和潜在的市场变化。

企业应利用历史数据、市场研究和财务模型来预测未来的收入、成本和现金流,并据此制定灵活的预算和战略。同时,企业还应考虑宏观经济因素、行业趋势和技术创新对预期的影响,并在决策中予以充分考虑。

在当前经济环境下,企业应特别关注全球经济的不确定性,如贸易政策变化、汇率波动和地缘政治风险,这些都可能对企业的财务预期产生重大影响。

八、 弹性观念

弹性观念强调企业在面对市场变化和不确定性时,应保持足够的适应能力和灵活性。这要求企业在作出财务和运营决策时，考虑各种可能的情景和结果，并制定相应的应对策略。

（1）企业应通过多元化产品线、市场和供应链，来分散风险并提升其对市场变化的适应能力。

（2）企业应保持财务结构的灵活性，通过多种融资渠道和保持适当的债务水平，应对潜在的财务压力。

（3）在当前的市场环境下，企业应特别关注供应链的弹性，通过建立多元化的供应商网络和优化库存管理，降低潜在的供应链中断风险。

（4）企业可以通过持续的技术创新和员工培训，来提高其运营的灵活性和效率。

九、 知识经济与观念更新

知识经济是指以知识和信息的生产、传播和使用为基础的经济模式。在这种经济体系中，经济增长直接依赖于知识和信息的创造、分配和利用。它是可持续发展的经济形态，强调创新和学习能力的重要性。

在知识经济时代，人们固有的传统思维方式被打破，取而代之的是与知识经济发展相适应的崭新的思维方式和观念，财务管理观念需要随之更新。

比如，企业应将财务管理与企业战略紧密结合，确保财务决策与企业的长期目标和愿景一致；更新的财务管理观念强调全面预算管理，即预算不仅是财务部门的事，而且是涉及企业所有部门和业务单元的协同工作；现代财务管理更加注重价值创造，而不仅仅是成本控制，企业应通过优化资本结构、提高资产周转率等方式，提升整体价值；随着信息技术的发展，财务管理应积极拥抱数字化，利用大数据、云计算等技术提高决策的效率和精确性。

◎ 财智堂（技能实训）

小东和小海在分析了企业环境后，陆续获得了一些筹资。他们准备拿一些资金去理财，因此较为关心自己的风险承受能力。他们找来一份银行客户风险评估的调查问卷进行填写。

一、任务目标

对自己的风险承受能力进行评估。

二、任务描述

以招商银行为例，填写个人投资者风险承受能力评估表，评估自己的风险承受能力。

三、实施步骤

（1）打开招商银行 App，搜索风险评估。
（2）填写个人投资者风险承受能力评估表（表 2-1）。

表 2-1 个人投资者风险承受能力评估表

（1）您目前可支配的家庭总资产（折合人民币）是？
- □ 15 万元及以下
- □ 16～50 万元（含）
- □ 51～100 万元（含）
- □ 101～1 000 万元（含）
- □ 1 000 万元以上

（2）在您可支配的家庭资产中，可用于金融投资（储蓄存款除外）的比例为？
- □ 小于 10％
- □ 10％～25％
- □ 25％～50％
- □ 大于 50％

（3）您的投资经验为？
- □ 除存款、国债外，基本没有其他投资经验
- □ 大部分投资于存款、国债等，较少投资于股票、基金等风险产品
- □ 资产均衡地分布于存款、国债、理财、信托、股票、基金等
- □ 大部分投资于股票、基金、外汇等高风险产品

（4）您有多少年的股票、基金、外汇等金融产品投资经验？
- □ 没有经验
- □ 少于 2 年
- □ 2～5 年
- □ 5～8 年
- □ 8 年以上

（5）以下哪项描述最符合您的投资态度？
- □ 厌恶风险，不希望本金损失，追求稳定回报
- □ 保守投资，不希望本金损失，愿意承担一定幅度的收益波动
- □ 寻求较高收益和成长性，愿意为此承担有限本金损失
- □ 寻求赚取高回报，愿意为此承担本金损失和长期波动

（6）假设您有本金 100 万元，您会选择哪一种投资机会？
- □ 有 100％的机会赢取 1 000 元现金，并保证归还
- □ 有 50％的机会赢取 5 万元现金，并有较高可能性归还本金
- □ 有 25％的机会赢取 50 万元现金，并有一定的可能性损失本金
- □ 有 10％的机会赢取 100 万元现金，并有较高可能性损失本金

（7）您计划的投资期限是多久？
- □ 1 年以下
- □ 1～3 年
- □ 3～5 年
- □ 5 年以上

（8）您的投资目的是？
- □ 资产保值
- □ 资产稳健增长
- □ 资产迅速增长

［新专标］ Xinzhuanbiao 系列教材 Xilie Jiaocai

（续表）

（9）您认为自己能承受的最大投资损失是多少？

　　□ 本金无损失

　　□ 本金 5% 以内

　　□ 本金 5%～10%

　　□ 本金 10%～50%

　　□ 本金 50% 以上

（10）对您而言，保本比收益更为重要？

　　□ 非常同意

　　□ 同意

　　□ 无所谓

　　□ 不同意

　　□ 非常不同意

经评估，您的风险承受能力等级为＿＿＿＿＿＿

适合的产品类型

□低风险 □中低风险 □中风险 □中高风险 □高风险

做一做

以小组为单位，每组成员不超过 6 人，在招商银行 App 中分别填写个人投资者风险承受能力评估表，汇总组员的风险承受能力等级及其适合的产品类型，并完成表 2-2 的填制。

表 2-2　第＿＿＿＿＿＿组风险承受能力评估汇总表

姓名	风险承受能力等级	适合的产品类型

任务二　计算货币时间价值

◎ 财学堂（基础理论）

货币具有时间价值，即不同时间单位货币的价值不相等，这意味着不同时间的货币收支不宜直接比较。因此，我们通常需要将不同时间的货币收支折算到相同时间点上进行计算、比较和分析。

货币价值随时间增长的过程与利息增长的过程在数学上相似,因此我们在计算时广泛使用利息计算的各种方法,这些方法主要包括单利、复利及年金的终值和现值。为方便计算,本任务假设下列符号:I——利息,i——利息率(折现率),n——期数,A——年金,F——终值,P——现值。

一、 单利终值和现值的计算

单利是指在一定的期限内只计算本金的利息,每期利息不计入下一期计息的本金。终值又称将来值,是现在一定量的货币在未来某一时点的价值,俗称本利和。现值是未来某时点一定量的现金折算到现在的价值,俗称本金。由终值求现值称为折现,折现的利率称为折现率。

例如,第 1 年年初存入银行 1 年定期存款 10 000 元,年利率为 3%,第 2 年年初取出 10 300 元,则 10 300 即为该笔存款的终值,10 000 为现值。

在单利计息方式下,利息的计算公式为:

$$I = P \times i \times n \tag{2-1}$$

单利终值的计算公式为:

$$F = P(1 + i \times n) \tag{2-2}$$

【例 2-1】 东海实业有限公司将 10 万元存入银行,年利率为 6%,则 5 年后的单利终值为:

$F = 100\,000 \times (1 + 6\% \times 5) = 130\,000(元)$

因此,该笔存款的现值(本金)为 100 000 元,终值(本利和)为 130 000 元。

单利现值的计算公式可以从式(2-2)推导得出:

$$P = \frac{F}{1 + n \cdot i} = F \cdot (1 + n \cdot i)^{-1} \tag{2-3}$$

【例 2-2】 东海实业有限公司希望 5 年后能从银行提取 10 万元,年利率为 6%,按单利计息,现在应该存入银行的本金为:

$P = 100\,000 \times [1 \div (1 + 6\% \times 5)] = 76\,923.08(元)$

因此,该笔存款的现值为 76 923.08 元,终值为 100 000 元。

二、 复利终值和现值的计算

复利俗称"利滚利",是指每经过一个计息期,都要将所产生的利息加入本金再计算利息,逐期滚动计算。计息期是指相邻两次计息的时间间隔,如年、月、日等,一般为 1 年。复利终值是指现在的一定资金在将来某一时点按照复利方式计算的本利和。其计算公式为:

$$F = P \cdot (1 + i)^n \tag{2-4}$$

其中 $(1 + i)^n$ 通常称为复利终值系数,记作 $(F/P, i, n)$,其数值可直接查阅复利终

值系数表(附表 1)。因此,复利终值又可以表示为:

$$F = P \cdot (F/P, i, n) \tag{2-5}$$

【**例 2-3**】　东海实业有限公司将 10 万元存入银行,年利率为 6%,5 年后的复利终值为:

$F = 100\ 000 \times (1 + 6\%)^5 = 133\ 820(元)$

或者:$F = 100\ 000 \times (F/P, 6\%, 5) = 100\ 000 \times 1.338\ 2 = 133\ 820(元)$

复利现值是复利终值的逆运算,是今后某一时点收付的款项按折现率 i 计算的现在的时点价值。现值的计算过程通常称为折现。复利现值的计算公式为:

$$P = \frac{F}{(1+i)^n} = F \times (1+i)^{-n} \tag{2-6}$$

其中　$(1+i)^{-n}$ 是复利现值系数,记作 $(P/F, i, n)$,其数值可以查阅复利现值系数表(附表 2)。因此,复利现值的计算公式又可以表示为:

$$P = F \cdot (P/F, i, n) \tag{2-7}$$

【**例 2-4**】　东海实业有限公司希望 5 年后能从银行提取 10 万元,年利率为 6%,按年复利计息,则现在应该存入银行的本金为:

$P = 100\ 000.00 \times [1 \div (1 + 6\%)^5] = 74\ 730(元)$

或查阅复利现值系数表可得:

$P = 100\ 000 \times (P/F, 6\%, 5) = 10 \times 0.747\ 3 = 74\ 730(元)$

三、　年金终值和现值的计算

年金是指间隔期相等的等额系列收付款项,通常记为 A。年金的形式多样,如租金、等额分期付款、等额分期收款、折旧、利息、零存整取或整存零取储蓄等。年金按付款方式分为普通年金、预付年金、递延年金和永续年金等。

(一) 普通年金终值和现值的计算

1. 普通年金终值的计算

普通年金是年金最基本的形式,是指在一定时期内每期期末等额收付的系列款项,又称后付年金。普通年金终值是一定时期内每期期末等额收付款项的复利终值之和。普通年金终值计算示意图如图 2-2 所示。

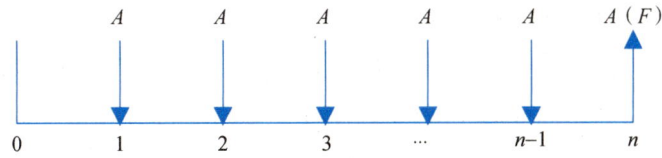

图 2-2　普通年金终值发生示意图

假设各年年末投入等额款项(即年金)为 A,年利率为 i,则终值 F_n 为:

第 1 年年末,A 折算到第 n 年年末的终值为 $A(1+i)^{n-1}$;

第 2 年年末，A 折算到第 n 年年末的终值为 $A(1+i)^{n-2}$；

第 3 年年末，A 折算到第 n 年年末的终值为 $A(1+i)^{n-3}$；

第 $n-1$ 年年末，A 折算到第 n 年年末的终值为 $A(1+i)^{1}$；

第 n 年年末，A 的终值为 $A(1+i)^{0}=A$；

因此，各期投入等额款项的终值合计为：

$$F=A(1+i)^{0}+A(1+i)^{1}+\cdots+A(1+i)^{n-3}+A(1+i)^{n-2}+A(1+i)^{n-1}$$

$$=A\frac{(1+i)^{n}-1}{i} \tag{2-8}$$

式中 $\dfrac{(1+i)^{n}-1}{i}$ ——普通年金终值系数，通常表示为 $(F/A,i,n)$，数值可直接查阅普通年金终值系数表（附表 3）。

普通年金终值计算公式亦可表示为：

$$F=A \cdot (F/A,i,n) \tag{2-9}$$

【例 2-5】 东海实业有限公司准备在未来 10 年内每年年末存入银行 10 000 元，年利率为 6%，复利计息，则积累至第 10 年年末的本利和（普通年金终值）为：

$$F=10\,000.00\times(F/A,6\%,10)=10\,000\times13.181=131\,810(元)$$

2. 普通年金现值的计算

普通年金现值是一定时期内每期期末等额收付款项的现值之和，如图 2-3 所示。

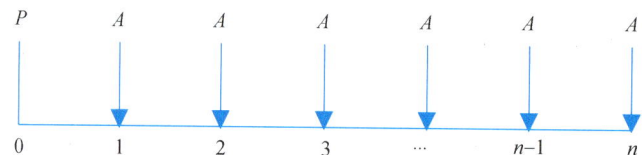

图 2-3　普通年金现值发生示意图

通过计算各期年金的现值并求和，可以得出普通年金现值的计算公式为：

$$P=A\frac{1}{(1+i)^{1}}+A\frac{1}{(1+i)^{2}}+\cdots+A\frac{1}{(1+i)^{n-2}}+A\frac{1}{(1+i)^{n-1}}+A\frac{1}{(1+i)^{n}}$$

$$=A \cdot \frac{(1+i)^{n}-1}{i(1+i)^{n}} \tag{2-10}$$

式中 $\dfrac{(1+i)^{n}-1}{i(1+i)^{n}}$ ——普通年金现值系数，记为 $(P/A,i,n)$，可以直接查阅普通年金现值系数表（附表 4）得到。

普通年金现值的计算公式还可以表示为：

$$P=A \cdot (P/A,i,n) \tag{2-11}$$

【例 2-6】 东海实业有限公司拟在未来 3 年期间为财务工作组租赁写字间，每年年末支付 100 000 元。银行存款利率为 8%，该公司现在应当准备多少资金？

该问题可以转化为,求 $A=100\,000$ 元、$i=8\%$、$n=3$ 的年金现值,即:

$$P=100\,000\times(P/A,i,3)=100\,000\times2.577\,1=257\,710(元)$$

(二) 预付年金终值和现值的计算

预付年金又称即付年金、先付年金,是指一定时期内每期期初等额收付的系列款项。它与普通年金的区别仅在于收付款时间不同。

1. 预付年金终值的计算

预付年金终值是指各期期初收付款项的复利终值之和。由图 2-4 中 n 期预付年金终值和 n 期普通年金终值的关系可见,n 期预付年金与 n 期普通年金的付款次数相同,但由于付款时间不同,n 期预付年金终值比 n 期普通年金终值多计算一期的利息。因此,在 n 期普通年金终值的基础上多乘以 $(1+i)$,即为 n 期预付年金终值。即:

$$F=A\frac{(1+i)^n-1}{i}\cdot(1+i)=A\frac{(1+i)^{n+1}-(1+i)}{i}=A\left[\frac{(1+i)^{n+1}-1}{i}-1\right]$$

$$=A(F/A,i,n)(1+i)=A\cdot[(F/A,i,n+1)-1] \tag{2-12}$$

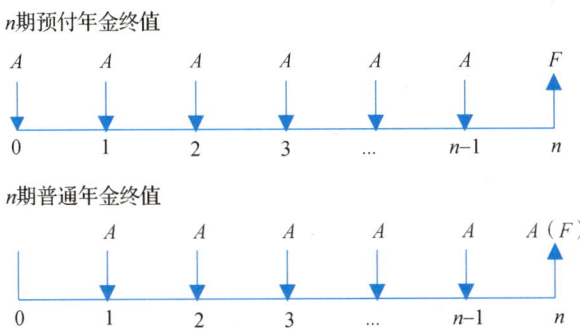

图 2-4 预付年金终值和普通年金终值发生示意图的对比

式中 $\left[\dfrac{(1+i)^{n+1}-1}{i}-1\right]$——预付年金终值系数,可用符号表示为 $[(F/A,i,n+1)-1]$。我们可以通过查询普通年金终值系数表查找 $(n+1)$ 期的值,减去 1,便可得到对应的预付年金终值系数。

【例 2-7】 东海实业有限公司于每年年初存入银行 3 000 元,银行存款利率为 5%,则在第 6 年年末一次可取出本利和多少钱?

$$F=3\,000\times[(F/A,5\%,7)-1]=3\,000\times(8.142\,0-1)=21\,426(元)$$

2. 预付年金现值的计算

预付年金现值是指各期期初等额收付的系列款项折算到第一期期初时的复利现值之和。

类似地,我们将预付年金现值和普通年金现值进行对比,如图 2-5 所示,可以发现 n 期预付年金现值与 n 期普通年金现值的期限相同,但由于付款时间不同,n 期预付年金现值比 n 期普通年金现值少折现一期。因此,在普通年金现值的基础上,除以 $\dfrac{1}{1+i}$ 即可

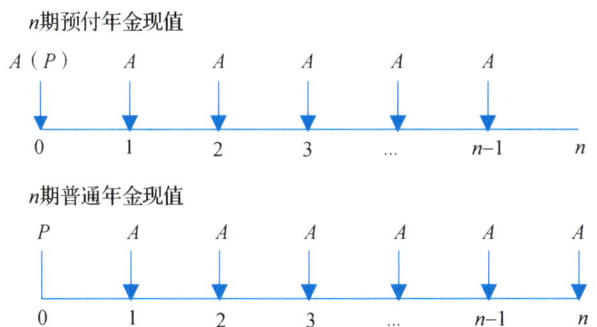

图 2-5　预付年金现值和普通年金现值发生示意图的对比

求得预付年金现值系数,继而得到预付年金现值:

$$P = A(P/A, i, n) \div 1/(1+i) = A(P/A, i, n)(1+i)$$
$$= A[(P/A, i, n-1) + 1] \tag{2-13}$$

式中　$[(P/A, i, n-1) + 1]$——预付年金现值系数。它是在普通年金现值系数的基础上,期数减 1,系数加 1 的结果。

(三) 递延年金终值和现值的计算

递延年金又称延期年金,是指第一期收付款发生在第二期或以后各期的年金,是普通年金的特殊形式。递延年金的支付形式如图 2-6 所示。

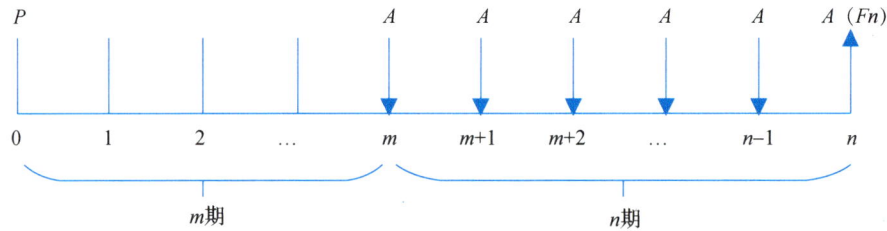

图 2-6　递延年金发生示意图

在图 2-6 中,最初若干期没有发生收付款项。从第 m 期开始,每期期末均有等额款项支出,共 n 期。此时,该递延年金的终值即为 n 期年金的普通年金终值,与递延期数 (m) 无关。同时,该递延年金的现值即为后 n 期年金先折现至 m 期期初,再折现至第一期期初的结果,即 $P = A \cdot (P/A, i, n+1) \cdot (P/F, i, m-1)$。

(四) 永续年金现值的计算

永续年金是指期限为无限期的年金。在实际生活中,无限期债券、优先股股利、奖励基金都属于永续年金。永续年金没有到期日,因此没有终值,只有现值。永续年金的现值可以通过普通年金现值的公式推导得出:

$$P = A \cdot \frac{1 - (1+i)^{-n}}{i} \tag{2-14}$$

当 $n \to \infty$ 时，$(1+i)^{-n}$ 的极限为 0，故上式（2-14）可写为：

$$P = \frac{A}{i}$$

算一算

【计算题】 某公司计划在 3 年后进行一项投资，需要使用 120 000 元。如果该公司现有一笔资金，年利率为 4%，单利计息。请问该公司现在需要存入多少资金，以确保 3 年后能够满足投资需求？

【计算题】 某投资者希望在 10 年后获得一笔 500 000 元的退休金。如果当前的年复利率为 5%，则该投资者现在需要存入多少资金以实现这一目标？

【计算题】 某公司计划为员工提供一项福利计划，该计划将在接下来的 5 年里，每年年初支付 20 000 元作为奖金。如果折现率为 6%，请问该公司现在需要准备多少资金以支付这 5 年的奖金？

◎ 财智堂（技能实训）

小东和小海打算将获取的筹资款部分存入银行，以备未来不时之需。他们通过单利、复利和年金的方法分别计算了：①计划 10 年后从银行获取 80 万元，现在要存入银行的金额；②现在存入银行 90 万元，存期 10 年，未来可以获得的金额。

一、任务目标

现值和终值的计算。

二、任务描述

（一）现值计算

假设银行 10 年期存款的年利率为 5%，小东和小海希望在第 10 年年末从银行取款 80 万元。要求建立一个现值计算模型，并使该模型包括以下几个功能：

（1）计算为了在 10 年年末获得 80 万元，现在应存入银行多少元（以单利计息）；

（2）计算为了在 10 年年末获得 80 万元，现在应存入银行多少元（以复利计息）；

（3）假定 10 年是年金的期限，计算普通年金的现值。

将计算结果录入模型，如图 2-7 所示，计算结果保留 2 位小数。

计算结果		单位：元
计息方式	计算方法	现值
单利现值	公式	
复利现值	公式	
复利现值	函数	
普通年金现值	函数	

图 2-7 现值计算

（二）终值计算

小东和小海在银行存入 90 万元，存期为 10 年，年利率为 5％。要求建立一个终值计算模型，并使该模型包括以下几个功能：

（1）计算这笔存款在 10 年年末的单利终值。

（2）计算这笔存款在 10 年年末的复利终值。

（3）计算普通年金的终值。

将计算结果录入模型，如图 2-8 所示，计算结果保留 2 位小数。

计算结果		单位：元
计息方式	计算方法	终值
单利终值	公式	
复利终值	公式	
复利终值	函数	
普通年金终值	函数	

图 2-8　终值计算

三、实施步骤

（一）现值计算

步骤 1： 建立现值计算模型。

打开一个新的 Excel 工作簿，在 Sheet1 工作表的单元格区域 A3：B6 输入已知条件，并在单元格区域 D1：F6 设计计算结果输出区域的格式，如图 2-9 所示。

			计算结果		
			计息方式	计算方法	终值
	已知条件		单利现值（元）	公式	
本金（元）	800000		复利现值（元）	公式	
年利率	5%		复利现值（元）	函数	
期限（年）	10		普通年金现值（元）	函数	

图 2-9　已知条件和计算结果区域

步骤 2： 计算单利现值。

选取单元格 F3，输入公式"＝B4/（1＋B5＊B6）"，按回车键确定后，在单元格 F3 中会得到公式的计算结果，即单利现值为 533 333.33 元。

步骤 3： 计算复利现值。

（1）使用公式的计算方法，计算复利现值。选取单元格 F4，输入公式"＝B4/（1＋B5）~B6"，按回车键确定后，得到直接利用公式计算的复利现值计算结果，即复利现值为

［新专标］ Xinzhuanbiao 系列教材 Xilie Jiaocai

491 130.60 元。

（2）使用函数的计算方法，计算复利现值。选取单元格 F5，输入函数"＝PV（B5，B6，－B4）"，按回车键确定后，得到直接利用函数计算的复利现值计算结果，即复利现值为 491 130.60 元。

步骤 4：计算普通年金现值。

选取单元格 F6，输入函数"＝PV（B5，B6，－B4）"，按回车键确定后，得到直接利用函数计算的普通年金现值计算结果，即普通年金现值为 6 177 387.94 元。

【计算结果展示】

本题最终计算结果如图 2-10 所示。

	已知条件			计息方式	计算方法	终值
					计算结果	单位：元
				单利现值	公式	533333.33
本金（元）	800000			复利现值	公式	491130.60
年利率	5%			复利现值	函数	491130.60
期限（年）	10			普通年金现值	函数	6177387.94

图 2-10 最终计算结果区域

（二）终值计算

步骤 1：建立终值计算模型。

打开一个新的 Excel 工作簿，在 Sheet1 工作表的单元格区域 A3:B6 输入已知条件，并在单元格区域 D1:F6 设计计算结果输出区域的格式，如图 2-11 所示。

	已知条件			计息方式	计算方法	终值
					计算结果	单位：元
				单利终值	公式	
本金（元）	900000			复利终值	公式	
年利率	5%			复利终值	函数	
期限（年）	10			普通年金终值	函数	

图 2-11 已知条件和计算结果区域

步骤 2：计算单利终值。

选取单元格 F3，输入公式"＝B4＊（1＋B5＊B6）"，按回车键确定后，在单元格 F3 中会得到公式的计算结果，即单利终值为 1 350 000.00 元。

步骤 3：计算复利终值。

（1）使用公式的计算方法，计算复利终值。选取单元格 F4，输入公式"＝B4＊（1＋B5）^B6"，按回车键确定后，得到直接利用公式计算的复利现值计算结果，即复利终值为

1 466 005.16 元。

（2）使用函数的计算方法，计算复利终值。选取单元格 F5，输入函数"＝FV（B5，B6，－B4）"，按回车键确定后，得到直接利用函数计算的复利现值计算结果，即复利终值为 1 466 005.16 元。

步骤 4： 计算普通年金终值。

选取单元格 F6，输入函数"＝FV（B5，B6，－B4）"，按回车键确定后，得到直接利用函数计算的普通年金终值计算结果，即普通年金终值为 11 320 103.28 元。

【计算结果展示】

本题最终计算结果如图 2-12 所示。

			计算结果		单位：元
			计息方式	计算方法	终值
已知条件			单利终值	公式	1350000.00
本金（元）	900000		复利终值	公式	1466005.16
年利率	5%		复利终值	函数	1466005.16
期限（年）	10		普通年金终值	函数	11320103.28

图 2-12　最终计算结果区域

 做一做

东海实业有限公司 10 年后（第 10 年年末）需要用一笔资金，现拟订一项定期存款计划。该公司计划从第 1 年开始每年年末等额存一笔资金到银行，直到第 10 年年末存入最后一笔资金后，其本息和满足 10 000 万元资金需求。

与该公司合作的银行给出两种不同的计息方案，分别如下：

A 方案：按照 4.4% 年利率单利计息。

B 方案：按照 4.0% 年利率复利计息。

现需要对两种方案进行决策。

任务三　衡量风险价值

◎ **财学堂（基础理论）**

企业的财务管理活动通常是在有风险的环境中进行的。财务管理活动中的风险与货币时间价值都是客观存在的，对企业实现财务管理目标具有重要影响。因此，我们需要了解企业在风险环境中如何进行风险和收益的权衡。

一、　风险和风险价值的含义

风险是现代企业财务管理环境的重要特征，通常指收益的不确定性。从财务管理的

「新专标」
Xinzhuanbiao
系列教材 Xilie Jiaocai

角度看,风险是指企业在财务活动过程中,各种难以预料或无法控制的因素导致实际收益与预计收益发生背离,从而蒙受经济损失的可能性。

风险按其形成的原因不同,可以分为经营风险和财务风险。

(1)经营风险是指企业在日常运营中市场变化、成本波动、技术更新、宏观经济波动和不可预测的自然灾害等因素导致的收益下降、成本上升或资产损失的可能性,它反映了企业面临的不确定性和潜在负面影响。

(2)财务风险是指企业在进行财务活动,如融资、投资、资本结构调整等过程中,市场利率变动、汇率波动、信用风险、流动性问题等内外部因素的不确定性,导致企业面临偿债压力加大或现金流短缺等财务损失的风险。

事实上,风险不仅会造成损失,还可能带来超出预期的收益。高风险通常伴随着高收益。风险价值是指投资者通过风险投资获得的超过时间价值的额外收益,通常用风险收益率(风险收益额与投资额的比率)来衡量。在不考虑通货膨胀的情况下,风险投资的期望报酬率等于货币时间价值加上风险报酬率。

二、 单项资产的风险和报酬

(一)概率和概率分布

某一事件在完全相同的条件下可能发生也可能不发生,发生时的结果可能也不一样,这类事件称为随机事件。概率是表示随机事件发生的可能性大小的数值,通常用 P 表示,$P_i \in [0,1]$。其中,0 表示事件确定不会发生,1 表示事件确定会发生,P_i 越大则表示事件发生的可能性越大。

概率分布是指将随机事件各种可能的结果按照一定的规则进行排列,同时列出各种结果出现的概率。对于同一事件而言,所有结果的概率之和等于 1,即 $\sum_{i=1}^{n} P_i = 1$。

【例 2-8】 东海实业有限公司的经营有 30% 的可能性不景气,有 40% 的可能性正常经营,有 30% 的可能性经营状态良好。在不同的经营状态下,A 方案和 B 方案的项目收益率各不相同。将这些可能性的结果列示出来,并给予每一随机事件相应的概率,就形成了这三种随机事件的概率分布,如表 2-3 所示。

表 2-3 随机事件概率分布

随机事件	概率	项目收益率	
		A 方案	B 方案
不景气	30%	−20%	10%
正常经营	40%	15%	15%
良好	30%	40%	20%
合计	100%	—	—

(二)期望值

期望值是一个概率分布中的所有结果以各自概率为权数计算的加权平均值,通常用

符号 $\bar{E}$ 表示,其计算公式为:

$$\bar{E} = \sum_{i=1}^{n} X_i \cdot P_i \tag{2-15}$$

式中　X_i——第 i 种情况可能出现的结果;

P_i——第 i 种结果的相应概率。

【例 2-9】 承[例 2-8],分别计算 A 方案和 B 方案项目收益率的期望值(即项目的期望报酬率):

$\bar{E}_A = X_1 P_1 + X_2 P_2 + X_3 P_3 = -20\% \times 30\% + 15\% \times 40\% + 40\% \times 30\% = 12\%$

$\bar{E}_B = X_1 P_1 + X_2 P_2 + X_3 P_3 = 10\% \times 30\% + 15\% \times 40\% + 20\% \times 30\% = 15\%$

B 方案项目收益率的期望值高于 A 方案,因此此处应当选择 B 方案。

(三) 标准离差

标准离差是指第 i 种情况可能出现的结果偏离期望值的综合差异,其计算公式可表示为:

$$\sigma = \sqrt{\sum_{i=1}^{n} (X_i - \bar{E})^2 \cdot P_i} \tag{2-16}$$

标准离差以绝对数衡量决策方案的风险。在期望值相同的情况下,标准离差越大,表明各种可能的结果与期望值的偏差越大,风险越大;标准离差越小,表明各种可能结果越接近期望值,风险越小。

【例 2-10】 承例[例 2-8]和[例 2-9],计算东海实业有限公司 A 方案和 B 方案的标准离差:

$\sigma_A = \sqrt{(-20\% - 12\%)^2 \times 30\% + (15\% - 12\%)^2 \times 40\% + (40\% - 12\%)^2 \times 30\%}$
$= 23.37\%$

$\sigma_B = \sqrt{(10\% - 15\%)^2 \times 30\% + (15\% - 15\%)^2 \times 40\% + (20\% - 15\%)^2 \times 30\%}$
$= 3.87\%$

从计算结果可得,B 方案项目收益率的标准离差小于 A 方案。项目 A 和项目 B 的期望报酬率不相同,因此此处不能直接比较两个项目的风险程度。

(四) 标准离差率

标准离差率(又称变异系数),是标准离差与期望值的比例,通常用 V 表示。其计算公式为:

$$V = \frac{\sigma}{\bar{E}} \times 100\% \tag{2-17}$$

标准离差作为相对指标,可以比较不同期望值的方案的风险程度。当项目的期望值不同时,标准离差越大,风险越大;标准离差越小,风险越小。

【例 2-11】 承[例 2-8]至[例 2-10],分别计算 A 方案和 B 方案的标准离差率。

$V_A = \dfrac{\sigma_A}{\bar{E}_A} \times 100\% = \dfrac{23.37\%}{12\%} \times 100\% = 194.75\%$

$$V_B = \frac{\sigma_B}{E_B} \times 100\% = \frac{3.87\%}{15\%} \times 100\% = 25.8\%$$

通过标准离差率的计算，可以发现 B 方案的风险远低于 A 方案。

（五）风险报酬率

标准离差率虽然可以衡量投资项目的风险程度，但不能表示其风险报酬。因此，需要借助风险报酬系数将该风险程度转换为风险报酬率，才能比较不同风险水平下投资项目的收益水平。

风险报酬率（R_R）是风险价值系数（b）与标准离差率（V）的乘积，其计算公式为：$R_R = b \cdot V$。风险价值系数的大小取决于投资者对风险的偏好。针对特定风险项目，投资者越回避风险，风险价值系数越大，其要求的风险报酬率越高；投资者越偏好风险，风险价值系数越小，其要求的风险报酬率越低。标准离差率的大小则由该项目的风险大小决定。

风险价值系数的大小由投资者根据经验并结合其他因素确定，风险价值系数确定的主要方法有：①参考以往同类项目；②由企业领导或企业组织有关专家确定。

一般情况下，项目的总资产净利率包括两个部分：一是无风险报酬率，二是风险报酬率，可用公式进一步表示为：

$$r = R_f + R_R = R_f + b \cdot V \tag{2-18}$$

式中　r——项目总资产净利率；

　　　R_f——无风险报酬率，一般为国库券报酬率。

可以用一张图来表示项目总资产净利率、无风险报酬率和风险报酬率之间的关系，如图 2-13 所示。

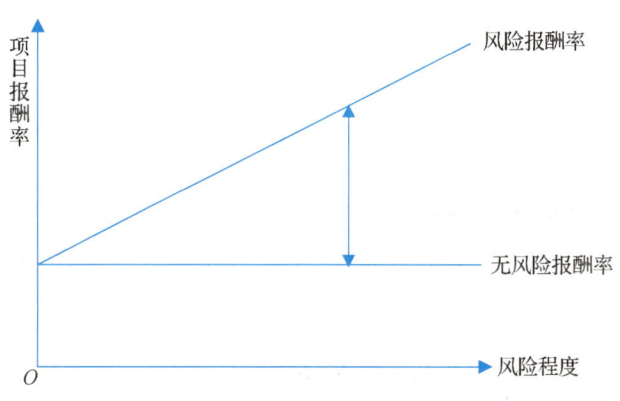

图 2-13　风险与收益的关系

【例 2-12】　承［例 2-8］至［例 2-11］，东海实业有限公司拟出资 1 000 万元，投资某项目。假定无风险收益率为 8%，风险价值系数为 10%，试计算 A、B 两个方案项下的风险报酬率和风险报酬额。

A 方案：

$$R_{RA} = 10\% \times 194.75\% = 19.48\%$$

$r_A = 8\% + 10\% \times 194.75\% = 27.48\%$

风险报酬额 $= 19.48\% \times 1\,000 = 194.8$

项目报酬额 $= 27.48\% \times 1\,000 = 274.8$

B 方案：

$R_{RB} = 10\% \times 25.8\% = 2.58\%$

$r_B = 8\% + 10\% \times 25.8\% = 10.58\%$

风险报酬额 $= 2.58\% \times 1\,000 = 25.8$

项目报酬额 $= 10.58\% \times 1\,000 = 105.8$

三、 投资组合的风险与报酬

为了降低风险,投资者通常会将不同资产组合在一起进行投资,以降低总投资的风险程度,即"不要把鸡蛋放在一个篮子中"。这种将不同资产进行投资组合的形式,称为投资组合。

在投资组合中,个别投资的风险对于决策没有重要意义,我们需要考虑每种资产在组合中的权重对于组合的收益和风险的影响。

具体而言,将若干种资产进行组合投资,其报酬率为各种资产报酬率的加权平均数,其权数为每种资产占组合资产的比重;组合投资的风险小于各种资产风险的加权平均数,其原因在于组合投资能够分散非系统风险。

练一练

【单选题】 下列各项中,不能通过投资组合分散掉的风险是(   )。

A. 企业发生安全事故

B. 企业面临通货膨胀压力

C. 企业未获得重要合同

D. 企业在竞争中技术落后

答案：B。

(一) 投资组合的期望报酬率

投资组合的期望报酬率是其中个别资产报酬率的加权平均数。两种或两种以上资产组合的期望报酬率可以表示为：

$$R_p = \sum_{j=1}^{m} W_j \cdot R_j \tag{2-19}$$

式中　R_p ——投资组合的期望报酬率;

　　W_j ——投资于 j 资产的资金占投资额的比例;

　　R_j ——资产 j 的期望报酬率;

　　m ——资产组合中不同投资项目的总数。

【例 2-13】 东海实业有限公司持有的投资组合由四种权重相同的外汇组成,总资产净利率和权重如表 2-4 所示。请计算该外汇投资组合的期望报酬率。

表 2-4 外汇投资组合的总资产净利率和权重

外汇名称	总资产净利率	权重
美元 USD	20％	25％
欧元 EURD	15％	25％
日元 JPY	12％	25％
港元 HKD	10％	25％

该外汇投资组合的期望报酬率为：

$$R_p = 20\% \times 25\% + 15\% \times 25\% + 12\% \times 25\% + 10\% \times 25\% = 14.25\%$$

练一练

【单选题】 某投资项目预计未来收益前景为"很好""一般"和"较差"的概率分别为 30％、40％和 30％，相应的投资收益率分别为 30％、12％和 6％。则该项投资的预期收益率为（　　）。

　　A. 12％　　　　　B. 16％　　　　　C. 15.6％　　　　　D. 30％

答案：C。

（二）协方差和相关系数

虽然投资组合能够降低风险，但是组合资产的风险并不是组合投资中个别资产标准差的加权平均数。为了便于理解，下面用证券组合来代表企业的组合资产。

证券组合的风险不仅仅取决于组合内各种证券的风险，还取决于各个证券之间的相关关系。从本质上讲，组合内各证券组合相互变化的方式影响着证券组合的整体风险。

我们用协方差和相关系数来衡量两个变量之间是否相关和相关度如何。

1. 协方差

协方差是对两个变量之间一般运动关系的度量指标。例如，如果 A 股票的价格随经济繁荣而上涨，B 股票的价格变动情况如何？协方差就是对 A、B 股票价格变动的相互关系进行度量和评价的指标。协方差可为正值、负值或 0。接上例，正的协方差表明 A、B 股票价格呈同方向变动；负的协方差表明 A、B 股票价格呈反方向变动；协方差为 0，表明 A、B 股票价格的变动没有相关关系。协方差的绝对值越大，表示 A、B 股票价格变动的相关性越强；反之，则表示 A、B 股票价格变动的相关性越弱。

2. 相关系数

相关系数实际上是标准化了的协方差，可以使资产之间相互变动的程度在相同的基础上进行比较。

任何两种证券之间的相关系数均在[-1,1]范围内取值。当相关系数为+1 时，表明一种证券报酬率的变动总是与另一种证券报酬率的变动呈完全正相关关系；当相关系数为-1 时，表示一种证券报酬率的变动与另一种证券报酬率的变动呈完全负相关关系；当相关系数为 0 时，表示两者不存在相关性，即该种证券的报酬率独立于其他证券报酬率的变动情况。

一般情况下，大多数证券的报酬率趋于同向变动，因此两种证券之间的相关系数多为小于1的正值。实际上,各种证券之间既不可能完全正相关,也不可能完全负相关,所以证券的投资组合虽可以降低风险,但并不能将风险完全消除。一般而言,股票的种类越多,风险越小。

(三)β 系数

根据风险是否可分散的特征,我们可以将风险分为系统风险和非系统风险。

(1)系统风险又称市场风险或不可分散风险,是影响所有资产、不能通过资产组合消除的风险,如宏观经济形势变动、国家经济政策变化、税制改革、企业会计准则改革、世界能源状况和政治性因素导致的风险。

(2)非系统风险又称企业特有风险或可分散风险,是可以通过资产组合分散的风险。它是某个企业或某个行业特有的风险,与政治、经济和其他市场因素无关。

在证券市场上,股票投资的期望报酬率取决于它的系统风险。系统风险对个别股票的影响程度,可由该股票价格变动的历史数据和市场价格的历史数据计算分析得出,系统风险通常用 β 系数表示。β 系数用来度量一种证券或一个证券组合相对于总体市场的波动性。其计算公式可表示为:

$$\beta_j = \frac{\sigma_{jm}}{\sigma_m^2} = \frac{r_{jm}\sigma_j\sigma_m}{\sigma_m^2} = r_{jm}\left(\frac{\sigma_j}{\sigma_m}\right) \tag{2-20}$$

式中 σ_{jm}——第 j 种证券的收益与市场组合收益之间的协方差;

r_{jm}——第 j 种证券的收益与市场组合收益间的相关系数;

σ_j 和 σ_m——分别第 j 种证券与市场组合的标准差。

从公式可知,一种股票的 β 系数取决于:①该股票和整个股票市场的相关性;②自身的标准差;③整个市场的标准差。β 系数的实际计算过程十分复杂,一般不需要投资者自己计算,而由一些投资服务机构定期计算并公布。

β 系数的经济意义是,相对于市场组合而言,特定股票的市场风险是多少。

整个证券市场的 β 系数为1。当某种股票的风险程度与整个股票市场的风险相一致时,该股票的 β 系数等于1。若某种股票的 β 系数大于1或小于1,则说明该股票的风险程度高于或低于整个市场水平。比如,若 β 系数是1.5,则表明该种股票收益率的波动幅度是市场波动幅度的1.5倍,即当市场收益率上涨1%时,该股票的收益率会提高1.5%。若 β 系数为0.5,则表明该股票的系统风险是市场组合系统风险的一半,当市场组合价格涨或跌1%时,该股票收益率只提高或降低0.5%。由此可见,β 系数大的股票风险大,β 系数小的股票风险小,如果 β 系数的数值超过1.5,则该股票可以看作是高风险的股票。

系统风险无法被分散,因而证券组合的 β 系数是证券组合中个别证券 β 系数的加权平均数,其计算公式为:

$$\beta_p = \sum_{i=1}^{m} x_i \cdot \beta_i \tag{2-21}$$

式中 β_p——投资组合的 β 系数;

x_i——第 i 种股票在投资组合中的比重;

β_i ——第 i 种股票的 β 系数。

四、　资本资产定价模型

资本资产定价模型进一步阐述了资产的风险与收益之间的关系。资本资产定价模型可用于回答如下问题：为了补偿某一特定程度的风险，投资者应该获得多大的收益率？

（一）资本资产定价模型的假设

资本资产定价模型建立在如下假设的基础上：

（1）投资者追求单期财富期望最大化，其衡量标准是期望报酬率与标准差。

（2）投资者可以在资本市场上以无风险利率无限制地借入或贷出资金。

（3）投资者对资产的报酬率和标准差具有同样的预期。

（4）投资者均为价格接受者，任何一个投资者的买卖行为都不会对股票价格产生影响。

（5）所有资产的数量是给定和固定不变的。

（6）不存在交易费用。

（7）没有税金的影响。

（二）资本资产定价模型的内容

当对资产进行充分的组合后，资本资产定价模型进一步分析了收益与风险的关系，并且给出了如下公式：

$$R_i = R_f + \beta_i \cdot (R_m - R_f) \tag{2-22}$$

式中　R_i ——第 i 种股票的必要收益率；

　　　R_f ——无风险收益率；

　　　β_i ——第 i 种股票的 β 系数；

　　　R_m ——将所有股票都包括在内的市场组合的平均收益率；

　　　$(R_m - R_f)$ ——市场风险报酬，是在无风险收益率的基础上，投资者由于承担超过市场平均风险所要求的补偿。

（三）证券市场线

资本资产定价模型说明了资产的系统风险（β）与必要收益率之间的关系，可以用证券市场线（SML）表示，如图 2-14 所示。

图 2-16 中证券市场线的主要含义如下：

（1）横轴是以 β 值表示的系统风险水平。

（2）纵轴为必要报酬率，纵坐标的截距表示无风险收益率，此时 $\beta = 0$。

（3）斜率（$R_m - R_f$）表示市场对风险的厌恶程度，当市场整体厌恶风险时，市场要求的报酬率更大，此时证券市场线会变陡。

（4）当 $\beta = 1$ 时，表示该资产的风险与市场风险相同，此时投资该资产只能获得市场平均报酬率。

证券市场线表明，只有系统风险才要求补偿。该公式中并没有引入非系统风险，即

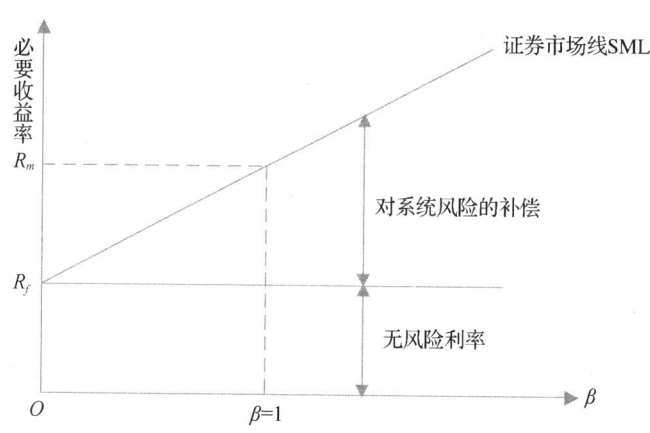

图 2-14 β 系数与必要收益率的关系

企业特有风险,因为这类风险可以通过资产组合而被消除。

练一练

【单选题】 已知某股票的 β 系数为 0.45,无风险收益率为 4%,市场组合的风险收益率为 5%,则该股票的必要收益率为(   )。

    A. 4%   B. 4.45%   C. 6.25%   D. 9%

答案:C。

◎ **财智堂(技能实训)**

    小东和小海将筹资款的一部分存入银行以获取稳定的收益,准备将另一部分用于投资项目。现在有两个项目供选择。小东和小海根据已学知识,通过计算期望值、标准差(标准离差)和变差系数(变异系数)来判定两个项目的风险大小。

一、任务目标

期望值、标准差和变差系数的计算。

二、任务描述

    现有 A、B 两个投资项目,小东和小海通过分析,得知这两个项目在未来 5 种可能的经济情况下的年投资收益率和发生的概率。

三、实施步骤

步骤 1:建立个别项目的投资风险度量计算模型。

打开一个新的 Excel 工作簿,在 Sheet1 工作表的单元格区域 A1 - D9 输入已知条件,并在单元格区域 A11 - D15 设计计算结果输出区域的格式,如图 2-15 所示。

步骤 2:计算项目 A 的期望值。

选取单元格 C13,输入公式"=SUMPRODUCT($B$4:$B$8,C4:C8)",按回车键确定后,在单元格 C13 中会得到公式的计算结果,即项目 A 的期望值为 20.00%。

	A	B	C	D
1	已知条件			
2	经济情况	发生的概率	年投资收益率	
3			项目A	项目B
4	严重萧条	0.05	15%	5%
5	衰退	0.20	18%	25%
6	正常	0.50	20%	40%
7	正常繁荣	0.20	23%	55%
8	严重过热	0.05	25%	70%
9	合计	1.00		
10				
11	计算过程与结果			
12	项目		项目A	项目B
13	期望值			
14	标准差			
15	变差系数			

图 2-15　已知条件和计算结果区域

步骤 3：计算项目 A 的标准差。

选取单元格 C14，输入公式"＝（SUMPRODUCT（（C4：C8－C13）^2，＄B＄4：＄B＄8））^0.5"，按回车键确定后，在单元格 C14 中会得到公式的计算结果，即项目 A 的标准差为 2.24％。

步骤 4：计算项目 A 的变差系数。

选取单元格 C15，输入公式"＝C14/C13"，按回车键确定后，在单元格 C15 中会得到公式的计算结果，即项目 A 的变差系数为 0.111 8。

步骤 5：同理，计算项目 B 的期望值、标准差和变差系数。

选取单元格区域 C13：C15，将其复制到单元格区域 D13：D15。得出项目 B 的期望值为 39.75％，标准差为 14.01％，变差系数为 0.352 4。

【计算结果展示】

本题最终计算结果如图 2-16 所示。

计算过程与结果		
项目	项目 A	项目 B
期望值	20.00％	39.75％
标准差	2.24％	14.01％
变差系数	0.111 8	0.352 4

图 2-16　最终计算结果区域

从计算结果可以看出，A 项目的期望值和标准差都小于 B 项目，说明 A 项目是低风险、低收益型的项目；与之相反，B 项目是高风险、高收益型的项目。

小东和小海在投资项目上属于冒险型投资者，他们最终决定投资 B 项目。

［新专标］
Xinzhuanbiao
系列教材 Xilie Jiaocai

做一做

已知同行业上市公司平均 β 值为 1.1,上市公司市场预期回报率为 9.5%,5 年期国债到期收益率为 4.5%,采用资本资产定价模型计算权益资本成本。

一、动态风险建模与智能决策优化实践

在本章节中,人工智能(AI)的融入显著提升了数据分析和决策效率。以货币时间价值和风险价值为核心,AI 通过机器学习与自动化技术优化了复杂计算和风险预测。在风险价值衡量中,AI 可基于历史数据训练模型,动态预测不同经济情景下的投资回报率,并实时调整 β 系数和资本资产定价模型(CAPM)参数,使风险报酬率的计算更贴合市场变化。此外,AI 还能通过自然语言处理(NLP)自动解析财报和新闻舆情,辅助企业识别隐性风险,强化"预期观念"和"弹性观念"的实践。

二、RPA+Excel 自动建模与现金流实时风控实践

RPA(机器人流程自动化)在财务管理中的应用尤为突出。以任务二中 Excel 的现值和终值计算为例,传统手动输入公式和核对数据耗时且易错,而 RPA 可自动抓取银行利率、投资期限等参数,调用 Excel 的 PV、FV 函数批量生成计算结果,并通过预设逻辑校验数据一致性。例如,在"做一做"环节的定期存款计划中,RPA 可模拟不同计息方案(单利/复利),自动生成 10 年期的本息累计表,并对比 A/B 方案的优劣,输出可视化报告。此外,RPA 还能与 ERP 系统集成,实时监控现金流变动,触发异常预警,确保现金流量观念落地。这种自动化不仅减少了 90% 的人工操作时间,还通过规则引擎规避了人为失误,使小东和小海能更专注于战略决策。

◎ 财思汇(总结升华)

一个周末,小东和小海相约在公园散步,两人边走边聊,沉浸在自然美景中。

突然,小海的手机震动了一下,一条陌生的短信映入眼帘。短信内容大致是:"尊敬的客户您好,因您信用良好,可获得高额贷款,无需抵押,手续简便,随用随还。详情请回复'1'查询。"

小海的眼神中闪过一丝好奇,他把短信展示给小东看:"学姐你看,这贷款条件,好像还挺诱人的。"

小东眉头紧锁,严肃地说:"小海,这种短信很可能是高利贷的陷阱。我们刚复习过财务管理的知识,知道货币有时间价值,贷款也有成本。千万不要被眼前的利益所迷惑,忽略了潜在风险。"

小海闻言,心中一凛。他想起读书时有同班同学因为超前消费借了校园贷,从而背负了沉重的还款负担,最终不得不借钱还钱,甚至还受到了暴力催收。同学的惨痛教训让他开始重新审视这条短信。

小东进一步向小海解释高利贷的危害。她强调,理财不仅要追求收益,更要注重风

险控制和长期规划。在选择贷款产品时，一定要仔细阅读合同条款，了解清楚利息、还款期限等关键信息。

　　阳光透过树叶洒在他们身上，仿佛也在提醒他们要保持头脑清醒。小海这下子明白了，在生活中要时刻保持警惕，用科学理财、理性消费的理念来指导自己的决策。只有这样，才能在复杂多变的经济环境中稳健前行。

　　思政元素：风险控制、理性消费

习题答案

[新专标]
Xinzhuanbiao
系列教材 *Xilie Jiaocai*

习　题

一、单项选择题

1. 复利终值系数的表达形式为(　　　)。
   A. $(F/P, i, n)$　　　　　　　　　　B. $(P/F, i, n)$
   C. $(F/A, i, n)$　　　　　　　　　　D. $(P/A, i, n)$

2. 年金现值系数的表达形式为(　　　)。
   A. $(F/P, i, n)$　　　　　　　　　　B. $(P/F, i, n)$
   C. $(F/A, i, n)$　　　　　　　　　　D. $(P/A, i, n)$

3. 影响企业价值的两个基本因素是(　　　)。
   A. 风险和报酬　　　　　　　　　　　B. 时间和利润
   C. 风险和贴现率　　　　　　　　　　D. 时间价值和风险价值

4. 某人将 2 000 元存入银行，银行的年利率为 6%，按复利计息，则 5 年后此人可以从银行取出(　　　)元。
   A. 2 300　　　　　B. 2 600　　　　　C. 11 270　　　　　D. 2 676

5. 某人将 5 000 元存入银行，存期 3 年，按单利计算，银行的年利率为 6%，则到期的本息和为(　　　)元。
   A. 5 900　　　　　B. 5 300　　　　　C. 5 955　　　　　D. 5 420

6. 甲方案的标准离差为 1.2，乙方案的标准离差为 1，若两方案的期望值相同，则两者的风险关系为(　　　)。
   A. 甲小于乙　　　B. 甲大于乙　　　C. 两者相等　　　D. 无法确定

7. 资金时间价值相当于没有风险和通货膨胀条件下的(　　　)。
   A. 额外收益　　　　　　　　　　　　B. 利息率
   C. 利润率　　　　　　　　　　　　　D. 社会平均资金利润率

8. 在多个方案比较中，标准离差率越小的方案，风险则(　　　)。
   A. 越大　　　　　B. 越小　　　　　C. 相等　　　　　D. 不存在必然联系

9. 为在第 5 年年末获得 100 000 元，求每年年末应存入多少金额应使用(　　　)计算。
   A. 年金现值系数　　　　　　　　　　B. 年金终值系数
   C. 复利现值系数　　　　　　　　　　D. 复利终值系数

10. 下列年金中，只有现值没有终值的年金是(　　　)。
    A. 普通年金　　　B. 预付年金　　　C. 永续年金　　　D. 递延年金

11. 在复利终值和计息期数确定的情况下，贴现率越高，则复利现值(　　　)。
    A. 越大　　　　　B. 越小　　　　　C. 不变　　　　　D. 不一定

12. 某人购入债券，在名义利率相同的情况下，对其比较有利的复利计息期是(　　　)。
    A. 1 年　　　　　B. 1 季度　　　　C. 半年　　　　　D. 1 个月

13. 企业发行债券，在名义利率相同的情况下，对其最不利的复利计息期是(　　　)。

  A. 1 年   B. 半年   C. 1 个季度   D. 1 个月

14. 一定时期内,每期期初等额收付的系列款项是(　　)。

  A. 即付年金   B. 永续年金   C. 递延年金   D. 普通年金

15. 已知$(F/A,10\%,5)=6.105$,$(F/A,10\%,7)=9.4872$。则 6 年期、利率为 10% 的即付年金终值系数为(　　)。

  A. 8.4872   B. 7.7156   C. 7.1051   D. 5.1051

二、多项选择题

1. 与知识经济相适应的观念更新包括(　　)。

  A. "经济含量"观念   B. "资源"观念

  C. "速度"观念   D. "效率"观念

  E. "竞争"观念

2. 递延年金的特点包括(　　)。

  A. 年金的第一次支付发生在若干期之后

  B. 年金的现值与递延期无关

  C. 年金的终值与递延期无关

  D. 现值系数是普通年金现值系数的倒数

  E. 没有现值

3. 影响某一特定借款的利率主要有(　　)。

  A. 期限风险报酬率   B. 流动性风险报酬率

  C. 通货膨胀补偿率   D. 违约风险报酬率

  E. 纯利率

4. 我国于 2024 年发行 5 年期、年利率为 2.48% 的可随时上市流通的国债。决定其票面利率水平的主要因素有(　　)。

  A. 纯利率   B. 通货膨胀补偿率

  C. 流动性风险报酬率   D. 违约风险报酬率

  E. 期限风险报酬率

5. 下列各项中,属于普通年金形式的有(　　)。

  A. 零存整取存款的整取额   B. 定期定额支付的养老金

  C. 年资本回收额   D. 偿债基金

6. 下列各项中,可以视为永续年金的有(　　)。

  A. 零存整取   B. 存本取息

  C. 利率较高,持续期限较长的 D. 整存整取

7. 下列各项中,属于衡量风险程度指标的有(　　)。

  A. 方差   B. 标准差   C. 标准离差率   D. 概率

三、判断题

1. 净利润和净现金流量按照现金流量表的编制原理是可以互相转换的。 (　　)

2. 现金流量表是按收付实现制计算的,而利润表是按权责发生制计算的。 (　　)

3. 由于投资者进行投资而推迟消费,对投资者推迟消费的耐心应当给予报酬。这种报酬的量与推迟消费的时间成反比。 (　　)

4. 永续年金存在终值计算问题。 (   )

四、业务题

业务题一

1. 假定工商银行的 1 年期定期存款利率为 6%,甲现将本金 10 000 元存入银行,采用单利计息,则第 1 年、第 2 年、第 3 年年末的终值(本利和)分别为多少?

2. 按单利计算,年贴现率为 6%,则第 1 年、第 2 年、第 3 年年末 100 元的现值分别为多少?

3. 某企业从银行贷入一笔款项,贷款年利率为 6%,银行规定前 4 年不用还本付息,但从第 5 年开始至第 10 年结束,每年年末须偿还本息 10 万元,则该款项的现值应该为多少?

4. 甲企业投资一个新项目,投资金额为 5 万元,年利率为 6%,每半年复利一次,5 年后甲企业能得到的本利和是多少?

业务题二

1. 某投资者拟购买一处房产,开发商提出了两个付款方案:
   方案一是现在起 15 年内每年年末支付 3 万元;
   方案二是现在起 15 年内每年年初支付 2.5 万元;
   方案三是前 5 年不支付,第 6 年起到第 15 年每年年末支付 5 万元。
   假设按银行贷款利率 10% 复利计息,若采用终值方式比较,哪一种付款方式对购买者有利?

2. 某企业向银行借入一笔款项,银行贷款的年利率为 10%,每年复利一次。借款合同约定前 5 年不用还本付息,从第 6 年起到第 10 年每年年末偿还本息 50 000 元。请计算这笔款项的金额大小。

3. 甲公司有闲置资金 10 万元,预期这 10 万元在 1 年内不会被动用。为充分利用资金,甲公司有两种方案可供选择,第一个方案购买 A 公司股票,投资收益率不确定。预期该投资在经济发展良好时,收益率为 15%,经济发展一般时,收益率为 9%,在经济发展不良时,收益率为 5%,并且预期 1 年内经济发展良好、一般和不良的概率分别为 0.2、0.6、0.2;第二个方案购买 B 公司股票,投资收益率不确定。预期该投资在经济发展良好时,收益率为 20%,经济发展一般时,收益率为 8%,在经济发展不良时,收益率为 3%,并且预期 1 年内经济发展良好、一般和不良的概率分别为 0.2、0.5、0.3。两种方案如表 2-5 所示,请分别计算两种方案的收益率方差。

表 2-5　两种方案

经济发展状况	A公司股票		B公司股票	
	收益率	概率	收益率	概率
良好	15%	0.2	20%	0.2
一般	9%	0.6	8%	0.5
不良	5%	0.2	3%	0.3

[新专标] 系列教材 Xinzhuanbiao 系列教材 Xilie Jiaocai

项目投资管理

◎ **知识目标**

➤ 掌握项目投资的分类及决策程序；
➤ 理解现金流量的构成及其计算方法；
➤ 熟悉投资评价指标的含义及应用。

◎ **技能目标**

➤ 能够构建模型计算投资项目的净现值和动态投资回收期；
➤ 能够评估投资方案的风险；
➤ 能够制定固定资产更新决策，比较新旧设备的成本效益。

◎ **素养目标**

➤ 培养全局意识，在投资决策中兼顾经济效益和社会责任；
➤ 树立可持续发展观念，避免资源浪费和环境破坏；
➤ 提升创新意识，探索技术革新对投资效率的影响。

◎ **知识导图**

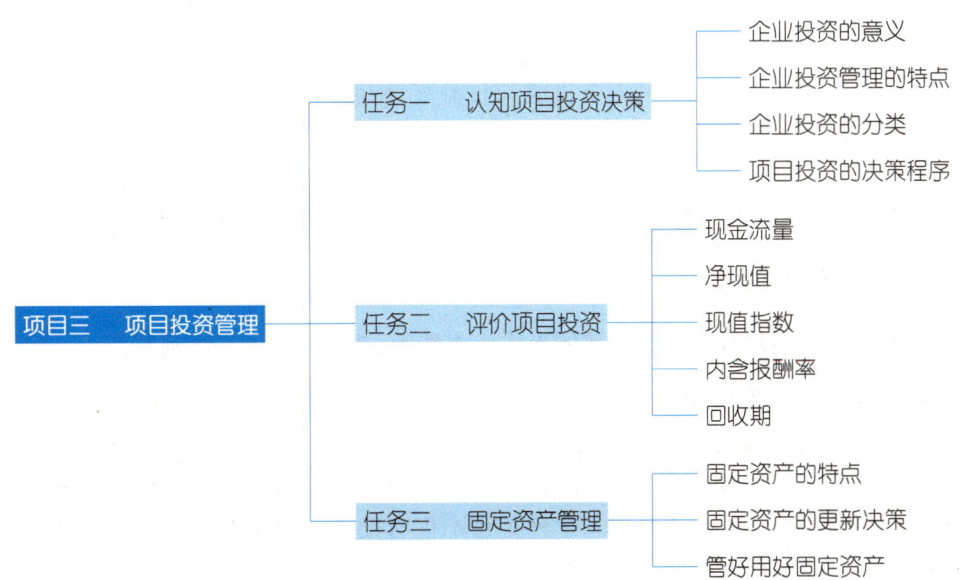

◎ **财微话（情境导入）**

小海在服装店翻阅资料，小东推门而入。小海抬头问："学姐，有何指示？"

小东坐下说："我们门店遍布多城，销售渠道增多，常供不应求。杭州一朋友欲转让服装加工厂，我想接手，既可自给自足又可代工，你觉得如何？"

小海思考后说："扩大生产是好事，但接手工厂需大量资金，有风险。我们应该先做市场调查，分析数据后再做决策。"

小东点头赞许："你的想法很周全，不能盲目行动。这样吧，你负责市场调查，包括杭州服装加工行业现状、竞争对手、目标客户群及预期收益等。数据要确保真实可靠，分析要深入客观。"

小海郑重答应："放心，我一定尽心尽力。"

小东满意地笑："很好，我相信你。调查完后，我们再讨论这个项目的财务评价指标，量化接手工厂的风险和收益，使决策更科学。"

小海眼睛一亮："好主意！财务评价指标能更直观地看到利弊，对决策帮助大。那我现在就去准备市场调查。"

小东挥手："去吧，有问题随时找我。记住，财务管理不仅是数字游戏，更是关乎公司战略和长远发展的智慧。"

小海带着任务离开，心中干劲十足。他知道，这次市场调查不仅考验个人能力，更是服装店未来发展的重要一步。他决心全力以赴，把事情做好，为服装店扩大规模打好基础。

任务一　认知项目投资决策

◎ **财学堂（基础理论）**

投资是指公司对所持有资金的一种运用，如投入实际资产或购买金融资产，抑或是取得这些资产的权利，其目的是在未来一定时期内获得与风险呈比例的收益。在市场经济条件下，公司能否把筹集到的资金投放到收益高、回收快、风险小的项目上去，对企业的生存和发展十分重要。

企业投资，简而言之，是企业为获取未来收益而向一定对象投放资金的经济行为。例如，购建厂房设备，兴建电站，购买股票、债券、基金等，均属于投资行为。

一、 企业投资的意义

企业需要通过投资配置资产，才能形成生产能力，取得未来的经济利益。

（一）促进企业发展与壮大

企业投资最直接的意义在于推动企业的持续发展与规模扩张。通过投资于新项目、新技术、新市场或并购其他企业，企业能够开拓新的业务领域，增加产品线或服务范围，从而扩大市场份额，提升行业地位。这种扩张不仅有助于企业应对市场变化，还能为企业带来新的增长点，确保长期稳定发展。

(二) 优化资源配置

有效的投资管理能够帮助企业优化内部资源配置,实现资源的高效利用。企业通过对不同投资项目进行评估与选择,将有限的资金、人力、物力等资源投入最具潜力和回报率的领域,避免资源浪费和低效投资。这种资源配置的优化能够提升企业的整体运营效率,增强盈利能力。

(三) 增强市场竞争力

投资是提升企业市场竞争力的有效手段。通过投资于研发创新、品牌建设、营销渠道拓展等方面,企业能够不断提升产品或服务的质量与差异化程度,满足消费者日益多样化的需求。同时,投资还能帮助企业掌握先进技术和管理经验,提升生产效率和管理水平,从而在激烈的市场竞争中占据有利地位。

(四) 实现战略目标

企业投资是实现企业战略目标的重要途径。无论是短期的市场渗透、产品开发,还是长期的多元化经营、国际化战略,都需要通过投资来支撑和推动。通过精心策划和实施投资项目,企业能够逐步构建起符合自身发展需求的业务体系和竞争优势,为实现长远战略目标奠定坚实基础。

(五) 提升企业价值

最终,企业投资的目的在于提升企业价值。通过投资带来的业绩增长、盈利能力提升,以及市场地位巩固,企业的内在价值将得到显著提升。这不仅有助于吸引更多的投资者和合作伙伴,还能为企业带来更高的市场估值和融资能力。同时,企业价值的提升也是对企业员工、股东及社会各界负责任的体现,能够为企业赢得更广泛的认可和支持。

综上所述,企业投资的意义在于促进企业发展壮大、优化资源配置、增强市场竞争力、实现战略目标,以及提升企业价值等多个方面。因此,在投资管理过程中,企业应注重投资项目的选择与评估,确保投资决策的科学性和合理性,以实现企业的可持续发展和长期价值最大化。

二、企业投资管理的特点

与经营活动不同,投资活动对企业经济利益具有长期影响。企业投资涉及的资金多、经历的时间长,对企业未来的财务状况和经营活动都具有较大的影响。与日常经营活动相比,企业投资管理的主要特点表现在以下几个方面。

(一) 战略导向性

企业投资管理具有战略导向性的特点。投资决策往往与企业的长期发展战略紧密相连,旨在通过投资活动实现企业的战略目标。因此,在投资管理过程中,企业需要深入分析市场环境、行业趋势、竞争对手以及自身资源能力等因素,确保投资方向与企业战略保持一致,以支持企业的长远发展。

(二) 风险与收益并存

企业投资管理本质上是对风险和收益进行权衡的过程。任何投资都伴随着一定的风险,如市场风险、技术风险、财务风险等。同时,投资也预期带来相应的收益,包括经济收益、品牌提升、市场份额扩大等。企业投资管理需要在风险与收益之间找到最佳平衡点,通过科学的风险评估和控制机制,确保投资活动在可承受的风险范围内实现最大化收益。

(三)资金密集型

投资管理通常涉及大额资金的投入,因此具有资金密集型的特点。企业在进行投资决策时,需要充分考虑自身的资金实力和融资能力,确保投资项目的资金需求得到满足。同时,企业还需要合理安排资金结构,降低融资成本,提高资金使用效率,以支持投资项目的顺利实施。

(四)长期性与连续性

投资管理是一个长期且连续的过程。从投资项目的策划、评估、决策、实施到监控和评估效果,整个过程需要经历多个阶段和环节。企业需要持续关注投资项目的进展和变化,及时调整投资策略和管理措施,以确保投资目标的实现。此外,企业还需要不断积累投资经验和管理能力,为未来的投资活动提供有力支持。

(五)综合性与复杂性

投资管理涉及多个领域和方面,包括市场分析、财务评估、技术评估、法律合规等。因此,投资管理具有综合性的特点。同时,由于市场环境、政策环境、技术环境等外部因素的不断变化,以及企业内部管理、资源配置等内部因素的复杂性,投资管理也呈现出复杂性。企业需要具备全面的知识和技能,以及灵活应对各种挑战的能力,以确保投资管理的有效性和成功性。

综上所述,企业投资管理具有战略导向性、风险与收益并存、资金密集型、长期性与连续性,以及综合性与复杂性等特点。这些特点要求企业在投资管理过程中保持高度的警觉性和敏锐性,以科学的方法和严谨的态度进行投资决策和管理活动,以实现企业的长期发展和价值最大化。

三、 企业投资的分类

将企业投资进行科学分类,有利于分清投资的性质,按不同的特点和要求进行投资决策,加强投资管理。

(一)按投资期限分类

(1)短期投资,通常是指投资期限在1年以内的投资,如股票、债券、货币市场基金等金融产品的交易,以及存货、应收账款等经营性资产的管理。短期投资注重资金的流动性和安全性,旨在维持企业的日常运营和短期盈利。

(2)长期投资,通常是指投资期限超过1年的投资,包括固定资产投资(如厂房、设备等)、无形资产投资(如专利、商标等)、股权投资(如控股或参股其他企业),以及长期持有的金融资产等。长期投资更注重企业的长远发展和战略布局,旨在提升企业的核心竞争力和市场地位。

(二)按投资方向分类

(1)对内投资,是指企业将资金投入企业内部的生产经营活动,如扩大生产规模、改进生产工艺、研发新产品等。对内投资旨在提高企业的生产效率、产品质量和创新能力,

新专标
Xinzhuanbiao
系列教材 Xilie Jiaocai

从而增强企业的市场竞争力。

（2）对外投资，是指企业将资金投入外部企业或项目，如购买其他企业的股票、债券，或与其他企业合资建立新公司等。对外投资有助于企业实现多元化经营、分散经营风险，并可能通过资本增值获得较高的投资回报。

（三）按投资性质分类

（1）实物投资，是指企业以实物形态进行的投资，如购买机器设备、建造厂房等。实物投资是企业生产经营活动的物质基础，能够直接形成企业的生产能力和经营规模。

（2）金融投资，是指企业以金融资产为投资对象的投资活动，如购买股票、债券、基金等金融产品。金融投资旨在通过金融市场的运作获取资本增值和投资收益，同时金融投资也具有调节企业资金结构、提高资金使用效率的作用。

（四）按投资形式分类

（1）直接投资，是指企业把资金投放于生产经营性资产，以便获取利润的投资。直接投资有助于企业直接控制被投资企业的经营决策和利润分配，实现紧密的产业整合和协同效应。

（2）间接投资又称证券投资，是指企业把资金投入证券等金融资产，以便取得利息、股利或资本利得收入的投资。间接投资相对灵活，企业可以根据市场变化和投资策略的调整随时买卖金融资产，实现资金的快速流动和增值。

练一练

【单选题】（   ）是指投资者将资本用于购买公司债券、金融债券或公司股票等各种有价证券，以期获取一定收益的投资。

    A. 直接投资   B. 间接投资   C. 长期投资   D. 短期投资

答案：B。

（五）按投资决策权分类

（1）战略性投资，是指由企业高层管理者或董事会根据企业的长期发展战略和规划进行的投资决策，通常涉及重大项目的投资和资源配置。战略性投资对企业的发展具有深远的影响和决定性作用。

（2）战术性投资，是指由企业中层管理者或业务部门根据市场变化和经营需要进行的投资决策，通常涉及日常生产经营活动的资金配置和短期盈利目标的实现。战术性投资更注重灵活性和适应性，以快速响应市场变化和企业经营需求。

以上分类方式并不是孤立的，企业投资往往同时涉及多个分类维度和标准。在实际工作中，企业需要根据自身的经营状况、市场环境和战略目标等因素，综合考虑选择合适的投资方式和策略。

练一练

【多选题】 按照企业投资的分类，下列各项中，属于战略性投资的有（   ）。

    A. 开发新产品的投资   B. 更新替换旧设备的投资

    C. 企业间兼并收购的投资   D. 大幅度扩大生产规模的投资

答案：ACD。

四、 项目投资的决策程序

项目投资具有金额大、回收期长、风险高等特点,因此,在进行项目投资决策时,企业要坚持科学的态度,按章行事,以降低投资风险、提高投资效率。项目投资决策的程序一般包括以下几个步骤。

(一) 投资项目的提出

为了提高生产能力或提高产品质量,企业领导者或有关部门根据本企业所具备的条件,提出投资项目。投资项目可以由企业最高领导者直接提出,也可以由其他层次的领导者提议。

(二) 投资项目的评价

项目评价主要分为技术可行性评价、财务评价和国民经济政策性评价等。技术可行性评价一般包括投资项目的技术是否先进,是否超出生产工人对技术的接受限度等。财务评价一般包括预计投入与产出,预计收入与成本,预测项目的现金流量,运用各种评价指标进行可行性分析;拟订评价报告等。国民经济政策性评价是指企业进行投资项目评价时,必须在充分了解国家的产业政策的基础上,对项目是否符合国家有关方针政策作出认真的评价。

投资项目的决策在进行投资项目的评价以后,企业要认真研究项目评价报告,对项目作出是否进行投资的决策。必要时,投资者或经营者还可聘请专家或中介机构组成专门力量进行评价后,再作出决策。

(三) 投资项目的执行

投资项目确定后,便进入筹措资金、实施投资过程。在投资项目执行过程中,企业要严格控制投资方案的实施和资金的使用,包括对工程进度、产品质量、投资成本等进行有效的控制。

(四) 投资项目的再评价

在投资项目的执行过程中,企业应密切关注投资的实施情况和项目外部情况变化,并随时根据情况变化对项目作出重新评价。如有必要,企业应及时调整投资方案,甚至停止项目的执行,以避免造成更大的损失。对投资项目的再评价一般应贯穿项目执行的全过程。在项目完成后,企业更要进行经验总结,吸取教训,评估项目的可行性程度及其实施结果,奖惩项目的有关执行者。

练一练

【单选题】(   )是企业为获取未来收益而向一定对象投放资金的经济行为。

A. 筹资   B. 盈利   C. 投资   D. 经营

答案:C。

◎ 财智堂(技能实训)

小东和小海作为服装企业的管理者,计划投资一条智能化生产线以提升产能。他们需综合评估投资可行性,分析投资风险,并制订实施计划。

一、任务目标

通过分析项目投资决策的意义、分类与程序，掌握不同投资类型的特点及评估方法，结合真实案例与财务模型，编制科学的投资方案，提升企业资源利用效率与长期价值。

二、任务描述

小东和小海想要投资生产线，预计初始投资为 500 万元，使用年限为 10 年，年新增净利润为 80 万元。通过对比直接投资与间接投资的优劣，结合财务指标（如净现值、回收期等）计算，最终选择最优投资策略。

三、实施步骤

步骤 1：明确投资需求与目标。

小东和小海分析企业的现状为：当前生产线效率低，市场份额增长缓慢。投资智能化生产线可提升产能 20%，降低人工成本 30%，符合企业"技术升级"战略。他们确定投资目标如下：

（1）3 年内回收初始投资成本。

（2）年投资回报率不低于 15%。

（3）与现有业务形成协同效应。

步骤 2：判定投资分类与特点。

根据财学堂中的分类标准，该投资属于：

（1）长期投资（使用年限＞1 年）。

（2）对内直接投资（购置设备形成生产能力）。

（3）实物投资（以固定资产形式投入）。

步骤 3：评估项目可行性。

（1）财务指标计算。（注：此计算步骤在当前任务中无需熟练掌握，建议完成任务二的学习之后，再进行验证与核算。）

静态投资回收期：

回收期＝初始投资÷年净收益＝500÷80＝6.25（年）

未达到 3 年目标，需结合动态指标进行进一步分析。

净现值（NPV）（假设折现率 10%）：

$$NPV = \sum_{t=1}^{10} \frac{80}{(1+0.1)^t} - 500$$
$$= 80 \times 6.1446 - 500 = 491.57 - 500 = -8.43（万元）$$

NPV 为负，项目不可行。

（2）敏感性分析。若年净收益提升至 90 万元：

$NPV = 90 \times 6.1446 - 500 = 553.01 - 500 = 53.01（万元）（可行）$

结论：需通过优化生产效率或降低成本提高收益。

步骤 4：制订投资计划。

调整方案：引入政府补贴 100 万元，降低初始投资至 400 万元，将年净收益提升至

90万元。

修正后 NPV：$90 \times 6.1446 - 400 = 553.01 - 400 = 153.01$（万元）

动态回收期：

累计现值 $= 90 \times [1 - (1 + 0.1)^{-5}] \div 0.1 = 90 \times 3.7908 = 341.17$（万元）

第5年年末未完全回收，第6年现值累计达431.17万元，回收期为5.2年，仍高于目标。

步骤5：风险评估与应对。

主要风险：技术更新导致设备淘汰、市场需求波动。

应对措施：与供应商签订技术升级协议，分阶段投入资金；预留10%资金作为风险准备金；与客户签订长期订单，锁定部分销量。

通过调整投资方案，项目NPV转为正，但回收期仍较长。小东和小海决定分两期实施：

第一期：投资200万元改造部分设备，将年净收益提升至50万元。

第二期：根据市场反馈追加投资，降低一次性风险。

练一练

某餐饮企业计划开设分店，初始投资200万元，预计年净收益为40万元，折现率为8%。

问题：

（1）计算该项目的静态回收期与净现值，并判断可行性。

（2）若年净收益提升至50万元，NPV为多少？

（3）提出两种优化投资风险的策略。

答案：

（1）静态回收期：

$200 \div 40 = 5$（年）；$NPV = 40 \times 6.7101 - 200 = 268.4 - 200 = 68.4$（万元）（可行）。

（2）优化后 NPV：$50 \times 6.7101 - 200 = 335.5 - 200 = 135.5$（万元）。

（3）风险策略：采用融资租赁减少初期资金压力；与外卖平台合作预收订单款，降低现金流风险。

任务二　评价项目投资

◎ 财学堂（基础理论）

投资决策是对各个可行方案进行分析和评价，并从中选择最优方案的过程。投资决策的分析评价，需要采用一些专门的评价指标和方法。常用的财务可行性评价指标有净现值、年金净流量、现值指数、内含报酬率和回收期等，围绕这些指标进行投资项目财务评价就产生了净现值法、内含报酬率法、回收期法等评价方法。同时，按照是否考虑了货币时间价值来分类，这些评价指标可以分为静态评价指标和动态评价指标。考虑了货币时间价值因素的指标称为动态评价指标，没有考虑货币时间价值因素的指标称为静态评价指标。

一、 现金流量

现金流量又称现金流动,在项目投资决策中,是指投资项目在其计算期内因资本循环而可能或应该发生的各项现金流入与现金流出的统称。按照现金流动的方向,投资活动的现金流量可以分为现金流入量、现金流出量和净现金流量。

一个方案的现金流入量是指该方案引起的企业现金收入的增加额;现金流出量是指该方案引起的企业现金收入的减少额;净现金流量是指一定时间内现金流入量与现金流出量的差额。流入量大于流出量,净流量为正值;反之,净流量为负值。现金流量以收付实现制为基础,以反映广义现金(货币资本)运动为内容,是计算投资决策评价指标的主要依据和关键信息之一。

投资项目决策的关键是确定其相应的现金流量。

投资项目的现金流量是指一个项目引起的企业现金支出和现金收入增加的数量。这里的现金是指广义的现金,它不仅包括各种货币资金,而且还包括项目需要投入企业拥有的非货币资源的变现价值。例如,一个项目需要使用原有的厂房、设备和材料等,则相关的现金流量是指它们的变现价值,而不是其账面成本。

项目投资的周期一般要依次经过投资兴建、投产后发挥效益和寿命终结等阶段。因此,投资项目的现金流量也就由相应的建设期现金流量、营业现金流量和终结现金流量三个部分组成。

1. 建设期现金流量

建设期现金流量又称初始现金流量,是指投资时发生的现金流量,一般表现为现金流出量,用负数表示。建设期现金流量主要包括以下几个部分:

(1)固定资产的投资,包括固定资产的购入或建造成本、运输成本和安装成本等。

(2)流动资产的投资,包括对材料、在产品、产成品和现金流量等流动资产的投资。

(3)无形资产投资,包括商标、专利权、专有技术等无形资产的投资。

(4)其他投资费用,是指与固定资产投资有关的职工培训费、开办费、注册费用等。

(5)原有固定资产的变价收入,是指固定资产更新时原有固定资产的变卖所得的现金收入。

2. 营业现金流量

营业现金流量是指项目投产后整个寿命周期内由于正常生产经营活动所带来的现金流量。营业现金流量一般按年度进行计算。其年度现金流入量一般是指营业现金收入,其年度现金流出量一般是指营业现金支出(即付现成本,不包括折旧等非付现成本)和各种税款的现金支出。

付现成本是指需要每年支付现金的成本。总成本中不需要每年支付现金的部分称为非付现成本,其中主要是折旧费、摊销额等。通常以折旧为非付现成本的代表。考虑所得税对投资项目现金流量的影响,付现成本可以总成本减折旧等非付现成本来估计。

年营业净现金流量可用以下公式表示:

$$营业现金流量＝营业收入－付现成本－所得税 \tag{3-1}$$

或：
$$＝税后营业利润＋非付现成本$$

或：
$$＝收入×(1－所得税税率)－付现成本×$$
$$(1－所得税税率)＋非付现成本×所得税税率$$
$$＝营业收入－(总成本－折旧)－所得税$$
$$＝营业利润＋折旧－所得税$$

3. 终结现金流量

终结现金流量是指投资项目终结时所发生的现金流量。终结现金流量基本上是现金流入量,包括固定资产残值收入或变价收入、原垫支的各种流动资金的收回,以及停止使用土地的变价收入等。终结现金流量一般用正数表示。

练一练

【单选题】 下列各项中,不属于投资项目现金流出量内容的是( )。

A. 固定资产投资　　　　　　　B. 折旧与摊销

C. 无形资产投资　　　　　　　D. 新增经营成本

答案：A。

二、 净现值

净现值是指把某个投资项目引起的现金流出量和现金流入量都按一定的折现率(或资本成本率)折算成现值,将现金流入量现值合计减去现金流出量现值合计后所得的净额。净现值法就是用现值净额的大小作为评价长期投资方案的一种决策分析方法。这种方法考虑了货币的时间价值,因而能够较好地反映出投资方案的真实报酬情况。其计算公式如下：

$$净现值＝现金流入量现值总数－现金流出量现值总数 \tag{3-2}$$

上述公式中的现金流入量和现金流出量,若每期数额相等,则可按年金折成现值;若每期数额不等,则可按普通复利分别折成现值后相加。

净现值的计算结果可能出现以下三种情况：

(1)净现值为正数,表示此方案按现值计算的总资产净利率高于折现率,此方案可以采纳。

(2)净现值为负数,表示此方案按现值计算的总资产净利率低于折现率,此方案不予考虑。

(3)净现值为零,表示此方案按现值计算的总资产净利率正好等于折现率,应对此方案进行综合考虑。

任何投资方案,在其他条件基本相同的情况下,只有它所提供的按现值计算的总资产净利率高于折现率时才能被采纳,而且这个总资产净利率应该是越高越好。

在计算净现值时,如果投资额分几次在不同时期支付,则应当把不同时期支付的数额,统一折算为第一次开始投资时的现值,求得现金流出量的现值总数。

应当指出,净现值法并不能揭示各个投资方案本身可能达到的实际内部收益率究竟是多少,特别是当几个方案的原始投资额不相同时,只凭净现值的绝对数的大小,并不能判断出投资获利能力与水平的高低。因此,还必须考虑运用下面所介绍的现值指数、内含报酬率、回收期等进行评价。

三、　现值指数

现值指数是指投资项目的现金流入量现值总数(或未来报酬的现值)与现金流出量现值总数(或原始投资额)的比率。现值指数法就是根据现值指数的大小来判断投资方案是否可行的一种决策分析方法。其计算公式如下:

$$现值指数 = \frac{现金流入量现值总数}{现金流出量现值总数} \qquad (3-3)$$

现值指数的计算可能出现以下三种情况:

(1) 如现值指数大于1,则表示投资项目按现值计算的现金流入量大于现金流出量,这项投资方案可以采纳。

(2) 如现值指数小于1,则表示投资项目按现值计算的现金流入量小于现金流出量,这项投资方案是不可取的。

(3) 如现值指数等于1,则表示投资项目按现值计算的现金流入量等于现金流出量,应对该投资方案进行综合考虑。

如果几个投资方案的现值指数均大于1,在选择非互斥方案时,其现值指数越高,投资方案越好。

现值指数是以相对数表示的,以便于在不同投资额的方案之间进行对比;而净现值是以绝对数表示的,在不同投资额的方案之间进行比较,有一定局限性。以上两项评价指标都无法直接反映投资项目的实际收益率。

四、　内含报酬率

内含报酬率是使投资项目的现金流入量现值总数等于现金流出量现值总数的报酬率。它通过对投资项目的每年现金流量进行贴现,使现金流入量现值总数与现金流出量现值总数相等,由此计算出来的报酬率就是投资方案的净现值等于0时的利率。内含报酬率法就是根据各个方案的内含报酬率是否高于按资金成本率或必要报酬率计算的贴现率(i),来确定投资方案是否可行的一种决策分析方法。

内含报酬率的计算结果一般可能出现以下三种情况:

(1) 当内含报酬率大于必要报酬率时,方案可以获得高于期望的收益,该投资方案应予采纳。

(2) 当内含报酬率等于必要报酬率时,方案可以获得期望的收益,应对该投资方案进行综合考虑。

(3) 当内含报酬率小于必要报酬率时,方案不可能获得期望的收益,该投资方案是不可取的。

内含报酬率的计算方法视每期现金流入量相等或不等而采用不同的方法。

（1）在每期（年）现金流入量相等（即年金形式）的情况下，其计算过程如下：

一是先按如下计算公式计算出年金现值系数。

$$年金现值系数=\frac{原始投资额的现值}{每期等额现金流入量} \tag{3-4}$$

二是从年金现值表中找出有关期（年）数栏内上述年金现值系数正负相邻的两个利率。

三是根据正负相邻的利率，采用插值法计算出内含报酬率。

（2）在每期（年）的现金净流量不同的情况下，应先估计一个贴现率，用以计算每期（年）的现金流入量的现值，进行加总后，再减去原投资额。若差额为正值，则说明估计的贴现率低了，应调高一些；若差额为负值，则说明估计的贴现率高了，应调低一些。这样一直找到以某一个贴现率所求得的净现值为正值，而以相邻的一个贴现率所求得的净现值为负值时，则表明内含报酬率就在这两个利率之间，再用插值法求得精确的内含报酬率。

如果投资方案的内含报酬率大于其资金成本，则该方案可行；如果投资方案的内含报酬率小于其资本成本，则该方案不可行。如果几个方案的内含报酬率均大于其资本成本，且各方案的投资额相同，那么内含报酬率越高的方案越好。如果几个方案的内含报酬率虽都大于其资本成本，但各方案的投资额不等，那么应选择"投资额×（内含报酬率－资本成本）"最大的方案为优。

五、 回收期

回收期是指投资项目的未来现金净流量与原始投资额相等时所经历的时间，即原始投资额通过未来现金流量回收所需要的时间。

投资者希望投入的资本能以某种方式尽快地收回来，资本收回的时间越长，投资者所担风险就越大。因而，投资方案回收期的长短是投资者十分关心的问题，也是评价方案优劣的标准之一。用回收期指标评价方案时，回收期越短越好。

投资回收期包括静态投资回收期和动态投资回收期。

（一）静态投资回收期

静态投资回收期是指在不考虑资金时间价值的情况下，用投资项目经营期的净现金流量回收初始投资所用的时间。

在初始投资以后未来各期净现金流量相等的情况下，静态投资回收期的计算公式为：

$$静态投资回收期=\frac{初始投资额}{年净现金流量} \tag{3-5}$$

在初始投资以后未来各期净现金流量不相等的情况下，静态投资回收期的计算公式为：

$$静态投资回收期=(n-1)+\frac{(n-1)年年末尚未回收的投资}{第\ n\ 年的净现金流量} \tag{3-6}$$

式中 n 为累计净现金流量第一次出现正值的年份。

（二）动态投资回收期

动态投资回收期又称折现投资回收期,是指在考虑资金时间价值的情况下,用投资项目经营期的净现金流量的现值回收初始投资所用的时间。动态投资回收期的计算公式为:

$$动态投资回收期 = (n-1) + \frac{(n-1)年年末尚未回收的投资}{第\ n\ 年的净现金流量的现值} \tag{3-7}$$

式中 n ——累计净现金流量现值第一次出现正值的年份。

用投资回收期法对投资项目进行评价时,需要将项目的静态或动态投资回收期分别与事先选定的标准静态或动态投资回收期进行比较,投资回收期小于或等于标准投资回收期的项目为可行项目。

投资回收期法的优点是计算简单、容易理解;缺点是只考虑了投资回收期以内的净现金流量,没有考虑投资回收期以后各年的现金流量,并且评价项目的比较标准具有较强的主观性,特别是静态投资回收期没有考虑资金时间价值的因素,因此,单独使用这种方法评价投资项目有时可能会得出不正确的决策结论。

练一练

【多选题】 与项目相关的经营成本等于总成本扣除( )后的差额。

A. 折旧

B. 无形资产摊销

C. 开办费摊销

D. 计入财务费用的利息

答案:AC。

◎ **财智堂(技能实训)**

小东和小海经常探讨投资策略,计划融合稳健与进取路线,在风险可控前提下探索多元化资产配置方案。

一、任务目标

根据投资项目的已知条件,计算出净现值、获利指数(现值指数)、内部收益率(内含报酬率)、静态投资回收期和动态投资回收期五个指标,分析该项目是否可行。

二、任务描述

该项投资项目的有关资料如图 3-1 的"已知条件"区域所示。要求建立一个计算该项目的各项评价指标并评价其可行性的投资项目的综合评价模型。

三、实施步骤

步骤 1:设计模型的结构,如图 3-1 的"计算与评价结果"区域所示。

步骤 2:在单元格 B11 中输入公式"=−B2"。

步骤 3:在单元格 J12 中输入公式"=B3"。

	A	B	C	D	E	F	G	H	I	J	K	L
					已知条件（金额单位：万元）							
1												
2	期初固定资产投资	300	所得税税率		25%							
3	固定资产残值	15	贴现率		10%							
4	期初垫支营运资金	20	折旧方法		使用年限法							
5	年份	0	1	2	3	4	5	6	7	8		
6	销售收入		120	130	150	180	200	200	210	220		
7	付现成本		42	48	60	72	90	96	108	114		
8												
9					计算与评价结果（金额单位：万元）							
10	年份	0	1	2	3	4	5	6	7	8	评价指标的计算及评价结果	
11	期初固定资产投资										净现值	
12	固定资产残值										获利指数	
13	期初垫支营运资金										内部收益率	
14	营运资金回收										静态投资回收期（年）	
15	与投资有关的净现金流量										动态投资回收期（年）	
16	销售收入										项目的可行性评价	
17	付现成本											
18	年折旧											
19	税前利润											
20	所得税											
21	税后净利润											
22	经营净现金流量											
23	净现金流量											
24	净现金流量的现值											
25	累计净现金流量											
26	净现金流量的现值累计											

图 3-1　投资项目的综合评价模型

步骤 4：在单元格 B13 中输入公式"=－B4"。

步骤 5：在单元格 J14 中输入公式"=B4"。

步骤 6：在单元格 B15 中输入公式"=SUM(B11：B14)"，并将其复制到单元格 J15。

步骤 7：选取单元格区域 C16:J17，输入数组公式"=C6:J7"。

步骤 8：选取单元格区域 C18:J18，输入数组公式"=SLN(B2,B3,J5)"。

步骤 9：选取单元格区域 C19:J19，输入数组公式"=C16:J16－C17:J17－C18:J18"。

步骤 10：选取单元格区域 C20:J20，输入数组公式"=C19:J19＊E2"。

步骤 11：选取单元格区域 C21:J21，输入数组公式"=C19:J19－C20:J20"。

步骤 12：选取单元格区域 C22:J22，输入数组公式"=C21:J21＋C18:J18"。

步骤 13：选取单元格区域 B23:J23，输入数组公式"=B15:J15＋B22:J22"。

步骤 14：选取单元格区域 B24:J24，输入数组公式"=PV(E3,B10:J10,－B23:J23)"。

步骤 15：在单元格 B25 中输入公式"=SUM($B$23:B23)"。

步骤 16：在单元格 B26 中输入公式"=SUM($B$24:B24)"。

步骤 17：选取单元格区域 B25:B26，将其向右填充复制到单元格区域 C25:J26。

步骤 18：在单元格 L11 中输入公式"=NPV(E3,C23:J23)＋B23"。

步骤 19：在单元格 L12 中输入公式"=NPV(E3,C23:J23)/ABS(B23)"。

步骤 20：在单元格 L13 中输入公式"=IRR(B23:J23)"。

步骤 21：在单元格 L14 中输入公式"=ROUND((5－1)＋ABS(F25)/G23,2)"。

步骤 22：在单元格 L15 中输入公式"=ROUND((6－1)＋ABS(G26)/H24,2)"。

步骤 23：在单元格 L16 中输入公式"=IF(L11>0,"可行","不可行")"。

投资项目的综合评价模型运行结果如图 3-2 所示。

「新专标」系列教材 Xinzhuanbiao Xilie Jiaocai

	A	B	C	D	E	F	G	H	I	J	K	L
1	已知条件（金额单位：万元）											
2	期初固定资产投资	300	所得税率		25%							
3	固定资产残值	15	贴现率		10%							
4	期初垫支营运资金	20	折旧方法		使用年限法							
5	年份	0	1	2	3	4	5	6	7	8		
6	销售收入		120	130	150	180	200	200	210	220		
7	付现成本		42	48	60	72	90	96	108	114		
8												
9	计算与评价结果（金额单位：万元）											
10	年份	0	1	2	3	4	5	6	7	8	评价指标的计算及评价结果	
11	期初固定资产投资	-300									净现值	125.49
12	固定资产残值									15	获利指数	1.39
13	期初垫支营运资金	-20									内部收益率	19.13%
14	营运资金回收									20	静态投资回收期（年）	4.17
15	与投资有关的净现金流量	-320								35	动态投资回收期（年）	5.51
16	销售收入		120.00	130.00	150.00	180.00	200.00	200.00	210.00	220.00	项目的可行性评价	可行
17	付现成本		42.00	48.00	60.00	72.00	90.00	96.00	108.00	114.00		
18	年折旧		35.63	35.63	35.63	35.63	35.63	35.63	35.63	35.63		
19	税前利润		42.38	46.38	54.38	72.38	74.38	68.38	66.38	70.38		
20	所得税		10.59	11.59	13.59	18.09	18.59	17.09	16.59	17.59		
21	税后净利润		31.78	34.78	40.78	54.28	55.78	51.28	49.78	52.78		
22	经营净现金流量		67.41	70.41	76.41	89.91	91.41	86.91	85.41	88.41		
23	净现金流量	-320	67.41	70.41	76.41	89.91	91.41	86.91	85.41	123.41		
24	净现金流量的现值	-320	61.28	58.19	57.41	61.41	56.76	49.06	43.83	57.57		
25	累计净现金流量	-320	-252.59	-182.19	-105.78	-15.88	75.53	162.44	247.84	371.25		
26	净现金流量的现值累计	-320	-258.72	-200.53	-143.13	-81.72	-24.97	24.09	67.92	125.49		

图 3-2 投资项目的综合评价模型运行结果

做一做

公司拟投资新项目，初始投资额 200 万元，预计未来 4 年净现金流分别为：第 1 年 60 万元，第 2 年 80 万元，第 3 年 100 万元，第 4 年 120 万元（含期末设备残值 20 万元）。假设资本成本率为 10%。

要求计算以下指标：

(1) 净现值（NPV）。

(2) 内含报酬率（IRR）（列出插值法公式即可，无需具体计算）。

(3) 静态投资回收期。

(4) 动态投资回收期（需计算）。

最后根据计算结果，判断项目是否可行。

任务三 固定资产管理

◎ 财学堂（基础理论）

固定资产是指在企业生产经营活动中，经过多次生产过程才全部转移价值的资产。固定资金是固定资产的货币表现，固定资产则是固定资产的实物形态。

一、 固定资产的特点

固定资产能在较长的时期内，反复地、连续不断地参加多次生产过程，并在使用过程中基本上能保持原有的物质形态，因此垫支在固定资产上的这部分资金，具有比较固定的性质。固定资产一般具有以下几个主要特点。

（一）循环周期较长

固定资金的循环周期是指从固定资产投入使用到报废以后重新购建固定资产为止的整个过程的时间。固定资产能在许多个生产周期中发挥作用，并保持其原有的实物形态，它的价值是随着固定资产的损耗程度，逐渐地、部分进行转移和补偿，经过许多个生产周期，才完成全部价值转移。固定资金循环周期的长短，取决于固定资产使用年限，而与企业生产周期的长短无关。为此，应合理确定固定资产的使用年限，使固定资金的周转能适应科学技术不断进步的要求，并注意做好固定资产的维护保养与修理工作，使固定资产在确定的使用年限中正常运行，以提高固定资金的使用效果。

（二）价值存在具有双重性

固定资产长期参加生产过程而不改变其原有实物形态，其价值是逐渐地、部分地转移到所生产的产品成本中去。随着企业再生产过程的连续进行，固定资产价值一般表现为双重存在：一部分存在于原实物形态上，逐年递减；另一部分则脱离原实物形态，转为货币准备金，逐年递增。直到使用期限终了，固定资产价值才全部积累于货币准备金上，以保证固定资产的更新。为此，应正确核算固定资产的折旧与净值（折余价值），以反映固定资产价值存在形态的双重性。

（三）价值补偿和实物更新分别进行

固定资金价值补偿是随着固定资产的使用按期逐渐积累起来的，但在固定资金逐渐转移和取得补偿时，并不一定需要进行固定资产的实物更新，因为固定资产是以其技术性能作用于产品的生产过程，而不是以其实体加入产品使用价值的，所以它可以在每次生产周期中反复多次地使用，直到其完全丧失使用价值，才需要进行实物更新。根据这一特点，不仅要加强对固定资产的实物管理，使固定资产在整个使用期中经常处于良好的使用状态，而且还必须有计划地计提折旧，并从销售收入中得到及时补偿，以保证固定资产及时有效地更新。

二、 固定资产的更新决策

固定资产反映了企业的生产经营能力，固定资产更新决策是项目投资决策的重要组成部分。从决策性质上看，固定资产更新决策属于互斥投资方案的决策类型。因此，固定资产更新决策所采用的决策方法是净现值法和年金净流量法，一般不采用内含报酬率法。

（一）寿命期相同的设备重置决策

一般来说，用新设备来替换旧设备如果不改变企业的生产能力，就不会增加企业的营业收入，即使有少量的残值变价收入，也不是实质性收入增加。因此，大部分以旧换新进行的设备重置都属于替换重置。在替换重置方案中，所发生的现金流量主要是现金流出量。如果购入的新设备性能提高，扩大了企业的生产能力，则这种设备重置属于扩建重置。

（二）寿命期不同的设备重置决策

寿命期不同的设备重置方案，用净现值指标可能无法得出正确决策结果，应当采用年金净流量法决策。寿命期不同的设备重置方案，在决策时具有如下特点：

第一,扩建重置的设备更新后会引起营业现金流入与流出的变动,应考虑年金净流量最大的方案。替换重置的设备更新一般不改变生产能力,营业现金流入不会增加,只需比较各方案的年金流出量即可,年金流出量最小的方案最优。

第二,如果不考虑各方案的营业现金流入量变动,只比较各方案的现金流出量,则可把按年金净流量原理计算的等额年金流出量称为年金成本。替换重置方案的决策标准是年金成本最低。扩建重置方案所增加或减少的营业现金流入也可以作为现金流出量的抵减,并据此比较各方案的年金成本。

第三,设备重置方案运用年金成本方式决策时,应考虑的现金流量主要有:

(1)新旧设备目前市场价值。对于新设备而言,目前市场价格就是新设备的购价,即原始投资额;对于旧设备而言,目前市场价值就是旧设备的重置成本或变现价值。

(2)新旧设备残值变价收入。残值变价收入应作为现金流出的抵减。原始投资额与残值变价收入现值的差额,称为投资净额。

(3)新旧设备的年营运成本,即年付现成本。如果考虑每年的营业现金流入,应作为每年营运成本的抵减。

第四,年金成本可在特定条件下(无所得税因素),按如下公式计算:

$$
\begin{aligned}
\text{年金成本} &= \frac{\sum(\text{各项目现金净流出现值})}{\text{年金现值系数}} \\
&= \frac{\text{原始投资额} - \text{残值收入} \times \text{复利现值系数} + \sum(\text{年营运成本现值})}{\text{年金现值系数}} \\
&= \frac{\text{原始投资额} - \text{残值收入}}{\text{年金现值系数}} + \text{残值收入} \times \text{贴现率} + \frac{\sum(\text{年营运成本现值})}{\text{年金现值系数}}
\end{aligned}
$$

(3-8)

练一练

【单选题】　在进行固定资产更新决策时,企业通常需要考虑(　　)来判断是否替换旧设备。

A. 旧设备的账面价值　　　　　　B. 新设备的购买成本及其未来节省的成本

C. 旧设备的市场售价　　　　　　D. 旧设备的已折旧金额

答案:B。

【单选题】　在进行固定资产更新决策时,下列方法中,考虑了旧设备的账面价值和出售可能获得的现金流入的是(　　)。

A. 总成本比较法　　　　　　　　B. 净现值法

C. 年金成本法　　　　　　　　　D. 会计收益比较法

答案:B。

三、　管好用好固定资产

(一) 预测投资规模,监控投资效益

固定资产投资项目的多少、投资额的大小,不仅对企业近期的生产和效益带来重大的影响,而且对企业今后的生存、发展及财务状况带来长期的、深远的影响。这是因为一定时期内的资金总是有限的,如果投资项目超过资金供应能力,势必拖延工期,不能及时发挥资金效益,或者势必挤占生产经营资金,影响企业生产正常进行。因此,应在合理计划的基础上,监督企业按计划项目投资,防止其搞计划外工程;同时,应加强工程进度和工程质量的管理。财务部门作为管理投资额的部门,应对投资项目和投资额进行日常管理,了解企业是否按计划项目投资,资金使用是否合理,投入的资金与工程进度之间是否适应,从而监督企业在不突破投资额计划的情况下,按时、按质完成工程项目,及时发挥投资效益。

(二)归口分级管理,落实岗位责任

加强固定资产实物控制,除由财务部门认真进行固定资产的总分类核算和明细分类核算外,主要应做好新增固定资产的验收、移交及登记入账工作。对在用固定资产,要注意内部转移,做到对于部门之间的交接,财务部门能及时掌握情况;对清理报废及调出的固定资产,必须做到事前有批准手续,事后要及时注销账卡;对租入的固定资产,也要做好记录,加强管理。企业财务部门要向有关部门加强宣传,要求有关部门严格遵照有关制度规定办理上述各项业务,并且做到全面反映和及时掌握固定资产的增减变动和使用情况,定期对固定资产进行查清盘点,保证各项固定资产的安全保管与合理使用。

(三)采取有效措施,提高利用效果

固定资产管理的基本任务就在于利用现有固定资产,不断提升利用效果,达到以较小的固定资金占用,完成最多的产销任务和实现最大利润的目的。

由于生产设备在整个固定资产中处于主导地位,改进生产设备的利用状况就成了提高固定资金利用效果的一个最重要的方面。生产设备与生产成果(以产品产量表示)的关系如下:

$$产品产量＝生产设备台数×单台设备工作时间×单位时间的生产量 \qquad (3-9)$$

根据上述关系,改进生产设备利用状况,提高固定资产的利用效果,企业应从以下三个方面采取措施:

(1)提高在用固定资产的比重。压缩未使用数量,缩短设备安装、调试周期,积极处理企业不需要用的固定资产,以增强企业的实际生产能力。

(2)提高设备时间的利用程度。要在保证产品质量的前提下,适当增加单台设备的实际工作时间,增加开工班次,减少计划外停工时间,缩短修理时间,提高修理质量,合理延长修理间隔期,减少间歇性停工时间等。

(3)提高设备台时生产率。采用先进技术和先进工艺,通过更新设备和对原有设备进行技术改造,用更先进的技术装备逐步代替落后的设备,以提高设备台时生产效率。同时,企业应开展多种形式的职工培训和技术竞赛活动,不断提高职工的文化科学水平和技术熟练程度,使设备在单位时间内能生产出更多、更好的产品。

练一练

【多选题】 在进行固定资产更新决策时,企业可能需要考虑的非财务因素有(   )。

　　A. 新设备的技术兼容性　　　　　B. 新设备对环境的影响
　　C. 新设备对员工的培训需求　　　D. 旧设备的情感价值

答案:ABD。

◎ **财智堂（技能实训）**

小东的爸爸有一台旧设备，他想直接将该设备移交给小东的企业使用，但是小东考虑设备磨损的程度以及技术进步等因素，打算购买新设备。学习了本任务后，小东要求财务部建立一个是否进行设备更新的决策模型。

一、任务目标

新旧设备预计使用年限相同，可以直接通过比较新旧设备方案的净现值或成本现值作出决策。现要求建立一个是否应对该设备进行更新的决策模型。

二、任务描述

企业 4 年前购入的旧设备及正在考虑更换的新设备有关资料如图 3-3 的"已知条件"区域所示。要求建立一个是否应对该设备进行更新的决策模型。

	A	B	C	D
1	已知条件			
2	项目	旧设备	新设备	
3	原值（元）	80000	90000	
4	已使用年限（年）	3	0	
5	预计使用年限（年）	10	7	
6	年销售收入（元）	65000	75000	
7	年付现经营成本（元）	46000	45000	
8	目前变现价值（元）	49600	90000	
9	最终残值（元）	4000	4500	
10	资本成本率	12%		
11	所得税税率	25%		
12	折旧方法	使用年限法		
13				
14	计算过程与决策结果			
15	项目	旧设备	新设备	差量
16	更新设备时的净现金流量（元）			
17	经营期内年净现金流量（元）			
18	经营期末终结净现金流量（元）			
19	净现值（元）			
20	决策结论			

图 3-3　固定资产更新决策模型

三、实施步骤

步骤 1：设计模型的结构，如图 3-3 的"计算过程与决策结果"区域展示。

步骤 2：在单元格 B16 中输入公式"＝－B8"，这里所得到的计算结果为继续使用旧设备的机会成本。

步骤 3：在单元格 B17 中输入公式"＝（B6－B7）＊（1－＄B＄11）＋SLN（B3，B9，B5）＊＄B＄11"。

步骤 4：在单元格 B18 中输入公式"＝B9"。

步骤 5：在单元格 B19 中输入公式"＝PV（＄B＄10，B5－B4，－B17，－B18）＋B16"。

「新专标」

Xinzhuanbiao
系列教材 *Xilie Jiaocai*

步骤 6：选取单元格区域 B16:B19，将其复制到单元格区域 C16:C19。

步骤 7：在单元格 B20 中输入公式"＝IF(D19＞0,"应更新设备",IF(D19＜0,"继续使用旧设备","使用新旧设备都可以"))"。

固定资产更新决策模型运行结果如图 3-4 所示。

	A	B	C	D
1	已知条件			
2	项目	旧设备	新设备	
3	原值（元）	80000	90000	
4	已使用年限（年）	3	0	
5	预计使用年限（年）	10	7	
6	年销售收入（元）	65000	75000	
7	年付现经营成本（元）	46000	45000	
8	目前变现价值（元）	49600	90000	
9	最终残值（元）	4000	4500	
10	资本成本率	12%		
11	所得税税率	25%		
12	折旧方法	使用年限法		
13				
14	计算过程与决策结果			
15	项目	旧设备	新设备	差量
16	更新设备时的净现金流量（元）	-49600	-90000	-40400
17	经营期内年净现金流量（元）	16150.00	25553.57	9403.57
18	经营期末终结净现金流量（元）	4000.00	4500.00	500.00
19	净现值（元）	25914.06	28655.85	2741.79
20	决策结论	应更新设备		

图 3-4　固定资产更新决策模型运行结果

做一做

旧设备：原价为 50 万元，使用年限为 10 年，已使用 6 年；采用直线法折旧，残值率为 10%（即预计残值 5 万元）。当前账面价值为 23 万元[50－6×(50－5)÷10]。当前市场变现价值为 15 万元。若继续使用，则每年运营成本为 18 万元，5 年后最终残值 2 万元。

新设备：购置价为 80 万元，使用年限为 5 年，残值率 5%（即残值 4 万元）；采用直线法折旧，每年运营成本为 10 万元。新设备投产后，年销售收入可增加 5 万元。

其他条件：公司所得税税率为 25%，资本成本率为 10%；假设决策无关其他税费，现金流均发生在年末。

要求：

（1）计算旧设备继续使用和更新设备的相关现金流(初始、营业期、终结期)。

（2）分别计算两方案的净现值(NPV)，判断是否应更新设备。

◎ **智驭未来(前沿技术)**

一、人工智能在项目投资管理中的当前实践

Excel 与大数据技术的深度融合重构了传统投资决策模式，显著提升了项目评估的科学性与效率。以净现值(NPV)、内含报酬率(IRR)等动态评价指标为例，Excel 通过 PV、FV 函数及数据表功能，可快速构建投资模型。例如，在"做一做"的餐饮分店投资案例中,AI可基于区域消费数据训练预测模型,动态修正净现值(NPV)计算中的收入假设,实时生成多情景现金流模拟(如客流量衰减对收益的影响),辅助企业量化极端风险并调整投资策略。例如,某企业在并购决策中,AI系统从海量新闻中提取竞品技术升级信号,触发设备更新方案的NPV重算,避免因技术落后导致的投资失效。在自动化流程层面,RPA(机器人流程自动化)与Excel联动,实现投资指标(如IRR、回收期)的批量计算与校验。例如,固定资产更新决策中,RPA自动抓取设备折旧数据与新供应商报价,生成新旧方案的现金流对比表,将人工操作时间缩短70%,同时规避了公式输入错误的风险。

二、人工智能驱动投资管理的未来图景

未来,人工智能将推动投资管理向自适应决策系统演进。基于强化学习的动态策略优化引擎,AI系统可实时分析市场波动与企业内部数据,自主调整投资组合权重。例如,在扩建重置项目中,AI系统结合物联网设备传回的生产效率数据,动态预测新生产线的产能利用率,并联动财务模型修正年金净流量(ANPV),实现"边投产边优化"的闭环决策。同时,区块链与AI融合将重塑投资透明度,如在固定资产生命周期管理中,智能合约自动记录设备采购、折旧计提及残值交易信息,确保数据不可篡改,并为ESG(环境、社会、治理)投资提供可信溯源。此外,生成式AI将在战略规划中发挥创造力,如模拟行业技术颠覆场景(如新材料替代),自动生成应对方案的成本效益分析报告,辅助企业提前布局。值得关注的是,AI伦理与可解释性将成为关键议题,企业需在追求效率的同时,确保算法决策符合风险收益权衡与可持续发展原则,避免陷入数据偏见或短视陷阱。

◎ **财思汇(总结升华)**

市场环境严峻,周边店铺纷纷降价,折扣一个比一个低,小东和小海的服装店的生意一落千丈,深陷价格竞争泥潭。

"再降下去,成本都回不来,店铺难以为继。"小东看着冷清的店铺,满脸愁容。

这时,一位老顾客拿起衣服,质疑价格为何较高。小东微笑着介绍:"这件衣服设计独特,设计师团队研究流行趋势与消费者需求,将时尚和舒适完美融合,穿上它能展现自身的独特魅力。"接着,她摸摸面料:"这是优质高档面料,柔软透气、耐磨不变形,多次洗涤也没问题。低价服装为省成本用差面料,穿几次就坏,从长远看,我们这件性价比更高。"

小海补充:"我们制作工艺精湛,每件衣服都严格质检,每个环节都有专业师傅把关,这是我们对品质的投资,也是产品的价值所在。"老顾客听了觉得有道理,点头买下衣服。

这件事让两人意识到,价格战中不能只看价格,要向顾客讲清产品价值,这如同投资管理中的价值投资理念。投资不能只看资产表面价格波动,而要深入分析其本质价值。服装店的产品就是"资产",不能因一时价格竞争就自乱阵脚,要挖掘并展现独特价值。

此后,他们在店内设置展示区,介绍服装特色,还利用社交媒体宣传。顾客逐渐认识到服装独特价值,不再唯价格是从,店铺客流量与销售额稳步上扬。经此一役,他们深知商业投资管理要有长远眼光与价值投资理念,不为一时价格波动所扰。于是和供应商合

作研发环保面料与独特设计,加强品牌建设。很快,店铺凭环保时尚产品和好口碑,在市场崭露头角,成为消费者信赖的时尚品牌。

思政元素: 全局意识、可持续发展

习题答案

习　题

一、单项选择题

1. 某投资项目投产后预计第 1 年流动资产需用额为 100 万元,流动负债需用额为 80 万元,第 2 年流动资产需用额为 90 万元,则第 2 年的流动资金投资额为(　　)万元。

  A. 30　　　　　　　B. 20　　　　　　　C. 10　　　　　　　D. 0

2. 将企业投资区分为固定资产投资、流动资产投资、期货与期权投资等类型所依据的分类标志是(　　)。

  A. 投入行为的介入程度　　　　　B. 投入的领域

  C. 投资的方向　　　　　　　　　D. 投资的内容

3. 下列各项中,不属于投资项目现金流出量内容的是(　　)。

  A. 固定资产投资　　　　　　　　B. 折旧与摊销

  C. 无形资产投资　　　　　　　　D. 新增经营成本

4. 下列各项中,属于项目资本金现金流量表的流出内容,不属于全部投资现金流量表流出的内容的是(　　)。

  A. 税金及附加　　　　　　　　　B. 借款利息支付

  C. 维持运营投资　　　　　　　　D. 经营成本

5. 某投资项目年营业收入 140 万元,年付现成本 60 万元,年折旧 40 万元,所得税税率为 25%,则该方案经营期的年现金流量为(　　)万元。

  A. 30　　　　　　　B. 40　　　　　　　C. 60　　　　　　　D. 70

6. 某投资项目运营期某年的总成本费用(不含财务费用)为 1 100 万元,其中,外购原材料、燃料和动力费估算额为 500 万元,工资及福利费的估算额为 300 万元;固定资产折旧额为 200 万元;其他费用为 100 万元。据此计算的该项目当年的经营成本估算额为(　　)万元。

  A. 1 000　　　　　　B. 900　　　　　　C. 800　　　　　　D. 300

二、多项选择题

1. 原始总投资包括(　　)。

  A. 固定资产投资　　　　　　　　B. 开办费投资

  C. 资本化利息　　　　　　　　　D. 流动资金投资

2. 单纯固定资产投资项目的现金流出量包括(　　)。

  A. 固定资产投资　　　　　　　　B. 流动资金投资

  C. 新增经营成本　　　　　　　　D. 增加的各项税款

3. 与项目相关的经营成本等于总成本扣除(　　)后的差额。

  A. 折旧　　　　　　　　　　　　B. 无形资产摊销

  C. 开办费摊销　　　　　　　　　D. 计入财务费用的利息

4. 计算净现值的折现率可以是（　　　）。

   A. 投资项目的资金成本   B. 投资的机会成本

   C. 社会平均资金收益率   D. 银行存款利率

5. 下列关于项目投资的说法中，不正确的有（　　　）。

   A. 经营成本中包括利息费用

   B. 估算税金及附加时需要考虑应交增值税

   C. 维持运营投资是指矿山、油田等行业为维持正常运营而需要在运营期投入的流动资产投资

   D. 调整所得税等于税前利润与适用的所得税税率的乘积

6. 完整工业投资项目的现金流出量包括（　　　）。

   A. 工资及福利费

   B. 税金及附加

   C. 旧固定资产提前报废产生的净损失抵税

   D. 外购原材料、燃料和动力费

三、判断题

1. 在项目投资决策中，净现金流量是指运营期内每年现金流入量与同年现金流出量之间的差额所形成的序列指标。　　　　　　　　　　　　　　　　　　　　（　　）

2. 在应用差额投资内部收益率法对固定资产更新改造投资项目进行决策时，如果差额内部收益率小于行业基准折现率或资金成本率，就不应当进行更新改造。（　　）

3. 对于单纯固定资产投资项目来说，如果项目的建设期为0，则说明固定资产投资的投资方式是一次投入。　　　　　　　　　　　　　　　　　　　　　　　　（　　）

4. 经营成本的节约相当于本期现金流入的增加，所以在实务中将节约的经营成本列入现金流入量中。　　　　　　　　　　　　　　　　　　　　　　　　　　（　　）

5. 经营期某年的净现金流量＝该年的经营净现金流量＋该年回收额。　　　（　　）

6. 内含报酬率是使项目的现值指数等于1的折现率。　　　　　　　　　（　　）

四、计算题

1. A企业拟新建一条生产线，需要在建设起点一次投入固定资产200万元，在建设期末投入无形资产25万元。建设期为1年，建设期计入生产线成本的资本化利息为10万元。流动资金投资合计为20万元。

   要求：根据上述资料计算下列与该项目有关的指标：

   （1）固定资产原值。

   （2）建设投资。

   （3）原始投资。

   （4）项目总投资。

2. A企业完整工业投资项目投产第1年预计流动资产需用额为30万元，流动负债可用额为15万元，假定该项投资发生在建设期末；投产第2年预计流动资产需用额为40万元，流动负债可用额为20万元，假定该项投资发生在投产后第1年年末。

   要求：根据上述资料估算下列指标：

   （1）每次发生的流动资金投资额。

（2）终结点回收的流动资金。

3. A企业完整工业投资项目投产后第 1 年至第 5 年每年预计外购原材料燃料和动力费为 60 万元，工资及福利费为 30 万元，其他费用为 10 万元，每年折旧费为 20 万元，无形资产摊销费为 5 万元；第 6 年至第 10 年每年不包括财务费用的总成本费用为 160 万元，其中，每年预计外购原材料燃料和动力费为 90 万元，每年折旧费为 20 万元，无形资产摊销费为 0。

要求：根据上述资料估算下列指标：

（1）投产后各年的经营成本。

（2）投产后第 1 年至第 5 年每年不包括财务费用的总成本费用。

项目四

筹 资 管 理

[新专标]

Xinzhuanbiao 系列教材 Xilie Jiaocai

◎ **知识目标**

➤ 理解企业筹资的动机及筹资渠道;
➤ 掌握不同筹资方式的特点及成本计算;
➤ 熟悉资本结构的含义及优化方法。

◎ **技能目标**

➤ 能够计算个别资本成本和加权平均资本成本;
➤ 能够设计等额本息和等额本金还款模型,分析不同还款方式的优劣;
➤ 能够制订筹资计划,平衡权益资本与债务资本的比例。

◎ **素养目标**

➤ 培养风险控制意识,避免过度负债导致的财务危机;
➤ 增强诚信意识,严格遵守融资合同约定;
➤ 提升资源整合能力,通过多渠道筹资支持企业战略发展。

◎ **知识导图**

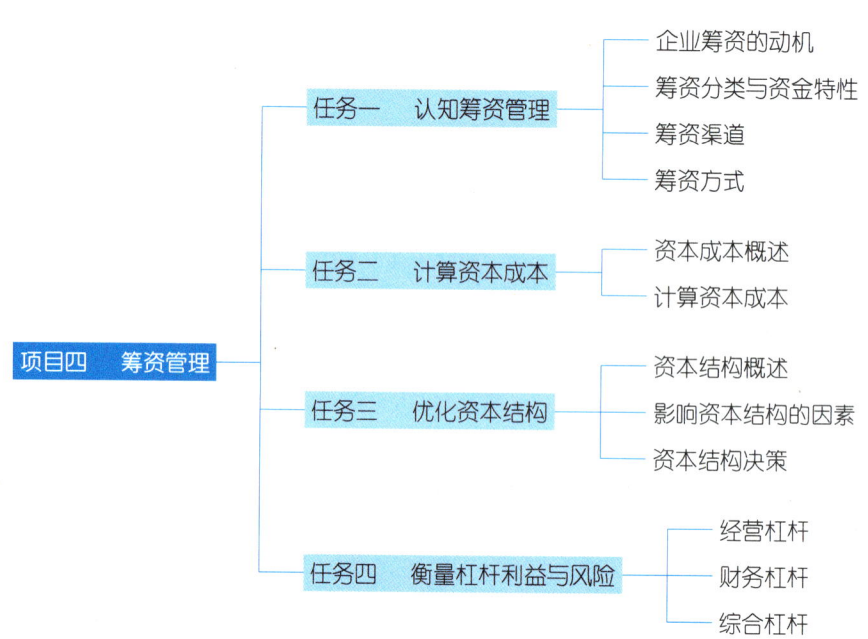

- 项目四 筹资管理
  - 任务一 认知筹资管理
    - 企业筹资的动机
    - 筹资分类与资金特性
    - 筹资渠道
    - 筹资方式
  - 任务二 计算资本成本
    - 资本成本概述
    - 计算资本成本
  - 任务三 优化资本结构
    - 资本结构概述
    - 影响资本结构的因素
    - 资本结构决策
  - 任务四 衡量杠杆利益与风险
    - 经营杠杆
    - 财务杠杆
    - 综合杠杆

◎ **财微话（情境导入）**

小东坐在收银台内，眉头紧锁地审视着账本。一旁的小海则显得焦躁不安，他忍不住问道："学姐，怎么样了？算出来资金还够吗？"

小东轻轻叹了口气，抬头望向小海，眼中带着一丝无奈："恐怕不行，我们现有的流动资金远不够支持店铺的换季改造。"

小海闻言，脸色一沉："那我们该怎么办？店铺总要升级换代，才能吸引更多的客人。"

小东沉吟片刻，说："小海，你说得对，店铺的升级换代是必不可少的。既然流动资金不足，我们就得想想办法筹集资金。"

"筹资？"小海眼睛一亮，仿佛看到了一丝希望，"那具体该怎么做呢？"

小东微微一笑，开始分析："我们可以考虑向银行贷款。虽然这会增加一定的债务压力，但银行的利率相对较低，且还款期限灵活，适合我们这种需要长期投资的情况。"

"嗯，银行贷款确实是个可行的办法。"小海点头表示赞同，但随即又皱起了眉头，"不过，银行审批流程烦琐，而且我们店铺目前的财务状况可能无法满足银行的贷款资格要求。"

"没错，所以这只是第一步。接下来，我们可以尝试寻找投资人。现在有很多天使投资和风险投资机构，他们专门寻找有潜力的创业项目进行投资。我们可以准备一份商业计划书，突出我们店铺的特色、市场前景和预期盈利，争取吸引他们的注意。"小东继续说道。

两人商量决定，立即分头行动。小东负责整理店铺的财务状况、编制商业计划书，而小海则着手联系银行了解贷款事宜。最终，他们不仅成功从银行获得了一笔贷款，还吸引了一位看好他们项目的天使投资人。

任务一　认知筹资管理

◎ **财学堂（基础理论）**

企业筹资是指企业为了满足经营活动、投资活动、资本结构管理和其他需要，运用一定的筹资方式，通过一定的筹资渠道，筹措和获取所需资金的一种财务行为。

一、 企业筹资的动机

（一）扩张动机

扩张动机是企业因扩大生产经营规模或追加对外投资的需要而产生的融资动机。具有良好发展前景、处于成长时期的企业通常会产生这种动机。扩张动机所产生的直接结果，会导致企业筹资总额与资产总额的增加。

（二）偿债动机

偿债动机是企业为了偿还债务而形成的融资动机，如借新债还旧债等。偿债筹资一般有两种情况：一是调整性偿债筹资，即企业虽有一定的能力支付到期债务，但为了调整原有的资本结构，其仍然举债，从而使资本结构更加合理，二是恶化性偿债筹资，即企业现有的支付能力不足以偿付到期债而被迫举债还债，这表明企业的财务状况已有恶化迹象。

（三）混合动机

企业因同时需要长期资金和偿债现金而形成的筹资动机，称为混合筹资动机。通过混合筹资，企业既扩大资产规模，又偿还部分旧债，即这种筹资动机混合了扩张筹资和偿债筹资两种。

二、 筹资分类与资金特性

企业从不同渠道、利用不同筹资方式筹集的资金，由于具体的来源、方式、期限、用途等的不同，形成不同的筹资类型。企业的全部资本来源，从不同视角，依据不同标准，通常可区分为权益资本与借入资本、长期资本与短期资本、内部资本与外部资本、直接筹资与间接筹资等类型。

（一）权益资本与借入资本

按照性质不同，筹措资本可划分为权益资本与借入资本。权益资本与借入资本构成全部资本的所有权结构。合理安排权益资本与借入资本的比例关系是企业筹资理财的一个核心问题。

1. 权益资本

权益资本是指企业依法筹集（公司投资者投入）并长期拥有、自主调配运用的资本。我国的企业权益资本包括投资人投入的资本金、资本公积金、盈余公积金和未分配利润。权益资本具有数额稳定、使用期限长及无须还本付息等特点，因此它是体现企业经济实力、扩大企业资本自主权、增加企业抵御经营风险的能力，以及降低财务风险最重要的资本来源。

权益资本一般具有以下特征：

（1）权益资本的所有权归属企业投资者。

（2）企业对权益资金依法享有经营权。

（3）企业的权益资金是通过国家财政资金、其他企业资金、民间资金、外商资金等渠道，采用吸收直接投资、发行股票、留用利润等方式筹措形成的。

2. 借入资本

借入资本又称债务资本，是企业依法筹措并依约使用、按期还本付息的资本。企业借入资本包括各种借款、应付债务、应付票据等。这些借入资本要还本付息，因此其风险较大；但债务利息能在税前列支，因此其成本也相对较低。

借入资本一般具有以下特征：

（1）借入资本体现企业与债权人的债权债务关系，属于企业的债务、债权人的债权。

（2）企业的债权人有权按期索取本息，无权参与企业的经营管理，因此对企业的经营状况不承担责任。

（3）企业对借款人资金在约定的期限内享有使用权，承担按期还本付息的义务。

（4）企业的借入资金是通过银行、非银行金融机构、民间等渠道，采用银行借款、发行债券、发行融资券、商业信用、融资租赁等方式筹措取得的。

部分借入资本可按规定的程序转化为企业权益资本,如发行可转换为股票的公司债券,银行与企业之间实施债转股方案等。

练一练

【单选题】 按照( )不同,筹措资本可划分为权益资本与借入资本。

　　A. 性质　　　　　B. 使用期限　　　　C. 来源　　　　　　　D. 以金融机构为中介

答案:A。

(二)长期资本与短期资本

按照使用期限的长短,筹措资本可以划分为长期资本和短期资本。

长期资本和短期资本的合理安排构成企业的期限结构。合理安排企业资本的期限结构有利于实现企业资本的最佳配置。

1. 长期资本

长期资本是指使用期限在1年以上的资本。广义的长期资本还可以具体划分为中期资本和长期资本。长期资本具有使用期限长、周转速度慢、筹资成本高等特点。企业的长期资本通常采用吸收直接投资、发行股票、发行债券、长期借款、融资租赁等方式来筹措。

2. 短期资本

短期资本是指使用期限在1年以内的资本。企业生产经营活动中的资本流入与资本流出具有非规则变动特征,任何一家企业在任何时候都需要大量的短期资本,以满足企业正常生产经营的需要。企业短期资本一般通过银行短期借款、发行融资券、商业信用等方式筹集,短期资本具有使用期限短、周转速度快、筹资成本低等特点。

(三)内部资本与外部资本

按照来源不同,筹措资本可以分为内部资本与外部资本两大渠道。

1. 内部资本

内部资本是指在企业生产经营过程中形成或增加的资本。它由通过计提折旧形成的资本和通过留存利润形成的资本两部分构成。内部筹资是在企业内部“自然而然”形成的,因此其被称为“自动化的资本来源”。它的筹集往往不用花费筹资费用,因而其成本相对较低,但筹资数量往往有限,而且其也并不是在企业发展变化的任何时候都可以随意采用的筹资渠道。

2. 外部资本

外部资本是指在企业内部的资金不能满足需要的时候,向企业外部筹集的资本。外部筹资是企业在市场经济条件下筹措资本的一个主要渠道。绝大多数企业在生产经营活动的各个阶段,都必须重视外部筹资工作,都要不失时机地开展大规模的外部筹资活动。企业可利用多种渠道和方式进行外部筹资。

(四)直接筹资和间接筹资

按照企业是否以金融机构为中介开展筹资活动,筹措资本可以分为直接筹资与间接筹资。

1. 直接筹资

直接筹资与间接筹资相反,它不需要经过银行或非银行金融机构,而是直接同资金供应者达成协议而筹措的资本,如发行股票、发行债券等。直接筹资是现代的、不断发展壮大的筹资方式。在直接筹资过程中,资本供给双方借助于现代金融手段直接实现资本的转移,而不需要银行或非银行金融机构作为中介。直接筹资可以将社会闲散资金迅速转化为生产资金,筹资数额大,资金使用时间长,但筹资成本高。

2. 间接筹资

间接筹资是指企业借助于银行或非银行金融机构所筹措的资本。它是传统的筹资方式。在这种方式下,银行或非银行金融机构发挥着中介作用,将它预先聚集起来的闲散资本,提供给需要资金的企业。间接筹资的优点是筹资成本相对较低,筹资数额、使用时间和还本付息等比较灵活。其缺点是筹资数量有限,且容易受到金融政策的影响。

三、 筹资渠道

筹资渠道又称资金来源渠道,是指筹措资金来源的方向与通道,体现着资金的源泉和流量。认识筹资渠道的种类和每种筹资渠道的特点,有利于企业充分开拓和正确利用筹资渠道。我国企业目前的筹资渠道主要有以下几种。

(一) 国家财政资金

国家财政资金基础坚固,来源充沛,为大中型企业的生产经营活动提供了可靠的保证。国家制定扶持基础性产业和公益性产业的长远发展战略,决定了国家财政资金具有广阔的源泉和稳固的基础,今后其仍然是国有企业筹集资本的重要渠道。

(二) 银行信贷资金

银行信贷资金有居民储蓄、单位存款等经常性的资金源泉,其贷款方式灵活多样,可以适应各类企业的多种资金需求。银行信贷资金分为商业性银行贷款和政策性银行贷款。商业银行是以营利为目的,从事信贷资金投放的金融机构,主要为企业提供各种商业贷款。政策性银行为各种企业,尤其是小微企业提供政策性贷款。

(三) 非银行金融机构资金

非银行金融机构主要有信托投资公司、租赁公司、保险公司、证券公司、企业集团的财务公司等。它们可以为企业直接提供资金,或者为企业筹资提供服务。非银行金融机构资金供应灵活,并且服务形式多样,虽然其财力不及商业银行,但是却有着广阔的发展前景。

(四) 其他企业资金

企业在生产经营过程中,往往会形成一部分暂时闲置的资金,同时,企业之间为了一定的目的,也需要相互投资,这都为筹资企业提供了资金来源。

(五) 民间资金(职工和居民资金)

民间资金(职工和居民资金)是指企业职工和城乡居民闲置的结余资金。这种资金游离于银行和非银行金融机构之外,企业可以通过发行股票、债券等方式,将这部分资金筹集起来,用于企业的生产经营。民间资金是企业筹资不可忽视的渠道,其作用和地位

「新专标」系列教材 *Xinzhuanbiao* *Xilie Jiaocai*

也会越来越重要。

（六）企业自留资金（留存收益）

企业自留资金（留存收益）是指在企业内部形成的资金，也称为企业内部积累或内生资金。自留资金的重要特征是其直接由企业内部自动生成或转移而来，是企业"自动化"的筹资渠道。企业可合理使用这部分资金，且不必受太多限制。

（七）外商资金

外商资金是指国外及中国香港、澳门和台湾地区投资者投入的资金。

四、 筹资方式

筹资方式是指公司筹措资金所采用的具体形式。筹资方式受到法律环境、经济体制、融资市场等筹资环境的制约，特别是受国家对金融市场和融资行为方面的法律法规制约。

一般来说，企业最基本的筹资方式有两种：股权筹资和债务筹资。股权筹资形成企业的股权资金，通过吸收直接投资、公开发行股票等方式取得；债务筹资形成企业的债务资金，通过发行公司债券、银行借款等方式取得。

（一）吸收直接投资

吸收直接投资是指企业按照"共同投资、共同经营、共担风险、共享利润"的原则直接吸收国家、法人、个人投入资金的一种筹资方式。吸收直接投资有利于尽快形成生产能力，增强企业信誉，降低财务风险；但吸收直接投资的资本成本较高，容易分散控制权。

> **练一练**
>
> 【判断题】 吸收直接投资成本较高，容易分散控制权。　　　　　　　　（　　）
> 答案：✓。

（二）发行股票

股票是股份公司为筹集权益资本而发行的有价证券，是股份公司发行的证明股东所持股份的凭证。股票的持有者即为该公司的股东，股东借以取得股利，对股份公司财产有要求权。

按股东所享有的权利，可分为普通股和优先股。普通股是最常见、最重要的一种股份投资，持有者享有该公司管理权、盈余分配权、优先认股权、股份转让权和剩余财产要求权等，但其收益率取决于股份公司的经营状况，并不固定。优先股是股份公司依法发行的具有一定优先权的股票，它与普通股有许多相似之处，也具有债券的性质。但在实践中，发行优先股的股份公司较少。

按记名与否，股票可以分为记名股票与无记名股票。记名股票在股票和公司股东名册上记载股票持有人姓名或名称的股票。这种股票除股票上所记载的股东外，其他人不得行使其股权，并且股票的转让有严格的法律程序与手续，需要办理过户。无记名股票是指不记载股东姓名或名称，可以任意转让的股票。只要持有无记名股票，即取得股东身份,并可以行使股东权利。

按是否标明面值,股票可以分为面值股票与无面值股票。面值股票是在票面上标有一定金额的股票。无面值股票是不在票面上标明金额,只载明所占公司股本总额的比例或者股份数的股票。

(三)发行债券

债券是企业依照法定程序发行的,约定在一定期限还本付息的有价证券。相对股票而言,债券的资本成本较低,能保证控制权,可以发挥财务杠杆的作用;但债券筹资风险高,限制条件多,筹资额有限。

可转换债券是一种特殊的公司债券,是发行人依照法定程序发行,在一定期限内依据约定可以转化成股票的公司债券。

(四)银行借款

银行借款就是由企业根据借款合同从有关银行或非银行金融机构借入所需资金的一种筹资方式。银行借款的筹资速度快,筹资成本低,借款弹性好;但其财务风险较大,限制条件较多,筹资数额有限。

1. 借款的种类

中国人民银行《贷款通则》规定,银行借款按时期划分,可分为短期借款、中期借款和长期借款三种。

(1)短期借款。短期借款是指借款期限在1年以内(含1年)的借款,主要解决企业流动资金的需求。

(2)中期借款。中期借款是指借款期限在1年以上5年以下(含5年)的借款,主要解决企业的中期资金需求。

(3)长期借款。长期借款是指借款期限在5年以上的借款。其主要解决固定资产购建、改扩建工程等方面的资金需求。

根据借款人获得借款时是否提供担保,银行借款可分为信用贷款和抵押贷款。

(1)信用贷款。信用贷款是指以借款人的信誉发放的贷款。企业取得这种借款无需以财产作抵押。

(2)抵押借款。抵押借款是指企业以抵押品作为担保的贷款。长期贷款的抵押品通常是房屋、建筑物、机器设备、股票、债券等。

根据提供贷款的机构,银行借款可分为政策性贷款、商业银行贷款和其他金融机构贷款。

(1)政策性贷款。政策性贷款是指执行国家政策性贷款业务的银行提供的贷款,通常为长期贷款,且一般只贷给国有企业。我国的国家开发银行、进出口银行和农业发展银行等就属于政策性银行。

(2)商业银行贷款。商业银行贷款是指商业银行出于营利目的而提供的贷款,主要满足企业建设竞争性项目的需要。

(3)其他金融机构贷款。其他金融机构贷款是指除商业银行外其他可从事贷款业务的金融机构提供的贷款,如信托投资公司、保险公司、企业集团财务公司等机构提供的贷款。

「新专标」系列教材 Xinzhuanbiao Xilie Jiaocai

2. 银行借款的信用条件

(1) 信贷额度。信贷额度是借款人与银行在协议中规定的允许借款人借款的最高限额。如果借款人超过规定期限继续向银行借款,则银行停止办理。此外,如果企业信誉恶化,即使银行曾经同意按信贷额度提供贷款,企业也可能得不到借款,这时,银行不承担法律责任。

(2) 周转信贷协定。周转信贷协定是银行具有法律义务地承诺提供不超过某一最高限额的贷款协定。在协定的有效期内,只要企业借款总额没有超过最高限额,银行就必须满足企业任何时候提出的借款要求。企业享用周转协定,通常要就贷款限额的未使用部分支付给银行一笔承诺费。

【例4-1】 东海实业有限公司与商业银行商定的周转信贷额为2 000万元,承诺费为0.8%,企业年度内使用了1 500万元,余额为500万元。

企业应该向银行支付的承诺费为4万元(500×0.8%)。

(3) 补偿性余额。补偿性余额是银行要求借款人在银行中保持按贷款限额或实际借用额的一定百分比(通常为10%~20%)计算的最低存款余额。补偿性余额有助于银行降低贷款风险,但对企业来说,其加重了企业的实际利息负担。补偿性余额贷款实际利率的计算公式如下:

$$补偿性余额贷款实际利率 = \frac{名义利率}{1-补偿性余额比率} \times 100\% \quad (4-1)$$

【例4-2】 东海实业有限公司按年利率6%向银行借款2 000万元,银行要求保留20%的补偿性余额,那么,企业可以实际动用的借款只有80%,则该公司贷款的实际利率为:

$$
\begin{aligned}
补偿性余额贷款实际利率 &= \frac{名义利率}{1-补偿性余额比率} \times 100\% \\
&= \frac{6\%}{1-20\%} \times 100\% = 7.5\%
\end{aligned}
$$

(4) 借款抵押。银行向财务风险较大的企业或对其信誉没有把握的企业发放贷款,有时需要有抵押品担保,以减少自己蒙受损失的风险。抵押贷款的利率要高于非抵押贷款的利率,这是因为银行把抵押贷款看成是一种风险投资,银行会收取较高的利率。同时,管理抵押贷款要比管理非抵押贷款难,为此,银行往往需要另外收取手续费。

(5) 偿还条件。偿还分为到期一次偿还和在贷款期内分期(每月、季)等额偿还两种方式。分期等额偿还借款方式会加大贷款的实际利率,因此,企业不希望采用这种方式,而银行愿意采用这种方式。目前,个人按揭买房大多采用了分期等额偿还的方式。

(6) 其他承诺。银行有时还要求企业为取得借款而作出其他承诺,如及时提供财务报表、保持适当的财务水平(如特定的流动比率)等。如果企业违反其所作出的承诺,则银行可以要求企业立即偿还全部贷款。

3. 借款的利息及偿还方法

长期借款的利息率一般高于短期借款,但信誉好或抵押品流动性强的借款企业,仍然可以争取到较低的长期借款利率。长期借款利率有固定利率和浮动利率两种。浮动利率通常有最高、最低限制,并会在借款合同中予以明确。对于借款企业来讲,若预测市场利率将上升,则应与银行签订固定利率合同;反之,则企业应与银行签订浮动利率合同。

除利息外,银行会向借款企业收取其他费用,如实际周转信贷协议收取的承诺费、要求借款企业在本银行中保持补偿性余额所形成的间接费用。这些费用会加大企业借款的成本。

一般来讲,企业可以用以下三种方法偿还银行贷款利息:

(1) 收款法。收款法是在借款到期时再向银行支付利息的方法。银行向工商企业发放的贷款大部分都采用这种形式。采用这种方法时,实际利率等于名义利率。

(2) 贴现法。贴现法是银行先从本金中扣除利息部分,而到期时企业则要归还全部本金和利息的方法。采用这种方法时,实际利率高于名义利率。

【例4-3】 东海实业有限公司按年利率10%向银行借款100 000元,期限为1年,利息为10 000元,按照贴现法计算企业可利用的贷款为90 000元(100 000−10 000),则该企业的借款实际利率为:

$$\frac{10\ 000}{100\ 000-10\ 000}\times100\%=11.11\%$$

(3) 加息法。加息法是银行发放分期等额偿还贷款时采用的利息收取的方法。由于贷款分期均衡偿还,企业实际只平均使用了贷款本金的半数。采用这种方法,实际利率是名义利率的2倍。

【例4-4】 东海实业有限公司按年利率10%向银行借款100 000元,期限为1年,利息为10 000元,按照加息法计算该企业的借款实际利率为:

$$\frac{100\ 000\times10\%}{10\ 000\div2}\times100\%=20\%$$

4. 银行借款筹资的优缺点

1) 银行借款筹资的优点

(1) 筹资速度较快。银行借款一般所需的时间较短,程序较为简单,可以迅速获得资金。

(2) 借款成本较低。利用长期借款筹资,利息可以在税前支付,可以减少公司实际负担的利息费用,因此,银行长期借款比股票筹资的成本要低得多;与债券相比,银行借款利率通常低于债券利率。此外,银行借款是在企业和银行之间直接商定的,因而企业可以大大减少交易成本。

(3) 借款弹性大。对企业而言,借款筹资具有较大的灵活性。

(4) 利用借款筹资,可以发挥财务杠杆作用。无论企业的盈利多少,银行只收取固定的利息,而更多的收益则为借款企业所拥有。

2) 银行借款筹资的缺点

(1) 筹资风险高。在企业经营不佳时,银行借款可能产生不能偿付的风险,甚至使企业破产。

(2) 限制条件较多。企业与银行之间的借款筹资条款可能会限制企业的经营活动,影响企业之后的筹资和投资能力。

（3）筹资数量有限。银行借款筹资无法满足企业生产经营活动大规模调整的资金需求。

练一练

【多选题】 按照企业是否以金融机构为中介开展筹资活动划分,筹措资本可以分为(　　)。

　　A. 直接筹资　　　　B. 间接筹资　　　　C. 内部资本　　　　D. 外部筹资

答案:AB。

(五) 商业信用

商业信用是指在商品交易中的延期付款和延期交货所形成的借贷关系,是企业之间的一种直接信用关系,是一种自发的融资渠道。其主要的表现形式是赊购商品形成的应付账款、应付票据和预收货款。利用商业信用筹资较为便利,筹资成本低,限制条件少;但其一般期限较短,如果放弃现金折扣,需要付出较高的资金成本。

当面临可供选择的有多个提供信用条件的卖方时,如果企业想享受现金折扣,则应选择机会成本高的方案,如果企业打算放弃享受现金折扣,则应选择机会成本低的方案。放弃现金折扣的机会成本的计算公式如下:

$$放弃现金折扣成本 = \frac{折扣百分比}{1 - 折扣百分比} \times \frac{360}{信用期 - 折扣期} \qquad (4-2)$$

【例4-5】 东海实业有限公司以"3/10,N/30"的信用条件购进一批商品,这一信用条件意味着该公司如在10天内付款,可享受3%的现金折扣,若不享受现金折扣,货款应在30天以内付清。

运用式(4-2)计算东海实业有限公司的现金折扣的机会成本如下:

$$放弃现金折扣成本 = \frac{3\%}{1 - 3\%} \times \frac{360}{30 - 10} = 55.67\%$$

(六) 融资租赁

融资租赁是指出租人按照签订的租赁协议或合同,购置承租人需用的资产,并将其租赁给承租人长期使用,承租人可在较长时期内获得资产的使用权,最后又可获取所租资产所有权的一种特殊筹资方式。

融资租赁包括直接租赁、售后回租、杠杆租赁等形式。

直接租赁又称资本租赁,是由出租人按照承租人的要求融资购买设备,并在契约或合同规定的较长期限内提供给承租人使用的信用性业务。

售后回租则是指企业出售某项设备后,立即按照特定条款从购买者手中租回该项设备的业务。售后回租一方面可以使企业取得出售设备的现金收入,另一方面又可以使企业继续使用该项设备,因此,售后回租具有融资租赁的基本特征。

杠杆租赁又称减税优惠租赁,在这一租赁方式中,出租人在购买价格昂贵的设备时,只需自筹该设备所需资本的一部分,通常为20%~40%,其余的60%~80%的资本,出租人通过将该设备作为抵押物向金融机构贷款而取得,然后将购进的设备出租给承租人。承租人支付的租赁费用先用于偿还贷款人的本息,剩余部分是出租人的投资报酬。

融资租赁筹资速度较快,限制条件较少,设备淘汰风险较小,租金可以在税前列支,到期还本付息负担较轻;但其资本成本一般较高。

融资租赁的应付租金一般包括以下几个部分:

(1)租赁设备的购置成本,包括设备买价、运杂费和途中保险费等。如要考虑预计设备的残值,可将其作为租金构成的减项。

(2)利息,即出租人为承租人购置设备融资而应计的利息。

(3)手续费,即出租人办理租赁设备的营业费用。在实务中,出租人通过租赁业务应取得的正常利润也包含在手续费里。

融资租赁的租金通常按年支付,有等额支付(年金计算法)与不等额支付(均等分偿法)两种形式。

【例4-6】 东海实业有限公司于某年1月从设备租赁公司融资租入专用设备1台。按合同约定,该设备应付款为80 000元,每年年末付一次租金,分4年付清。该公司在支付租金时,同时按租金余额的10%支付利息,并按每期应付租金余额的10%支付利息,同时按每期应付租金的3%支付手续费。第四年年末,其所有权归承租方所有。按有关规定,设备折旧年限规定为10年,预计残值率为5%。采用不等额支付形式支付租金。

根据上述资料,编制融资租赁固定资产付款计划,如表4-1所示。

表4-1 融资租赁固定资产付款计划　　　　单位:元

期数	每期租金	每期利息	手续费	付款合计	租金余额
0					80 000
1	20 000	8 000	600	28 600	60 000
2	20 000	6 000	600	26 600	40 000
3	20 000	4 000	600	24 600	20 000
4	20 000	2 000	600	22 600	0
合计	80 000	20 000	2 400	102 400	

(七)利用留存收益

留存收益是指企业从税后利润中提取的盈余公积金以及从企业可供分配利润中留存的未分配利润。留存收益包括盈余公积和未分配利润,是企业自有资金来源。留存收益是企业将当年利润转化为股东对企业追加投资的过程,是一种股权筹资方式。

◎ 财智堂(技能实训)

小东和小海在企业筹备的过程中,意识到资金管理的重要性。为了确保企业顺利开业并持续运营,他们决定深入学习筹资管理的相关知识,并结合实际案例和数据分析,制订合理的筹资计划。以下是他们结合案例和计算过程的详细分析。

一、任务目标

通过分析企业筹资的动机、筹资分类与资金特性,掌握不同筹资渠道和筹资方式的特点,并结合实际案例和数据分析,制定适合企业发展的筹资策略。

二、任务描述

小东和小海计划通过多种渠道筹集资金,以满足企业的启动和运营需求。他们需要分析不同筹资方式的优缺点,并结合企业的实际情况,选择最合适的筹资方案。通过实际案例和数据分析,他们将制订详细的筹资计划,并进行风险评估。

三、实施步骤

步骤 1: 分析企业筹资的动机。

小东和小海先分析了企业筹资的动机。他们发现,企业筹资动机主要有扩张动机、偿债动机和混合动机三种。

小东和小海计划在第 1 年开设 2 家分店,预计每家分店的启动资金为 50 万元。他们通过分析市场数据,发现服装行业的年增长率为 8%,因此决定通过银行贷款和吸收直接投资的方式筹集 100 万元,用于分店的开设。

小东和小海向银行申请了一笔 50 万元的短期贷款,年利率为 6%,期限为 1 年。他们需要计算这笔贷款的利息成本:

利息＝本金×年利率×期限＝50×6%×1＝3(万元)

总还款金额＝本金＋利息＝50＋3＝53(万元)

步骤 2: 了解筹资分类与资金特性。

小东和小海进一步学习了筹资分类与资金特性。他们了解到,企业的筹资可以分为以下几类:权益资本与借入资本、长期资本与短期资本、内部资本与外部资本。

小东和小海通过对比权益资本和借入资本的成本和风险,决定在初期主要通过吸收直接投资的方式筹集资金,以避免过高的债务压力。他们邀请了 2 位有经验的投资者,每位投资者出资 30 万元,共 60 万元,作为企业的权益资本。

权益资本的成本主要体现在股东分红上。假设企业每年的净利润为 20 万元,股东分红比例为 30%,则每年的分红成本为:

分红成本＝净利润×分红比例＝20×30%＝6(万元)

步骤 3: 选择筹资渠道。

小东和小海根据企业的实际情况,选择了以下几种筹资渠道:

(1)银行信贷资金。他们计划向银行申请短期贷款,用于支付企业的装修费用和首批进货成本。

(2)民间资金。他们考虑通过发行股票或债券的方式,吸引员工和居民的闲置资金。

(3)公司自留资金。他们将部分利润留存,作为企业的内部资本,用于未来企业的扩张和应急。

小东和小海与银行协商,申请了一笔 50 万元的短期贷款,年利率为 6%,期限为 1 年。通过计算,他们发现这笔贷款的年利息成本为 3 万元,且需要在 1 年后偿还本金。考虑到企业的现金流情况,他们决定将这笔贷款用于支付装修费用,以确保店铺顺利开业。

步骤 4：确定筹资方式。

在确定了筹资渠道后，小东和小海进一步选择了以下筹资方式。

（1）吸收直接投资。他们计划邀请几位有经验的投资者入股，共同经营服装店，分担风险。

（2）银行借款。他们与银行协商，申请了一笔短期借款，用于支付店铺的启动费用。

小东和小海通过吸收直接投资的方式，筹集了 60 万元的权益资本。2 位投资者分别出资 30 万元，分别占企业总股本的 30％。通过这种方式，他们不仅获得了资金支持，还引入了有经验的合作伙伴，帮助企业在管理和市场拓展方面取得进展。

假设企业总股本为 100 万元，2 位投资者各出资 30 万元，分别占企业总股本的 30％。这意味着小东和小海的股权比例从 100％ 稀释到了 40％。他们需要权衡股权稀释与资金引入的利弊。

步骤 5：制订筹资计划。

结合以上分析，小东和小海制订了以下详细的筹资计划。

（1）短期筹资：通过银行借款和民间资金，筹集启动资金，确保企业顺利开业。

（2）长期筹资：通过吸收直接投资和发行股票，筹集长期资金，用于未来的扩张和市场推广。

（3）内部筹资：通过留存收益，逐步积累内部资本，以增强企业的抗风险能力。

小东和小海通过现金流预测模型，分析了未来 3 年的资金需求。他们预计第 1 年的资金需求为 150 万元，其中 50 万元用于企业装修，50 万元用于进货，50 万元用于市场推广。通过吸收直接投资和银行借款，他们已经筹集了 110 万元，对于剩余的 40 万元，他们将通过内部筹资和留存收益来补充。

第一年的资金需求＝150（万元）

已筹集资金＝权益资本＋银行存款＝60＋50＝110（万元）

资金缺口＝150－110＝40（万元）

内部筹资计划：通过留存收益和利润再投资，逐步填补 40 万元的资金缺口。

通过这次任务，小东和小海深入了解了企业筹资的动机、筹资分类与资金特性，掌握了不同筹资渠道和筹资方式的特点。他们结合实际案例和数据分析，制订了合理的筹资计划，并通过现金流预测模型，确保了企业的资金链健康运转。

做一做

小李和小王计划开设一家时尚服装店，预计启动资金为 80 万元。他们希望通过多种筹资渠道来满足资金需求，并确保店铺顺利开业和持续运营。以下是他们的初步计划：

店铺装修：预计需要 20 万元。

首批进货：预计需要 30 万元。

市场推广：预计需要 10 万元。

日常运营资金：预计需要 20 万元。

小李和小王考虑了以下几种筹资方式：

（1）银行借款：他们可以向银行申请短期贷款，年利率为 5％，期限为 1 年。

（2）吸收直接投资：他们计划邀请 2 位投资者，每人出资 20 万元，作为企业的权益资本。

（3）内部筹资：他们计划将部分利润留存，作为企业的内部资本。

问题：

（1）筹资动机分析：请分析小李和小王筹资的主要动机，并结合案例进行说明。

（2）筹资成本计算：

如果他们向银行申请 20 万元的短期贷款，年利率为 5%，期限为 1 年，请计算这笔贷款的利息成本和总还款金额。

如果他们通过吸收直接投资筹集 40 万元，假设企业每年的净利润为 15 万元，股东分红比例为 25%，请计算每年的分红成本。

（3）筹资计划的制订：请根据上述信息，制订一个详细的筹资计划，确保 80 万元的资金需求得到满足。请分析不同筹资方式的优缺点，并说明选择这些筹资方式的原因。

（4）风险评估：请分析小李和小王在筹资过程中可能面临的风险，并提出相应的风险控制措施。

（5）现金流预测：请根据筹资计划，预测未来 1 年的现金流情况，并分析资金缺口及补充方案。

任务二　计算资本成本

◎ 财学堂（基础理论）

资本成本是衡量资本结构优化程度的标准，也是对投资获得经济效益的最低要求，通常用资本成本率表示。企业所筹的资本付诸使用后，只有项目的投资收益率高于资本成本率，才能表明企业所筹集的资本取得了较好的经济效益。

一、　资本成本概述

（一）资本成本的含义

资本成本又称资金成本，是指企业为筹措和使用资本而付出的代价，是资金使用者向资金所有者和中介人支付的占用费和筹集费用。这里的资本是指所筹集的长期资金，包括权益资本和借入的长期资本。资本成本包括资金占用费用和筹资费用两个部分。

1. 资金占用费用

资金占用费用是指企业在生产经营、投资过程中因使用资本而付出的费用，如股票的股息、银行借款、发行债券的利息等，这是资金成本的主要内容。长期资金占用费用随使用资金数量的多少和时间的长短而变动，属于变动性费用。

2. 筹资费用

筹资费用是指企业在资金筹集过程中支付的各项费用，如发行股票、债券支付的印刷费用及发行手续费、律师费、资信评估费、公证费、担保费、广告费等,它在发行时一次性支出。筹资费用属于固定性费用,可视为筹资数额的一项扣除。

企业筹集使用资金所担负的费用同筹集资金的净额之比称为资金成本率(又称资金成本)。资金成本和筹集总额、资金筹集费用和资金占用费用之间的关系式为:

$$K = \frac{D}{P - F} \times 100\% \qquad (4-3)$$

或

$$K = \frac{D}{P(1 - f)} \times 100\%$$

式中　K——资金成本;

　　　D——资金占用费;

　　　F——资金筹集费用;

　　　f——资金筹集费用率,指资金筹集费用与筹集资金总额的比率。

(二)资本成本的作用

资本成本具有以下作用:

(1)资本成本是选择资金来源、确定筹资方案的依据。资本成本是小企业进行筹资决策的一个重要因素。这具体表现为:个别资本成本是比较各种筹资方式优劣的尺度;综合资本成本(又称加权平均资本成本)是企业进行资本结构决策的基本依据;边际资金成本是比较选择追加筹资方案的重要依据。

(2)资本成本是评价投资项目、决定投资取舍的标准。一般而言,一个投资项目,只有其投资效益率高于其资本成本率,在经济上才是合理的;否则,该投资项目将无利可图,甚至会发生亏损。在企业预测分析与价值分析中,资金成本还可以作为贴现率,用来计算各投资方案的现金流量现值、净现值和现值指数,用来比较不同方案的优劣。

(3)资本成本是确定最优资金结构的主要尺度。不同的资本结构会影响企业的价值。在确定最优资本结构时要考虑的主要因素有资本成本和财务风险。最优资本结构的一项判断标准就是资本成本最小。

(4)资本成本可以作为衡量整个企业经营业绩的基准。如果利润率高于资本成本率,则可以认为企业业绩较好;反之,如果利润率低于资本成本率,则可以认为企业经营不力、业绩不佳,企业需要改善经营管理,提高利润率,降低资本成本率。

(三)资本成本的种类

按用途不同,资本成本可分为个别资本成本、综合资本成本和边际资本成本。

(1)个别资本成本是单独筹资方式的资本成本,包括长期借款资本成本、长期债券资本成本、优先股资本成本、普通股资本成本及留存收益资本成本。其中,前两种称为债务资本成本,后三种称为权益资本成本或自有资本成本。

(2)综合资本成本是对个别资本成本进行加权平均而得到的资本成本。其权重可以在账面价值、市场价值和目标价值之间进行选择。综合资本成本一般用于资本结构决策。

（3）边际资本成本是指新筹集部分资本的成本，其在计算时，也需要进行加权平均。边际资本成本一般用于追加筹资决策。

上述三种资本成本之间存在着密切的关系。个别资本成本是综合资本成本和边际资本成本的基础，综合资本成本和边际资本成本是对个别资本成本的加权平均。三者都与资本结构紧密相关，但具体关系有所不同。

练一练

【多选题】（　　）属于短期资本。

    A. 发行融资券　　　　　　　　B. 商业信用

    C. 吸收直接投资　　　　　　　D. 融资租赁

答案：AB。

二、 计算资本成本

（一）个别资本成本

1. 银行借款资本

由于借款的利息允许税前列支，借款企业的应纳税所得额相应减少，银行借款的资本成本降低了。银行借款资本的计算公式如下：

$$K_l = \frac{I(1-T)}{L(1-f)} \times 100\% = \frac{i \times L(1-T)}{L \times (1-f)} \times 100\% = \frac{i(1-T)}{(1-f)} \times 100\% \quad (4\text{-}4)$$

式中　K_l——银行借款成本；

    I——银行借款年利息；

    T——企业所得税税率；

    L——银行借款筹资额，即借款本金；

    f——银行借款筹资费用率；

    i——借款年利率。

如果银行借款的手续费很低，f 也可以忽略不计，式（4-4）还可写成如下形式：

$$K_l = i(1-T)$$

【例 4-7】　东海实业有限公司取得长期借款 100 万元，年利率为 6.8%，期限为 3 年，每年付息一次，到期一次还本。筹措这笔借款的费用率为 0.2%。企业所得税税率为 25%。这笔长期借款的成本计算如下：

$$K_l = \frac{100 \times 6.8\% \times (1-25\%)}{100 \times (1-0.2\%)} \times 100\% = 5.11\%$$

2. 债券成本

由于债券的利息允许税前列支，发行企业的应纳税所得额减少，债券融资手段的资本成本降低。债券成本的计算公式如下：

$$K_b = \frac{I(1-T)}{B_0(1-f)} \times 100\% = \frac{B \times i(1-T)}{B_0(1-f)} \times 100\% \quad (4\text{-}5)$$

式中　K_b——债券成本；

　　　I——债券年利息；

　　　i——债券票面利息率；

　　　T——企业所得税税率；

　　　B——债券面值；

　　　B_0——债券筹资额，按债券发行价格确定；

　　　f——债券筹资费用率。

【例 4-8】　东海实业有限公司发行总额为 1 000 万元的债券，采用溢价发行，价格为 1 200 万元，票面利率为 10%，发行费用占发行价格的 5%，公司所得税税率为 25%。则该债券成本计算如下：

$$K_b = \frac{1\,000 \times 10\% \times (1 - 25\%)}{1\,200 \times (1 - 5\%)} \times 100\% \approx 6.58\%$$

若采用等价发行，则该债券的资本成本为：

$$K_b = \frac{10\% \times (1 - 25\%)}{1 - 5\%} \times 100\% \approx 7.89\%$$

若采用折价发行，总价为 800 万元，则该债券的资本成本为：

$$K_b = \frac{1\,000 \times 10\% \times (1 - 25\%)}{800 \times (1 - 5\%)} \times 100\% \approx 9.87\%$$

由此可见，在其他条件相同并且不变的情况下，债券采用溢价发行方式融资，其资本成本最低；采用折价发行方式融资，其资本成本最高；采用等价发行方式融资，其资本成本中等。

3. 优先股成本

优先股成本的计算公式如下：

$$K_p = \frac{D}{P_0(1 - f)} \times 100\% \tag{4-6}$$

式中　K_p——优先股成本；

　　　D——优先股年股利；

　　　P_0——优先股筹资额（发行价或市价）；

　　　f——优先股筹资费用率。

【例 4-9】　西海股份有限公司发行优先股 125 万股，每股价格为 1 元，总价为 125 万元，筹资费用率为 4%，每股固定支付股利每年 0.14 元。优先股成本计算如下：

$$K_p = \frac{125 \times 0.14}{125 \times (1 - 4\%)} \times 100\% = 14.58\%$$

4. 普通股成本

普通股的成本可以是投资者已实现的或要求达到的报酬率，也可以在债券收益率的基础上加权益风险报酬率，还可以根据资本资产定价模型计算。如果是属于股利增长模型的普通股，其计算公式如下：

$$K_s = \frac{D_1}{V_0(1 - f)} \times 100\% + g \tag{4-7}$$

式中　K_s——普通股成本；

　　　　D_1——第 1 年的普通股股利；

　　　　V_0——普通股筹资额（发行价或市价）；

　　　　f——普通股筹资费用率；

　　　　g——普通股股利年增长率。

【例 4-10】 西海股份有限公司发行普通股总价格为 1 000 万元，筹资费用率为 4%。第一年股利率为 12%，以后每年增长 5%。普通股成本计算如下：

$$K_s = \frac{1\,000 \times 12\%}{1\,000 \times (1-4\%)} \times 100\% + 5\% = 17.5\%$$

5. 留存收益成本

公司的留存收益是由公司税后净利润形成的，它属于普通股股东。从表面看，公司使用留存收益似乎不花费什么成本。实际上，股东愿意将其留用于公司而不作为股利分配取出。如果该笔资金投资于别处，总是有一种期望的报酬率。因此，留用利润也有成本，这是一种机会成本。留存收益成本一般不考虑筹资费用。其计算公式如下：

$$K_e = \frac{D_1}{V_0} + g \tag{4-8}$$

式中　K_e——留存收益成本。

个别资本成本从低到高排序为：长期借款＜债券＜优先股＜留存收益＜普通股。

练一练

【单选题】 个别资本成本从低到高的正确排列顺序为（　　　）。

A. 银行借款＜债券＜优先股＜留存收益＜普通股

B. 债券＜银行借款＜优先股＜留存收益＜普通股

C 优先股＜债券＜银行借款＜留存收益＜普通股

D. 普通股＜留存收益＜银行借款＜债券＜优先股

答案：A。

【判断题】 个别资本成本一般用于比较和评价各种筹资方式。　　　　（　　　）

答案：√。

（二）综合资本成本

加权平均资本成本（即综合资本成本）是指企业全部长期资本的总成本，通常是以各种资本占全部资本的比重为权数，对个别资本成本进行加权平均确定的。综合资本成本由个别成本和加权平均数两个因素决定，其计算公式如下：

$$K_w = \sum_{i=1}^{n} K_i \cdot W_i \tag{4-9}$$

式中　K_w——资本成本,即综合资本成本;

　　　K_i——第 i 种个别资本成本;

　　　W_i——第 i 种个别资本占全部资本的比重,即权数。

在已确定个别资本成本的情况下,取得企业各种资本占全部资本的比重后,即可计算企业的综合资本成本。

【例 4-11】　西海股份有限公司共有长期资本(账面价值)1 000 万元,其中长期借款为 150 万元、债券为 200 万元、优先股为 100 万元、普通股为 300 万元、留存收益为 250 万元,其成本分别为 5.64%、6.25%、10.50%、15.70% 和 15.00%。该公司的加权平均资本成本可分两步计算如下:

第一步:计算各种资本占全部资本的比重。

长期借款权重 $W_l = \dfrac{150}{1\,000} \times 100\% = 15\%$

债券的权重 $W_b = \dfrac{200}{1\,000} \times 100\% = 20\%$

优先股的权重 $W_p = \dfrac{100}{1\,000} \times 100\% = 10\%$

普通股的权重 $W_s = \dfrac{300}{1\,000} \times 100\% = 30\%$

留存收益的权重 $W_e = \dfrac{250}{1\,000} \times 100\% = 25\%$

第二步:计算加权平均资本成本。

$K_w = 5.64\% \times 15\% + 6.25\% \times 20\% + 10.50\% \times 10\% + 15.70\% \times 30\% + 15.00\% \times 25\% = 0.85\% + 1.25\% + 1.05\% + 4.71\% + 3.75\% = 11.61\%$。

(三)比较资本成本法

比较资本成本法是计算不同资本结构(或筹资方案)的加权平均资本成本,并以此为标准相互比较进行资本结构决策的方法。

小企业的资本结构决策,分为初次筹资和追加筹资两种情况。初次筹资可称为初始资本结构决策,追加筹资可称为追加资本结构决策。

通常而言,一家企业对拟定的筹资总额,可以采用多种筹资方式来筹集,同时每种筹资方式的筹资数额也可有不同安排,由此形成若干资本结构(或筹资方案)可供选择。在其他有关因素大致相同的条件下,将以上各筹资方案的加权平均资本成本相比较,最低的即是最好的筹资方案,其形成的资本结构可确定为最佳资本结构。

企业在持续的生产经营过程中,由于扩大业务或对外投资的需要,有时会增加筹集新的资金,即追加筹资。因追加筹资及筹资环境的变化,企业原有的资本结构就会发生变化,而原定的最佳资本结构也未必仍是最优的。因此,企业应在资本结构的不断变化中寻求最佳结构,保持资本结构的最优化。

按照最佳资本结构的要求,选择追加筹资方案可有两种方法:一种方法是直接测算比较各备选追加筹资方案的边际资本成本,从中选择最优追加筹资方案;另一种方法是将备选追加筹资方案与原有的最优资本结构汇总,测算各追加筹资条件下汇总资本结构的综合资本成本,以比较确定最优追加筹资方案。

◎ **财智堂(技能实训)**

小东的父母想买一套 200 万元的房子,还缺少 39 万元,于是向北海银行申请了长期借款。银行经审核,通过了小东父母的贷款申请,约定年利率为 4.3%,贷款期限为 5 年。银行客户经理提出还款有等额本金和等额本息两种方式,并给小东父母列示了每月还款金额,如图 4-1 所示。

小东父母不知道该选择哪种方式,让学财务的小东来作决策。小东找到小海一起商量:这两种还款方式,哪一种更好呢?

期数	等额本息	等额本金
1	-7235.36	-7897.50
2	-7235.36	-7874.21
3	-7235.36	-7850.92
4	-7235.36	-7827.63
5	-7235.36	-7804.33
6	-7235.36	-7781.04
7	-7235.36	-7757.75
8	-7235.36	-7734.46
9	-7235.36	-7711.17
10	-7235.36	-7687.88
11	-7235.36	-7664.58
12	-7235.36	-7641.29
13	-7235.36	-7618.00
14	-7235.36	-7594.71
15	-7235.36	-7571.42
16	-7235.36	-7548.13
17	-7235.36	-7524.83
18	-7235.36	-7501.54
19	-7235.36	-7478.25
20	-7235.36	-7454.96

图 4-1 两种方式下每月还款金额

一、任务目标

建立等额本息和等额本金长期借款还款模型,利用 Excel 计算每月还款金额及其中包括的本金和利息数。

二、任务描述

已知长期借款本金为 390 000 元,年利率为 4.3%,借款期限为 5 年,每月偿还部分借款本金和利息。分析可知,已知现值 $(PV)=390\,000$ 元、期限 $(n)=60$ 月、月利率 $(i)=0.36\%$,求等额本息和等额本金两种方式下每月偿还的金额及其中包含的本金和利息数。可以利用 PMT、PPMT、IPMT 函数建立长期借款还款模型。

三、实施步骤

步骤 1:录入已知条件建立等额本息长期借款模型。

打开一个新的 Excel 工作簿,在 Sheet1 工作表的单元格区域 A1:B4 输入已知条件,在 A6:J68 设计计算结果输出区域的格式,如图 4-2 所示。

步骤 2:建立等额本息长期借款模型。

选取 B9 单元格,输入公式"=PMT($B$3,$B$4,$B$2,0)",按回车键确定后,在单元格 B9 中会得到公式的计算结果-7 235.36 元,即每月等额偿还 7 235.36 元,向下复制单元格 B9 至 B68,共 60 期。

选取 C9 单元格,输入公式"=IPMT($B$3,A9,$B$4,$B$2,0)",按回车键确定后,在单元格 C9 中会得到公式的计算结果-1 397.50 元,即第 1 个月偿还金额中包含利息 1 397.50 元,向下复制单元格 C9 至 C68,共 60 期,分别得出每一个月偿还

期数	月还款额	偿还利息	偿还本金		期数	月还款额	偿还利息	偿还本金	累计偿还本金
	已知条件								
本金	390000								
月利率	0.36%								
总期数	60								
	等额本息					等额本金			
期数	月还款额	偿还利息	偿还本金		期数	月还款额	偿还利息	偿还本金	累计偿还本金
0	0	0	0		0	0	0	0	0
1									
2									
3									
4									
5									

图 4-2　已知条件及计算结果区域

利息的金额。

选取 D9 单元格,输入公式"＝PPMT($B$3,A9,$B$4,$B$2,0)",按回车键确定后,在单元格 D9 中会得到公式的计算结果−5 837.86 元,即第 1 个月偿还金额中包含本金 5 837.86 元,向下复制单元格 D9 至 D68,共 60 期,分别得出每一个月偿还本金的金额。

步骤 3:建立等额本金长期借款模型。

选取 I9 单元格,输入公式"＝−$B$2/$B$4",按回车键确定后,在单元格 I9 中会得到公式的计算结果−6 500.00,即每月等额偿还本金的金额为 6 500.00 元。向下复制单元格 I9 至 I68,共 60 期,分别得出每一个月偿还本金的金额。

选取 J9 单元格,输入公式"＝J8＋I9",按回车键确定后,在单元格 J9 中会得到公式的计算结果−6 500.00 元,即第 1 个月累计偿还本金的金额,向下复制单元格 J9 至 J68,共 60 期,分别得出每一个月累计偿还本金的金额。

选取 H9 单元格,输入公式"＝−($B$2+J8)＊$B$3",按回车键确定后,在单元格 H9 中会得到公式的计算结果−1 397.50 元,即第 1 个月偿还利息的金额,向下复制单元格 H9 至 H68,共 60 期,分别得出每一个月偿还利息的金额。

选取 G9 单元格,输入公式"＝H9＋I9",按回车键确定后,在单元格 G9 中会得到公式的计算结果−7 897.50 元,即第 1 个月还款金额为 7 897.50 元,向下复制单元格 G9 至 G68,共 60 期,分别得出每一个月的还款金额。

步骤 4:比较两种筹资方案。

等额本息和等额本金两种还款方式全部还款额的现值都是 390 000 元,从现值的角度看两种还款方式是一样的,等额本息每期还款金额相同,等额本金方式前期还款多,后期还款少。

同学们讨论一下,如果不打算提前还款,考虑通货膨胀等因素,哪种还款方式更好呢? 两种方式下的计算结果如图 4-3 所示。

	A	B	C	D	E	F	G	H	I	J
1	已知条件									
2	本金	390000								
3	月利率	0.36%								
4	总期数	60								
5										
6		等额本息					等额本金			
7	期数	月还款额	偿还利息	偿还本金		期数	月还款额	偿还利息	偿还本金	累计偿还本金
8	0	0	0	0		0	0	0	0	0
9	1	-7235.36	-1397.50	-5837.86		1	-7897.50	-1397.50	-6500.00	-6500.00
10	2	-7235.36	-1376.58	-5858.78		2	-7874.21	-1374.21	-6500.00	-13000.00
11	3	-7235.36	-1355.59	-5879.78		3	-7850.92	-1350.92	-6500.00	-19500.00
12	4	-7235.36	-1334.52	-5900.85		4	-7827.63	-1327.63	-6500.00	-26000.00
13	5	-7235.36	-1313.37	-5921.99		5	-7804.33	-1304.33	-6500.00	-32500.00
14	6	-7235.36	-1292.15	-5943.21		6	-7781.04	-1281.04	-6500.00	-39000.00
15	7	-7235.36	-1270.86	-5964.51		7	-7757.75	-1257.75	-6500.00	-45500.00
16	8	-7235.36	-1249.48	-5985.88		8	-7734.46	-1234.46	-6500.00	-52000.00
17	9	-7235.36	-1228.03	-6007.33		9	-7711.17	-1211.17	-6500.00	-58500.00
18	10	-7235.36	-1206.51	-6028.86		10	-7687.88	-1187.88	-6500.00	-65000.00
19	11	-7235.36	-1184.90	-6050.46		11	-7664.58	-1164.58	-6500.00	-71500.00
20	12	-7235.36	-1163.22	-6072.14		12	-7641.29	-1141.29	-6500.00	-78000.00
21	13	-7235.36	-1141.46	-6093.90		13	-7618.00	-1118.00	-6500.00	-84500.00
22	14	-7235.36	-1119.63	-6115.74		14	-7594.71	-1094.71	-6500.00	-91000.00
23	15	-7235.36	-1097.71	-6137.65		15	-7571.42	-1071.42	-6500.00	-97500.00
24	16	-7235.36	-1075.72	-6159.64		16	-7548.13	-1048.13	-6500.00	-104000.00
25	17	-7235.36	-1053.65	-6181.72		17	-7524.83	-1024.83	-6500.00	-110500.00
26	18	-7235.36	-1031.50	-6203.87		18	-7501.54	-1001.54	-6500.00	-117000.00
27	19	-7235.36	-1009.27	-6226.10		19	-7478.25	-978.25	-6500.00	-123500.00
28	20	-7235.36	-986.96	-6248.41		20	-7454.96	-954.96	-6500.00	-130000.00
29	21	-7235.36	-964.57	-6270.80		21	-7431.67	-931.67	-6500.00	-136500.00
30	22	-7235.36	-942.10	-6293.27		22	-7408.38	-908.38	-6500.00	-143000.00
31	23	-7235.36	-919.55	-6315.82		23	-7385.08	-885.08	-6500.00	-149500.00
32	24	-7235.36	-896.91	-6338.45		24	-7361.79	-861.79	-6500.00	-156000.00
33	25	-7235.36	-874.20	-6361.16		25	-7338.50	-838.50	-6500.00	-162500.00
34	26	-7235.36	-851.41	-6383.96		26	-7315.21	-815.21	-6500.00	-169000.00
35	27	-7235.36	-628.53	-6406.83		27	-7291.92	-791.92	-6500.00	-175500.00
36	28	-7235.36	-805.57	-6429.79		28	-7268.63	-768.63	-6500.00	-182000.00
37	29	-7235.36	-782.53	-6452.83		29	-7245.33	-745.33	-6500.00	-188500.00
38	30	-7235.36	-759.41	-6475.95		30	-7222.04	-722.04	-6500.00	-195000.00
39	31	-7235.36	-736.20	-6499.16		31	-7198.75	-698.75	-6500.00	-201500.00
40	32	-7235.36	-712.92	-6522.45		32	-7175.46	-675.46	-6500.00	-208000.00
41	33	-7235.36	-689.54	-6545.82		33	-7152.17	-652.17	-6500.00	-214500.00
42	34	-7235.36	-666.09	-6569.28		34	-7128.88	-628.88	-6500.00	-221000.00
43	35	-7235.36	-642.55	-6592.82		35	-7105.58	-605.58	-6500.00	-227500.00
44	36	-7235.36	-618.92	-6616.44		36	-7082.29	-582.29	-6500.00	-234000.00
45	37	-7235.36	-595.22	-6640.15		37	-7059.00	-559.00	-6500.00	-240500.00
46	38	-7235.36	-571.42	-6663.94		38	-7035.71	-535.71	-6500.00	-247000.00
47	39	-7235.36	-547.54	-6687.82		39	-7012.42	-512.42	-6500.00	-253500.00
48	40	-7235.36	-523.58	-6711.79		40	-6989.13	-489.13	-6500.00	-260000.00
49	41	-7235.36	-499.53	-6735.84		41	-6965.83	-465.83	-6500.00	-266500.00
50	42	-7235.36	-475.39	-6759.97		42	-6942.54	-442.54	-6500.00	-273000.00
51	43	-7235.36	-451.17	-6784.20		43	-6919.25	-419.25	-6500.00	-279500.00
52	44	-7235.36	-426.86	-6808.51		44	-6895.96	-395.96	-6500.00	-286000.00
53	45	-7235.36	-402.46	-6832.90		45	-6872.67	-372.67	-6500.00	-292500.00
54	46	-7235.36	-377.98	-6857.39		46	-6849.38	-349.38	-6500.00	-299000.00
55	47	-7235.36	-353.40	-6881.96		47	-6826.08	-326.08	-6500.00	-305500.00
56	48	-7235.36	-328.74	-6906.62		48	-6802.79	-302.79	-6500.00	-312000.00
57	49	-7235.36	-303.99	-6931.37		49	-6779.50	-279.50	-6500.00	-318500.00
58	50	-7235.36	-279.15	-6956.21		50	-6756.21	-256.21	-6500.00	-325000.00
59	51	-7235.36	-254.23	-6981.13		51	-6732.92	-232.92	-6500.00	-331500.00
60	52	-7235.36	-229.21	-7006.15		52	-6709.63	-209.63	-6500.00	-338000.00
61	53	-7235.36	-204.11	-7031.25		53	-6686.33	-186.33	-6500.00	-344500.00
62	54	-7235.36	-178.91	-7056.45		54	-6663.04	-163.04	-6500.00	-351000.00
63	55	-7235.36	-153.63	-7081.74		55	-6639.75	-139.75	-6500.00	-357500.00
64	56	-7235.36	-128.25	-7107.11		56	-6616.46	-116.46	-6500.00	-364000.00
65	57	-7235.36	-102.78	-7132.58		57	-6593.17	-93.17	-6500.00	-370500.00
66	58	-7235.36	-77.23	-7158.14		58	-6569.88	-69.88	-6500.00	-377000.00
67	59	-7235.36	-51.58	-7183.79		59	-6546.58	-46.58	-6500.00	-383500.00
68	60	-7235.36	-25.83	-7209.53		60	-6523.29	-23.29	-6500.00	-390000.00
69	合计	-434121.81	-44121.81	-390000.00		合计	-432623.75	-42623.75	-390000.00	-390000.00

图 4-3 两种方式下的计算结果

任务三　优化资本结构

◎ 财学堂（基础理论）

资本结构及其管理是企业筹资管理的核心问题。如果企业现有资本结构不合理，应该通过筹资活动优化调整资本结构，使其趋于科学合理。

一、资本结构概述

（一）资本结构的含义

资本结构又称资金结构，是指企业各种资本的来源及其比例关系。资本结构是企业筹资决策的核心。企业应综合考虑有关影响因素。广义的资本结构是指全部资本的结构，列示在资产负债表的右方。狭义的资本结构是指长期资本的结构。无论是全部资金，还是长期资金，都包含了债务资本和权益资本两种。合理安排资本结构涉及两种比例关系：一是权益资本和债务资本的比例；二是权益资本构成比例关系。

【例 4-12】　东海实业有限公司总资本为 1 000 万元，其中权益资本为 400 万元，债务资本为 600 万元，则公司资本的属性结构可用负债权益比率为 150% 表示。不同的公司，或者同一公司的不同发展时期，资本的属性结构都不尽相同。

就资本的期限结构而言，资本结构通常分为长期资本与短期资本两大类。前者是企业借入的超过 1 年的资本和所有者权益资本，后者是企业借入的 1 年以内的资本。假定某企业总资本为 1 000 万元，1 年以内的各种借款及应付款为 400 万元，其余均为长期借款和所有者权益，则该企业资本的期限结构是 3∶2。

企业的资金结构是采用各种筹资方式筹集资金形成的。各种筹资方式的不同组合会导致资金结构出现变化，而这种变化的结果最终都会客观地反映在资产负债表上。

（1）长期资产一般需要有长期融资来源作为保证。如果企业以短期融资来支持长期资产，企业会面临偿债压力，以至于企业有可能到期不能偿债，从而陷入财务困境。当然，以企业可以不断"借新债还旧债"，以短期融资来支持长期资产，以获得低融资成本的好处。

（2）短期资产一般需要由短期融资来保证。短期资产能在很短时间实现、转移、摊销其价值，也就能保证短期融资的清欠和退还在时间上的要求。

（3）短期资产也可以由长期融资来支持。从理论上讲，短期资产由长期融资来支持是一种最保险的方法，但也是一种成本最高的方法。

（4）长期债务一般不应超过营运资金。长期债务如果超过营运资金，营运资金就有可能失去其来源。

（二）资本结构的意义

合理确定负债比例对企业来说至关重要。

1. 适度负债能降低企业的资本成本

企业利用负债资金，要定期支付利息并按时还本，企业利用债务集资所支付的利息率可略低于支付给股东的股利率。另外,债务利息从税前支付,可减少缴纳所得税的数额。上述因素,使债务的资金成本明显低于权益资金的成本。

2. 适度负债具有财务杠杆效应

不论企业利润为多少,债务的利息通常都是固定不变的。因此,在企业息税前盈余较多,或增长幅度较大时,企业适当地增加债务资金可发挥财务杠杆的作用,从而增加企业每股盈利。

3. 适度负债可增加企业的价值

企业的价值是全部资本所创造的市场价值之和。适度负债可能创造出高于负债成本的市场价值,如此一来,适度的负债完全可以增加企业的价值,而企业价值的增加与企业股东财富的增加是一致的。

> **练一练**
>
> 【**判断题**】　合理的资本结构有利于企业的健康发展,而不合理的资本结构可能导致企业的财务危机。　　　　　　　　　　　　　　　　　　　　　　　　　　　　(　　)
>
> 答案:√。

(三) 资本结构的类型

资本结构管理的重点应是控制财务风险,降低资本成本。不同的资本结构有着不同的财务风险和相应的资本成本。企业现有资本结构的状况及对具有不同风险的融资种类的偏好,反映出企业对融资风险的态度。

1. 保守型的资本结构

保守型的资本结构是指在资本结构中,全部采用权益资本融资,或主要采用权益资本融资,即使有少量负债融资,又以长期负债融资为主的资本结构。显然,在这种资本结构中,企业避免使用偿付压力较大的短期(流动)负债融资,也就是尽可能避免风险性融资而采用无风险或风险较小的权益性融资和长期负债融资,资本结构向无风险融资倾斜。同时,企业营运资本有其相应稳定的来源。保守型的资本结构是一种资本成本相对较高、风险性和收益性相对较低的资本结构,如图 4-4 所示。

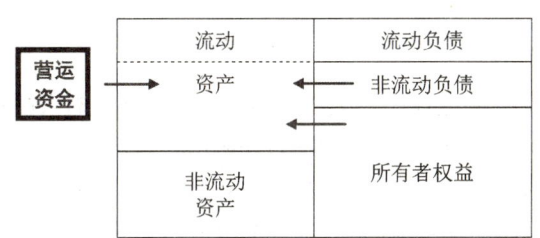

图 4-4　保守型的资本结构

2. 中庸型的资本结构

中庸型的资本结构是指在资本结构中,权益性融资和负债融资的比重主要根据资金使用率的用途来确定的资本结构。通常而言,用于长期资产的资金由权益性融资和长期负债提供,用于流动资产特别是用于期中经常或固定需要的及特殊需要的流动资产所占用的资金由流动负债提供。此外,权益性融资和负债融资的比重也保持在合理的水平或具有中庸性。所谓经常或固定的流动资产需要,是指企业在正常稳定经营情况下的流动资金需要;特殊的流动资产需要是指企业为应付临时性集中到货或突发性事件,如突发性通货膨胀而引起产品原材料价格上升,不可预测的自然灾害给企业带来损失等的流动资金需要。

在中庸型的资本结构中,企业既运用权益资本融资,也使用负债融资,企业并不对某种融资有特殊偏好,而是根据资金需要,确定融资种类。同时,营运资金有其相应的来源。采用这种资本结构的企业,对各种融资持有稳健的态度,详见图4-5。

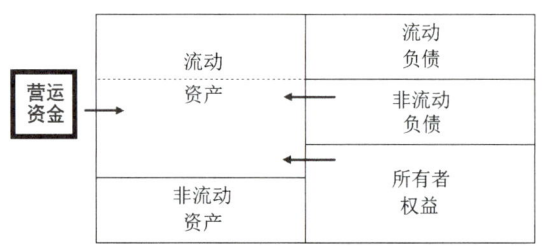

图4-5 中庸型的资本结构

3. 风险型的资本结构

风险型的资本结构是指在资本结构中,基本采用负债融资,或主要采用负债融资,并且流动负债融资超出流动资产的需要,被长期资产占用,企业营运资金短缺的资本结构。与保守型的融资风险结构恰好相反,风险型的融资企业尽可能多地使用短期(流动)负债融资,也就是尽可能采用风险性融资,资本结构向风险结构融资倾斜。风险型的资本结构是一种资本成本相对较弱、风险性和收益性相对较高的资本结构,详见图4-6。

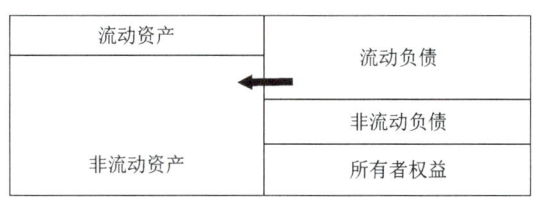

图4-6 风险型的资本结构

4. 危机型的资本结构

风险结构如不进一步防范,任由风险蔓延,就会使企业陷入财务危机的困境。分析人员往往是联系经营收益(表现为长期亏损)分析一张资产负债表所揭示的财务危机的。

如果一张资产负债表的亏损已经侵蚀了一部分净资产(所有者权益),则资产负债表中的未分配利润表现为累计结余红字。在总资本中,净资产的比重大幅度降低,甚至接近于零,因此可以认为,具有这类资产负债表的企业正面临财务危机。危机型的资本结构如图4-7所示。

流动资产	流动负债
非流动资产	非流动负债
	……
	亏损

图4-7 危机型的资本结构——亏损型

如果一张资产负债表的亏损不仅吃掉了全部净资产，而且把债务的一部分也给吃掉了，则随着亏损越来越严重，资产的规模越来越小，质量也越来越差，可用于偿债的资产也越来越少，这时企业已经处于严重资不抵债的境地。事实上，许多陷入破产境地企业的资产结构就是如此糟糕。

二、影响资本结构的因素

（一）所有者和经营者的态度

如果企业的所有者和管理人员不愿企业的控制权旁落他人，则会尽可能采用债务筹资的方式来增加资本。如果企业不愿多承担财务风险，就可能较少利用财务杠杆，尽量降低债务资本的比例。

（二）贷款银行和信用评级机构的态度

在涉及较大规模的债务筹资时，贷款银行和信用评级机构的态度实际上往往成为决定企业财务结构的关键因素。在通常情况下，企业决定资本结构并付诸实施之前，会向贷款银行和信用评级机构进行咨询，并充分重视他们提出的意见给予。

（三）资本成本的高低

在一般情况下，权益性融资的成本高于长期负债，而长期负债的成本高于流动负债成本。当然，当企业经营不景气时，也可能会出现负债成本高于权益资本成本的情况。尽管如此，不同融资的成本差别仍然存在，因而资本结构的调整或变化也会带来融资成本的变化。

（四）企业的获利能力

企业的息税前利润最低应满足债务利息的要求，否则企业不可能运用财务杠杆。在实际工作中，获利水平相当高的企业往往并不使用大量的债务资本，因为其可以利用较多留存收益来满足增资的需要。

（五）企业的现金流量状况

债务的利息和本金必然以现金支付，这就涉及企业现金流量问题。企业现金流入量越大，举债筹资能力就越强。因此，企业产生现金流量的能力，对提高全部资本结构中债务资本比率有着重要的作用。

（六）企业的增长率

在其他因素相同的条件下，发展速度较慢的企业，可能只通过留用利润来补充资本；而发展较快的企业会在很大程度上依赖于外部筹资，倾向于使用更多的债务资本。但资本金的积累是一个渐进的过程，企业还应当保持与债务之间合理的比例，所以企业一般不可能超速增长。

（七）利息水平及其变动趋势

企业实际承担的利息水平及其变动的趋势会影响企业的资本结构及其变动。如果公司认为利息水平较低，但不久的将来有可能上升，其便会大幅度举借长期负债，从而在若干年内将利率固定在较低的水平。

「新专标」系列教材 Xinzhuanbiao 系列教材 Xilie Jiaocai

（八）税收因素

债务的利息可以减税，而股票的股利不能减税。因此，一般而言，企业所得税税率越高，借款举债的好处就越大。税收实际上可对负债资本是一种刺激。

（九）行业差别

在资本结构决策中，企业应掌握本企业所处行业资本结构的一般水准，以其作为确定本企业资本结构的参照。应分析本企业与同行业其他企业的差别，以决定本企业的资本结构比例。同时必须认识到，资本结构不会停留在一个固定的水准上，随着时间的推移和情况的发展变化，资本结构也会发生一定的变动，这就需要企业根据具体情况进行合理的调整。

（十）企业的社会责任

与人们社会生活密切相关的企业，有责任持续地向社会提供产品和服务。因此，企业在制定资本结构决策时，对财务杠杆的运用，必须确保不影响企业长期的稳定经营。

三、 资本结构决策

（一）资本结构调整的原因

影响资本结构变动或调整的直接原因可归纳如下。

1. 成本过高

原有资本结构的加权平均资本成本过高，从而使利润下降。它是资本结构调整的主要原因之一。

2. 风险过高

虽然负债筹资能降低成本，提高利润，但其风险较大。如果筹资风险过高，以至于企业无法承担，则破产成本会直接抵减因负债筹资而取得的杠杆收益，企业因此也需要进行资本结构调整。

3. 弹性不足

所谓弹性，是指企业在进行资本结构调整时原有结构应有的灵活性，包括期限弹性、各筹资方式间的转换弹性等。其中，期限弹性是针对负债筹资方式是否具有展期性、提前收兑性等而言的；转换弹性是针对负债与负债间、负债与资本间、资本与资本间是否具有可转换性而言的。弹性不足时，企业要调整资本结构也很难；反过来，也正是由于弹性不足，企业更要进行资本结构的调整。

4. 约束过严

不同的筹资方式下，投资者对筹资方式的使用约束是不同的。如约束过严，则有损于企业的财务自主权，有损于企业的灵活调度与使用资金。正因为如此，有时企业宁愿承担较高的代价，而选择那些使用约束相对较为宽松的筹资方式。这也是促使企业进行结构调整的动因之一。

练一练

【单选题】 下列各项中，不属于影响资本结构的因素的是（　　　）。

A. 企业财务状况　　　　　　B. 行业特征

C. 所得税税率的高低　　　　D. 投资机会

答案：D。

【多选题】　影响资本结构变动或调整的直接原因包括(　　)。

　　A. 成本过高　　　　　　　　　　　B. 风险过高

　　C. 弹性不足　　　　　　　　　　　D. 约束过严

答案：ABCD。

(二) 资本结构调整的方式

1. 存量调整

存量调整是指在不改变现有的资产规模的基础上,根据目标资本结构要求,对现有资本结构进行必要调整的方式。存量调整的具体方式如下。

(1) 在债务资本过高时,将部分债务资本转化为权益资本,如实施债转股方案,或将可转换债券转变为普通股股票等。

债转股是债权转为股权的简称,即按一定的方法将债权人与债务企业的债权债务关系转变为股东与接受投资企业之间持股与被持股关系的过程。实施债转股可以改变股权结构,降低资产负债率,提高企业融资能力,但债转股并非一种筹资手段,因为它没有给企业带来增量的现金流。

可转换债券是指发行人依据法定程序发行,在一定期间内依据约定的条件可以转换成股份的公司债券。可转换债券发行时,明确以怎样的价格转化为普通股,这一规定的价格就是可转换债券的转换价格。

$$债券面值÷转换价格＝转换比率$$

可转换债券筹资的优点是筹资成本较低,便于筹集资金,并且其有利于稳定股票价格和减少对每股收益的稀释。

(2) 在债务资本过高时,将长期债务收兑或提前归还,而筹集相应的权益资本额。

(3) 在权益资本过高时,通过减资并增加相应的负债额来调整资本结构。

2. 增量调整

增量调整是指企业通过追加筹资量,从而增加总资产的方式来进行资本结构调整的方式。增量调整的具体方式如下。

(1) 在债务资本过高时,通过追加权益资本投资来改善资本结构,如直接增资等。

(2) 在债务资本过低时,通过追加负债筹资规模来提高负债筹资比重。

(3) 在权益资本过低时,通过筹集权益资本来扩大投资,提高权益资本比重。

3. 减量调整

减量调整是指企业通过减少资本总额的方式来调整资本结构的方式。减量调整的具体方式如下。

(1) 在权益资本过高时,通过减资来降低其比重,例如,股份公司可回购部分普通股票等。

(2) 在债务资本过高时,可归还债务,以减少总资产,并相应减少债务比重。

如果资本结构调整的结果使财务风险增大,那么,资本成本应相应降低才是合理可行的;如果资本结构调整的结果使财务风险降低,那么,融资成本将会相应趋于上升。在进行资本结构调整时,必须进一步分析资本结构调整后的资本成本是否降低,或是否会导致资本净利润率的上升。

【例4-13】 东海实业有限公司融资总额为100万元,假定该公司实际承担的平均借款利息率为5%,预期资本净利润率为10%。

当权益性融资为60%,负债融资为40%时:该公司的融资总成本为8万元(60×10%＋40×5%),融资成本率为8%(8÷100×100%)。

当调整资本结构,权益性融资为40%,负债融资为60%时:该公司的融资总成本为7万元(60×5%＋40×10%),融资成本率为7%(7÷100×100%)。

资本结构调整后带来的利益或节约的融资成本为1万元(8－7)。实际上,该利益将增加企业所有者的收益,即相对节约融资成本而给企业所有者带来的利益。

假定企业实际承担的平均借款利息为10%,而企业的资本净利润率为5%。当权益性融资为60%,负债融资为40%时:该公司融资总成本为7万元(60×5%＋40×10%),融资成本率为7%(7÷100×100%)。

当权益性融资为40%,负债融资为60%时:该公司的融资总成本为8万元(40×5%＋60×10%),融资成本率为8%(8÷100×100%)。

由于这时资本净利润率小于借款利息率,资本结构调整对融资成本影响的结果是增加了1万元的融资成本。

综上所述,当资本净利润率大于实际借款利率时,增加负债融资的比重可以相对降低融资成本,而增加权益性融资的比重会相对增加融资成本;当实际借款利息率大于资本净利润率时,增加负债融资的比重会增加融资成本,而增加权益性融资的比重会相对降低融资成本。

融资总额不变,仅调整其内部资本结构的情形,被称为存量结构调整。增加融资总量,并相应导致原资本结构改变,被称为增量结构变动。同理,减少融资总量,并相应导致原资本结构改变,被称为减量结构变动。由于增量融资总是要选择某一具体的融资形式或增量资本结构,这就会导致原资本结构的改变,在不同的融资方式下,存在着不同的融资成本,这种改变也会引起融资成本相对节约或浪费。

分析资本结构变动与融资成本的关系,也可以通过分析资本结构与资本净利润率的关系来进行,即由于调整资本结构,企业的所有者从中得到了多少好处。在[例4-13]中,当资本净利润率大于借款利率时,如果将公司权益性融资与负债融资之比改为3∶7,总融资量改为200万元,则调整后的融资总成本为13万元(60×10%＋140×5%),融资成本率为6.5%(13÷200×100%),这相对给所有者带来了更多的收益。

◎ **财智堂(技能实训)**

东海实业有限公司的小东正在为公司优化资本结构而烦恼。该公司目前的资本结构为权益资本400万元、债务资本600万元,负债权益比率为150%。小东希望通过调整资本结构,降低公司的财务风险并提高资本效率。他决定通过以下步骤来分析和优化公司的资本结构。

一、任务目标

通过分析东海实业有限公司的资本结构,确定最优的负债与权益比例,降低资本成本,提高公司价值。

二、任务描述

已知东海实业有限公司的总资本为1 000万元,其中权益资本为400万元,债务资本为600万元。公司当前的负债权益比率为150%,年利率为5%,企业所得税税率为25%。公司希望通过调整资本结构,降低加权平均资本成本(k_w),并提高公司价值。

三、实施步骤

步骤1:计算当前的加权平均资本成本(k_w)。

假设公司权益资本的成本为10%。债务资本的成本为5%,但由于利息可以抵税,实际税后债务成本为:

$5\% \times (1-25\%) = 3.75\%$

加权平均资本成本(k_w)的计算如下:

$(400/1\,000 \times 10\%) + (600/1\,000 \times 3.75\%) = 4\% + 2.25\% = 6.25\%$

步骤2:分析不同资本结构下的 k_w。

假设公司考虑将负债权益比率调整为100%,即权益资本500万元,债务资本500万元。

假设权益资本成本仍为10%。债务资本成本为5%,税后成本为3.75%。

加权平均资本成本(k_w)的计算如下:

$(500/1\,000 \times 10\%) + (500/1\,000 \times 3.75\%) = 5\% + 1.875\% = 6.875\%$

步骤3:比较不同资本结构下的 k_w。

当前资本结构(负债权益比率150%)$k_w = 6.25\%$

调整后资本结构(负债权益比率100%)$k_w = 6.875\%$

从计算结果可以看出,当前的资本结构(负债权益比率150%)下的 k_w 较低,表明当前的资本结构更为优化。

步骤4:进一步分析资本结构调整的可行性。

虽然当前的资本结构在 k_w 上表现较好,但小东还需要考虑以下因素:

(1)财务风险:较高的负债权益比率意味着公司面临较高的财务风险,尤其是在经济下行或利率上升的情况下。

(2)融资弹性:高负债可能限制公司未来的融资能力,尤其是在公司需要追加投资时。

(3)股东权益:高负债可能导致股东权益被稀释,影响股东的长期利益。

通过计算和分析,小东发现当前的资本结构(负债权益比率150%)在 k_w 上表现较好,但考虑到财务风险和融资弹性,公司可能需要适度降低负债比例,以平衡资本成本和财务风险。小东决定进一步与公司管理层讨论,综合考虑公司的发展战略和市场环境,最终确定最优的资本结构。

同学们讨论一下,如果东海实业有限公司的资本净利润率为8%,而当前的借款利率为5%,该公司是否应该进一步增加负债比例?为什么?

任务四　衡量杠杆利益与风险

 财学堂(基础理论)

财务管理中存在着类似于物理学中的杠杆效应,具体表现为:由于特定固定支出或费用的存在,当某一财务变量以较小幅度变动时,另一相关变量会以较大幅度变动。杠杆价值(利益)是指企业的固定成本和债务资金所带来的价值放大,这种放大作用类似物理学中的杠杆原理,故称这类价值放大的好处为杠杆价值。

杠杆效应既可以产生杠杆利益,也可能带来杠杆风险。财务管理中的杠杆效应,包括经营杠杆、财务杠杆和综合杠杆三种。

一、　经营杠杆

(一)经营杠杆价值

经营杠杆是指固定成本使得企业的息前税前利润(或简称息税前利润)的变动幅度大于销售额(量)的变动幅度的现象。

企业的总成本分为固定成本和变动成本两个部分。在同等营业额条件下,固定成本比重越高的企业,其经营杠杆程度越高,同时经营风险也越大。

经营杠杆价值是指在扩大营业额条件下,经营成本中固定成本这个杠杆能带来的增长幅度更大的经营利润(一般用息税前利润表示经营利润)。

【例4-14】　东海实业有限公司产销玩具,目前最大产销能力为年产5亿元玩具,固定成本为3 000万元,变动成本率为30%。年产销玩具1亿元时,变动成本为3 000万元,固定成本为3 000万元,息税前利润为4 000万元(10 000×70%－3 000)。当年产销玩具2亿元时,变动成本为6 000万元,固定成本为3 000万元,息税前利润为11 000万元(20 000×70%－3 000)。可以看出,该公司的产销量增长100%时,息税前利润增长175%,后者大于前者,这样就产生了一个杠杆作用。

(二)经营风险

从选择筹资方式及降低资金成本角度看,筹资的企业随时面临三大风险,即经营风险、财务风险和市场风险。任何一种风险的增加或减少都会制约企业筹资方式的选择、支付本息能力的强弱和资本成本的高低。其中,经营杠杆风险是经营杠杆所带来的负面效应,它是指由于固定成本的存在,使得企业经营利润的下降幅度大于产销量的下降幅度。它是企业因经营状况及环境变化而影响其按时支付本息能力的风险。企业经营状况及环境的变动越大,经营风险也越大,资金成本相应越高。

企业要获得经营杠杆利益,就需要承担由此引起的经营杠杆风险,因此,企业必须在这种杠杆价值与杠杆风险之间作出权衡。影响企业风险的因素主要有产品销售价格的变动、产品需求的变动、单位产品变动成本的变动、固定成本的比重、经营杠杆和企业经营管理能力等。

在以上因素中,经营杠杆对经营风险的影响最大。企业一般可以通过增加销售额、提高产品价格、降低单位产品变动成本、降低固定成本的比重等措施使经营杠杆系数下降,从而降低经营风险。

(三) 经营杠杆系数

为了反映经营杠杆的作用程度,估计经营杠杆价值的大小,评价经营杠杆风险的高低,需要测算经营杠杆系数。

经营杠杆系数又称经营杠杆程度,是企业息税前利润随着销售额(量)的变化而变化的幅度。一般来说,在其他因素不变的条件下,固定成本越高,经营杠杆系数越大,经营风险越大。经营杠杆系数的计算公式如下:

$$经营杠杆系数\ DOL = \frac{息税前利润变动率}{销售额变动率} = \frac{\Delta EBIT/EBIT}{\Delta S/S} \tag{4-10}$$

其中

$$EBIT = 销售额 - 总成本 = PQ - (VQ+F) = (P-V)Q - F$$
$$\Delta EBIT = (P-V)\Delta Q$$

于是:

$$经营杠杆系数\ DOL = \frac{\Delta EBIT/EBIT}{\Delta S/S} = \frac{\Delta Q(P-V)}{(P-V) \times Q - F} \times \frac{S}{\Delta S}$$
$$= \frac{\Delta Q(P-V)}{(P-V) \times Q - F} \times \frac{Q}{\Delta Q}$$

其中

$$\frac{\Delta S}{S} = \frac{(P-V) \times \Delta Q}{Q(P-V)} = \frac{\Delta Q}{Q}$$

式中　S ——销售额;

Q ——产品销售量;

P ——产品销售价格;

F ——固定成本;

V ——单位变动成本。

对计算公式进行简化,可得:

$$DOL = \frac{Q \times (P-V)}{Q(P-V) - F} \tag{4-11}$$

或

$$DOL = \frac{S - VC}{S - VC - F} \tag{4-12}$$

式中 VC——变动成本总额。

$Q(P - V)$ 是企业息税前利润和固定成本的总和。

因此：

$$经营杠杆系数 = \frac{息税前利润 + 固定成本}{息税前利润} \tag{4-13}$$

式（4-13）表明，经营杠杆系数随固定成本的变化呈同方向变化，与单价呈同方向变化，与单位变动成本呈反方向变化。当息税前利润刚好足以弥补固定成本时，企业不盈不亏，处于盈亏临界点。假设其他条件不变，销售量超过盈亏临界点以后，销售量越大，经营杠杆系数越小。

（四）计算及意义说明

【例 4-15】 东海实业有限公司生产 A 产品，固定成本为 60 万元，变动成本率为 40%，当公司的销售额分别为 400 万元、200 万元和 100 万元时，计算经营杠杆系数，并说明意义。

销售额为 400 万元时的 $DOL_1 = \dfrac{400 - 400 \times 40\%}{400 - 400 \times 40\% - 60} = 1.33$

销售额为 200 万元时的 $DOL_2 = \dfrac{200 - 200 \times 40\%}{200 - 200 \times 40\% - 60} = 2$

销售额为 100 万元时的 $DOL_3 = \dfrac{100 - 100 \times 40\%}{100 - 100 \times 40\% - 60} \to \infty$

通过计算，我们可以看出：

（1）在固定成本不变的情况下，经营杠杆系数说明了销售额变化所引起的利润变化的幅度。

（2）在固定成本不变的情况下，不同的销售额对应了不同的经营杠杆系数：销售额越大，经营杠杆系数越小，经营风险也越小；反之，销售额越大，则经营杠杆系数越大，经营风险也越大。

（3）当销售额达到盈亏平衡点时，经营杠杆就趋于无穷大，此时，企业经营只能保本。

练一练

【判断题】 经营杠杆系数将随固定成本的变化呈同方向变化，与单价呈同方向变化，与单位变动成本呈反方向变化。 （ ）

答案：×。

【单选题】 下列关于经营杠杆的说法中，错误的是（ ）。

    A. 经营杠杆反映的是营业收入的变化对每股收益的影响程度

    B. 如果没有固定性经营成本，则不存在经营杠杆效应

    C. 经营杠杆的大小是由固定经营成本和息税前利润共同决定的

    D. 如果经营杠杆系数为 1，则表示不存在经营杠杆效应

答案：A。

二、 **财务杠杆**

（一）财务杠杆价值

财务杠杆反映的是普通股每股的收益与息税前利润的关系，是指由于债务利息、优先股股息等固定资本成本的存在，犹如杠杆的支点，使得每股收益的变动幅度大于息税前利润的变动幅度的现象。

由于利息费用的存在，企业能够获得一定的财务杠杆价值，同时也承担相应的财务风险。在企业资本结构一定的条件下，企业从息税前利润中支付债务利息是相对固定的，从而当息税前利润增加时，每 1 元息税前利润所负担的利息费用就会相应降低，扣除所得税后，可分配给所有者的利润就会增加，从而为企业所有者带来了额外的收益。

只要在企业的筹资方式中有固定财务支出的债务和优先股，就会存在财务杠杆效应。固定利息和优先股股息的存在，使得每股利润的变动幅度超过息税前利润的变动幅度。在股份制企业中，这可提高企业每股普通股的利润额。这种债务对投资者收益的正面影响，被称为财务杠杆价值。

（二）财务风险

财务风险是指全部资本中债务资本比率的变化带来的风险。债务比率与财务风险呈正比。利息和优先股股息越高，财务杠杆系数越大，每股收益变动幅度会大于息税变动幅度，并且波动也越大，这就是财务风险。

（三）财务杠杆系数

财务杠杆系数是普通股每股收益（或利润）的变动率，相当于息税前利润变动率的倍数。它可以用来反映财务杠杆的作用程度，估计财务杠杆利益的大小，评价财务风险的高低。

要计算和分析企业财务杠杆系数，就必须了解企业各种筹资方式下普通股每股收益对企业息税前利润反应的灵敏程度。企业息税前利润的大小并不取决于企业财务杠杆的程度，而取决于企业资金占有量的大小和总资产净利率的高低，它与企业经营风险有关，是企业一定时期的经营结果。而这里要研究的问题是企业在运用一定时期杠杆进行各种方式筹资的情况下，当息税前盈余发生变动时，每股净收益将会出现什么样的变化。

$$财务杠杆系数\ DFL = \frac{普通股每股收益变动率}{息税前利润变动率} = \frac{\Delta EPS/EPS}{\Delta EBIT/EBIT} \tag{4-14}$$

其中

$$EPS = [(1-T)(EBIT-I)-D]/N$$

$$\Delta EPS = (1-T)\Delta EBIT/N$$

式中　I——利息；

　　　D——优先股股息；

　　　N——流通股数量。

财务杠杆系数等于 2，表明如果明年息税前利润变动 1 倍，每股收益将变动 2 倍；而财务杠杆系数等于 3，表明未来息税前利润增长 1 倍，每股收益增长 3 倍。

将 EPS、ΔEPS 代入式(4-14),有:

$$财务杠杆系数 = \frac{\Delta EPS/EPS}{\Delta EBIT/RBIT} = \frac{(1-T)\Delta EBIT/N}{EBIT - I - D/(1-T)} \times \frac{EBIT}{\Delta EBIT} \quad (4\text{-}15)$$

简化,得到下式:

$$DFL = \frac{EBIT}{EBIT - I - D/(1-T)} \quad (4\text{-}16)$$

通过式(4-16)可以看到,假如利息 I 和优先股股息 D 同时为零,那么,财务杠杆系数就是1,没有财务杠杆作用,每股利润变动率等于息税前利润变动率;但是,如果存在利息、优先股股息,这时分子要比分母大,表明每股利润的变动幅度会超过息税前利润的变动幅度。

(四) 计算及意义说明

【例 4-16】已知东海实业有限公司的财务数据信息如表4-2所示。

表 4-2　东海实业有限公司的财务数据信息　　　金额单位:万元

项目	全额
总资产	2 400
负债	1 200
利息支付	120
优先股股息	14
企业所得税税率	30%
总股数	40(万股)
息税前利润	300

试用两种不同的方法计算该公司的财务杠杆系数 DFL。

解:(1) $DFL = \dfrac{EBIT}{EBIT - I - D/(1-T)} = \dfrac{300}{300 - 120 - 14/0.7} = 1.875$

(2) 若假定 $EBIT$ 变动10%,即息税前利润由300万元变为330万元。现在考察由此引起的 EPS 变动程度。分别计算 $EBIT$ 在300万元和330万元时的 EPS,具体如下:

$$EPS_1 = \frac{(1-T) \times [EBIT - I - D/(1-T)]}{N}$$

$$= \frac{0.7 \times (300 - 120 - 14/0.7)}{40} = 2.8(万元)$$

$$EPS_2 = \frac{(1-T) \times [EBIT - I - D/(1-T)]}{N}$$

$$= \frac{0.7 \times (300 - 120 - 14/0.7)}{40} = 3.325(万元)$$

$$EPS \text{ 变化百分比} = \frac{3.325 - 2.8}{2.8} \times 100\% = 18.75\%$$

$$DFL = \frac{18.75\%}{10\%} = 1.875$$

该公司的财务杠杆系数等于 1.875,表明如果次年的息税前利润变动 1 倍,每股收益将变动 1.875 倍。

三、　综合杠杆

(一) 综合杠杆价值

综合杠杆可用于反映财务杠杆和经营杠杆的综合作用,其可用于研究每股收益变动与销售额(量)变动的关系。杠杆效应具有双面性,既可以产生杠杆利益,又可能带来杠杆风险。

如前所述,经营杠杆通过销售额的变动,从而引起 EBIT 的变动;而财务杠杆则通过扩大 EBIT 来引起 EPS 的变化。两者最终都会影响企业普通股利润和每股盈余数,从而产生综合杠杆价值。

因此,如果企业充分使用经营杠杆和财务杠杆的作用,那么,即便是销售额细小的变化,最终也会引起 EPS 较大幅度的变动。所以,可以将经营杠杆和财务杠杆结合在一起,综合地讨论销售额(量)变动对每股净收益的影响。

(二) 复合风险

复合风险是指综合杠杆使每股收益的幅度波动而造成的风险。复合风险直接反映企业的总体风险。经营杠杆和财务杠杆可以有许多不同的方式相结合,以达到符合企业理财目的要求的复合杠杆系数和总风险水平。通过复合杠杆系数的测定,财务人员对于较大的经营风险,能用较小的财务风险来抵销。这样就能使企业管理层运用适当的杠杆系数,权衡企业负担的风险与预期收益,从而使企业的总风险降到适当的水平。

(三) 综合杠杆系数

综合杠杆系数是经营杠杆和财务杠杆复合的结果。对综合杠杆进行计量的常用指标是综合杠杆系数,即每股收益变动率相当于销售额(量)变动率的倍数。综合杠杆系数实际上是经营杠杆与财务杠杆的乘积。

$$\text{综合杠杆系数} = \frac{\text{每股收益变动率}}{\text{销售额(量)变动率}} \tag{4-17}$$

$$
\begin{aligned}
DTL &= \frac{\text{每股收益变动率}}{\text{销售额(量)变动率}} = \frac{\Delta EPS / EPS}{\Delta S / S (\Delta Q / Q)} \\
&= \frac{\Delta EBIT / EBIT}{\Delta S / S} \times \frac{\Delta EPS / EPS}{\Delta EBIT / EBIT} \\
&= DOL \times DFL \\
&= \frac{Q(P-V)}{Q(P-V) - F} \times \frac{EBIT}{EBIT - I - D/(1-T)} \\
&= \frac{Q(P-V)}{EBIT - I - D/(1-T)} = \frac{Q(P-V)}{Q(P-V) - F - I - D/(1-T)} \tag{4-18}
\end{aligned}
$$

（四）计算及意义说明

【例4-17】 东海实业有限公司的经营杠杆系数为2,财务杠杆系数为1.5,综合杠杆系数即为3(2×1.5)。

综合杠杆系数为3,表明企业的销售额(量)每变动1%,企业的每股收益变动为3%。同时,企业还可以通过经营杠杆与财务杠杆的不同组合,来实现某一特定的综合杠杆作用。在其他因素不变的情况下,综合杠杆系数越大,复合风险越大;综合杠杆系数越小,复合风险越小。

练一练

【多选题】 当销售额达到盈亏平衡点时,企业往往可以通过采取( )的措施以提高经营管理水平,增加经营杠杆。

A. 增加销售额　　　　　　　　B. 降低单位产品变动成本

C. 降低固定成本　　　　　　　D. 向银行融资

答案:AB。

◎ 财智堂(技能实训)

小东和小海在学习本章后,觉得公司平衡杠杆利益与风险很重要,所以决定先根据已有经验制定一个财务杠杆系数模型进行分析。

一、任务目标

使用Excel软件,建立一个对财务杠杆系数进行模拟运算分析的模型。

二、任务描述

如果未来公司的普通股、优先股、资产负债率、息税前利润等有关资料,以及息税前利润和资产负债率的模拟运算数据如图4-8的"已知条件"区域所示。要求建立一个对财务杠杆系数进行模拟运算分析的模型。

三、实施步骤

步骤1:设计模型的结构,如图4-8所示。

步骤2:在单元格B11中输入公式"=((F3-B3*B4*B5)*(1-F4)-F2)/B2"。

步骤3:在单元格B12中输入公式"=F3/(F3-B3*B4*B5-F2/(1-F4))"。

步骤4:在单元格F11中输入公式"=F5*B12"。

步骤5:在单元格F12中输入公式"=B11*(1+F11)"。

步骤6:选取单元格区域C15:G15,输入数组公式"B7:F7"。

步骤7:选取单元格区域B16:B20,输入数组公式"=TRANSPOSE(B8:F8)"。

步骤8:在单元格B15中输入公式"=F3/(F3-B3*B4*B5-F2/(1-F4))"。

步骤9:选取单元格区域B15:G15,在【数据】选项卡【数据工具】功能组中单击【模拟分析】命令,然后在下拉菜单中选择【模拟运算表】命令,再在系统弹出的【模拟运算表】对话框中,在【输入引用行的单元格】栏中输入"＄F＄3",在【输入引用列的单元格】栏中输入"＄B＄4",最后单击【确定】按钮。

	A	B	C	D	E	F	G
1	已知条件						
2	普通股股份数（股）	3000000	优先股年股息（元）			50000	
3	资金总额（元）	6000000	本年息税前利润（元）			700000	
4	资产负债率	30%	所得税税率			25%	
5	负债利率	8%	预计息税前利润增长率			20%	
6	模拟运算数据						
7	息税前利润（元）	400000	500000	600000	700000	800000	
8	资产负债率	10%	20%	30%	40%	50%	
9							
10	普通股每股利润和财务杠杆系数的计算结果						
11	本年普通股每股利润（元/股）		预计普通股每股利润增长率				
12	财务杠杆系数		预计普通股每股利润（元/股）				
13	财务杠杆系数的双因素模拟运算表						
14			息税前利润（元）				
15			400000	500000	600000	700000	800000
16	资产负债率	10%					
17		20%					
18		30%					
19		40%					
20		50%					

图 4-8 财务杠杆系数模拟运算分析模型

模型运行结果如图 4-9 所示。

	A	B	C	D	E	F	G
10	普通股每股利润和财务杠杆系数的计算结果						
11	本年普通股每股利润（元/股）	0.12	预计普通股每股利润增长率			28.61%	
12	财务杠杆系数	1.43	预计普通股每股利润（元/股）			0.16	
13	财务杠杆系数的双因素模拟运算表						
14			息税前利润（元）				
15		1.43	400000	500000	600000	700000	800000
16	资产负债率	10%	1.40	1.30	1.24	1.20	1.17
17		20%	1.69	1.48	1.37	1.30	1.26
18		30%	2.11	1.73	1.54	1.43	1.36
19		40%	2.83	2.07	1.76	1.59	1.48
20		50%	4.29	2.59	2.05	1.78	1.62

图 4-9 财务杠杆系数计算与分析模型运行结果

做一做

东海实业有限公司的销售额预计在未来 1 年内增长 20%。假设公司当前的资本结构为权益资本 400 万元、债务资本为 600 万元,年利率为 5%,企业所得税税率为 25%。公司目前的息税前利润（EBIT）为 4 000 万元,固定成本为 3 000 万元,变动成本率为 30%。公司正在考虑是否进一步增加负债比例以利用财务杠杆效应。

计算当前和调整后的财务杠杆系数(DFL):假设公司增加负债至 800 万元,年利率仍为 5%，计算调整后的财务杠杆系数。比较当前和调整后的财务杠杆系数，分析财务杠杆效应的变化。

◎ **智驭未来（前沿技术）**

一、基于 Excel 与数据工具的筹资管理智能化实践

Excel 与数据工具的应用贯穿于筹资决策的核心环节，成为连接理论模型与实际操作的关键桥梁。例如，在资本成本计算中，通过 Excel 的 PMT、PPMT、IPMT 等函数，可高效完成银行借款、债券融资等资金成本的量化分析，结合模拟运算表功能，能直观呈现不同筹资方案下的成本变动趋势（如案例中通过调整负债比例测算加权平均资本成本）。在杠杆效应分析中，利用 Excel 构建财务杠杆系数（DFL）、经营杠杆系数（DOL）的计算模型，可动态模拟息税前利润（EBIT）变动对每股收益（EPS）的影响，为风险评估提供数据支撑。此外，通过搭建筹资决策的数据模型（如融资租赁固定资产付款计划表），将复杂的财务规则转化为可视化的表格逻辑，可实现对筹资成本、还款计划的精准把控。这些工具的应用不仅提升了数据处理的效率，更通过结构化的分析框架，帮助决策者快速识别最优筹资方案，体现了数据驱动下筹资管理的智能化特征。

二、人工智能在筹资管理中的发展方向与创新应用

随着大数据、机器学习等技术的深化发展，人工智能将从"工具应用"向"智能决策"升级，重塑筹资管理的未来图景。在数据整合层面，基于自然语言处理（NLP）技术，AI 可自动抓取政策文件、市场数据、行业报告等非结构化信息，结合历史筹资数据构建动态预测模型，精准识别最佳筹资时机与渠道组合。例如，通过分析央行利率政策、债券市场收益率曲线，AI 可实时生成个性化的融资成本预测，辅助企业调整资本结构。在风险管控领域，机器学习算法能对海量市场数据进行实时监测，识别潜在的信用风险与流动性风险，如通过构建违约概率（PD）模型评估借款人信用等级，或利用压力测试模拟经济周期波动对企业偿债能力的影响。未来，智能决策系统还可能实现筹资方案的自动化生成与优化，基于预设的财务目标（如最低资本成本、最优负债权益比），通过遗传算法等优化工具，在海量筹资组合中快速筛选出"风险—收益"均衡的方案。此外，结合区块链技术，AI 可助力筹资过程的合规管理，降低非法集资等法律风险。总之，人工智能将推动筹资管理从"经验驱动"转向"智能驱动"，以数据洞察提升决策精度，为企业在复杂市场环境中构建更具弹性的资本运作体系。

◎ **财思汇（总结升华）**

一天，小东和小海参加了社区组织的"知法、守法、懂法"创业法律科普讲堂，在讲座中，他们了解到非法集资这一严重违法行为的真面目。那些看似诱人的高息投资项目，背后往往隐藏着巨大的陷阱和危机。

听完讲座后，小东和小海的心情异常沉重。回家的路上，小海率先打破了沉默："学姐，今天的讲座真是让我大开眼界。以前我总觉得只要项目好，有人愿意投钱就行，现在看来，合法合规才是我们创业的首要条件。"

小东点头赞同："没错,小海。诚信是我们的金字招牌,如果为了短期利益而触碰法律红线,最终只会害人害己。我们要做的是脚踏实地,用我们的努力和汗水去赢得客户的信任和支持。"

两人边走边聊。突然,小东停下脚步,眼中闪过一丝灵光:"小海,我有个想法。既然我们知道了非法集资的危害,不如我们也做点什么,提醒更多的人注意防范。"

小海一听,立刻来了兴趣:"好主意!我们可以利用我们的社交媒体平台和店铺的公告栏,发布一些防范非法集资的知识和案例,让更多的人了解并警惕这种违法行为。"

于是,两人决定立即行动起来。他们回到店铺后,加班加点地制作了一系列关于防范非法集资的宣传海报和短视频,包含非法集资的常见手段、危害性及如何识别和防范等方面的知识。同时,他们还通过社交媒体平台发布了这些宣传材料,并邀请亲朋好友帮忙转发,扩大宣传范围。

不少人在看到他们的宣传后,纷纷表示受益匪浅,未来会提高警惕,远离非法集资的陷阱,而他们的店铺也因为强烈的社会责任感而赢得了大家的尊重和信赖。

思政元素: 法治观念、诚信意识

新专标
Xinzhuanbiao
系列教材 Xilie Jiaocai

习题答案

习 题

一、单项选择题

1.（   ）属于其他财产权利。

    A. 专利权   B. 商标权   C. 秘密技术   D. 房屋使用权

2. 按照资本的（   ）不同，划分为权益资本与借入资本。

    A. 性质   B. 使用期限   C. 来源   D. 以金融机构为中介

3. 按照资本的（   ）不同，划分为内部资本与外部资本。

    A. 性质   B. 使用期限   C. 来源   D. 以金融机构为中介

4.（   ）是公司"自然而然"形成的，因此被习惯地称为"自动化的资本来源"。

    A. 直接筹资   B. 间接筹资   C. 内部资本   D. 外部筹资

5. 在其他条件不变的情况下，采用折价发行的债券融资方式，其资本成本（   ）。

    A. 最高   B. 中等   C. 最低   D. 无法比较

6. 个别资本成本从低到高的正确排列顺序为（   ）。

    A. 银行借款＜债券＜优先股＜留存收益＜普通股

    B. 债券＜银行借款＜优先股＜留存收益＜普通股

    C. 优先股＜债券＜银行借款＜留存收益＜普通股

    D. 普通股＜留存收益＜银行借款＜债券＜优先股

7.（   ）筹资方式成本高，而财务风险一般。

    A. 债券   B. 股票   C. 银行借款   D. 商业信用

8. 下列各项中，（   ）不属于商业信用的是。

    A. 应付工资   B. 应付账款   C. 应付票据   D. 预收账款

9. 进行追加筹资时所使用的决策指标是（   ）。

    A. 个别资本成本   B. 综合资本成本

    C. 边际资本成本   D. 权益资本成本

二、多项选择题

1. 按照我国法律、法规的规定，法人企业设立时应当具备的条件有（   ）。

    A. 具备企业名称   B. 具有健全的组织机构

    C. 具有企业章程   D. 具有自己的财产

    E. 有确定的经营范围、场所核设施

2. 出资入股的高新技术成果应当符合的条件有（   ）。

    A. 属于科技部颁布的高新技术范围

    B. 为公司主营产品的核心技术

    C. 技术成果的出资者对该项技术合法享有出资入股的处分权利

    D. 已经通过国家科委或省级科技管理部门的认定

3. 按照资本使用期限的长短，筹资本可以划分为（   ）。

    A. 权益资本   B. 借入资本   C. 长期资本   D. 短期资本

4. 按照公司是否以金融机构为中介开展筹资活动划分,筹措资本可以分为(   )。

    A. 直接筹资   B. 间接筹资   C. 内部资本   D. 外部筹资

5. (   )属于短期资本。

    A. 发行融资券   B. 商业信用

    C. 吸收直接投资   D. 融资租赁

6. (   )属于非银行金融机构。

    A. 信托投资公司   B. 租赁公司

    C. 保险公司   D. 证券公司

7. 企业加强筹资管理与控制的措施包括(   )。

    A. 健全筹资内部控制   B. 实行预算管理,进行事前控制

    C. 按权限管理筹资活动   D. 规范权益性筹资

8. 影响资本成本的因素包括(   )。

    A. 总体经济环境   B. 证券市场条件

    C. 企业内部的经营和融资状况   D. 企业筹资规模

9. 影响资本结构变动或调整的直接原因包括(   )。

    A. 成本过高   B. 风险过高   C. 弹性不足   D. 约束过严

10. 当销售额达到盈亏平衡点时,企业往往可以通过采取(   )措施以改善经营管理水平,增加经营杠杆。

    A. 增加销售额   B. 降低单位产品变动成本

    C. 降低固定成本   D. 向银行融资

11. 下列各项中,属于融资活动的有(   )。

    A. 发行债券   B. 取得借款   C. 赊购   D. 发行股票

12. 长期借款筹资的优点包括(   )。

    A. 限制条件较多   B. 筹资数量有限

    C. 筹资效率较高   D. 借款成本较低

三、判断题

1. 无形资产出资作价金额一般不得超过企业注册资本的20%。   (   )

2. 以高新技术成果出资入股,作价金额可以超过公司注册资本的20%,但不得超过35%。   (   )

3. 间接筹资的优点是筹资成本相对较低,筹资数额、使用时间和还本付息等缺乏灵活性。   (   )

4. 外部筹资公司在市场经济条件下筹措资本的一个主要渠道。   (   )

5. 短期资本具有使用期限短、周转速度快、筹资成本低等特点。   (   )

6. 银行信贷资金历来是国有企业的主要资金来源。   (   )

7. 公司对自留资金(留存收益)的利用,简便易行,不受太多来自政府公权力当局的限制。   (   )

8. 我国港、澳、台地区投资者投入的资金不属于外资。   (   )

9. 吸收直接投资成本较高,容易分散控制权。   (   )

10. 个别资本成本一般用于比较和评价各种筹资方式。（　　）

11. 合理的资本结构有利于企业的健康发展,而不合理的资本结构可能导致企业的财务危机。（　　）

12. 当息税前利润刚好足以弥补固定成本时,企业不盈不亏,处于盈亏临界点。（　　）

13. 经营杠杆系数将随固定成本的变化呈同方向变化,与单价呈同方向变化,与单位变动成本呈反方向变化。（　　）

14. 假如利息I和优先股股息D同时为零,那么,财务杠杆系数就是1,没有财务杠杆作用,每股利润变动率等于息税前利润变动率。（　　）

15. 债权利息可在税前扣除,优先股股利只能在税后支付。（　　）

16. 与长期负债融资相比,短期负债融资更具有弹性。（　　）

四、业务题

业务题一

1. 某企业向银行借贷款200万元,借款利息率为12%,所得税税率为25%,筹资费用率为1%。要求:计算贷款的资本成本。

2. 设某企业通过发行普通股筹集资金,发行量为1 000万股,每股票面额为100元,采用平价发行,筹资费用率为5%,当期每股股利为10元,预计以后每年增长4%。要求:计算普通股的资本成本。

3. 某企业发行总面额为500万元的10年期债券,筹资总额为510万元,票面利率为12%,发行费用率为8%,企业所得税税率为25%。要求:计算该债券的资本成本。

4. 某企业用发行股票、发行债券、银行借款三种方式筹集资金。计划筹集资金1 000万元,三种方式的比例为20%、30%和50%,三种方式的资本成本率分别为10%、8%和5%。要求:计算该企业这项筹集资本计划的综合成本率和综合成本额。

业务题二

某企业2024年的资产总额是1 000万元,资产负债率是40%,负债的平均利息率是5%,实现的销售收入是1 000万元,全部的固定成本和费用总共是220万元,变动成本率为30%。

要求:计算2024年的经营杠杆系数、财务杠杆系数和综合杠杆系数。

项目五

营运资金管理

◎ **知识目标**

➢ 理解营运资金的概念及构成；
➢ 掌握现金管理的最佳持有量模型；
➢ 熟悉应收账款管理政策的制定。

◎ **技能目标**

➢ 能够计算营运资金，分析企业短期偿债能力；
➢ 能够运用 Excel 工具优化存货经济订货批量；
➢ 能够制定合理的应收账款管理策略，减少坏账损失。

◎ **素养目标**

➢ 培养精细化管理的意识，注重资金使用效率；
➢ 树立风险防范观念，避免营运资金短缺导致的经营中断；
➢ 增强成本控制能力，平衡流动性与盈利性。

◎ **知识导图**

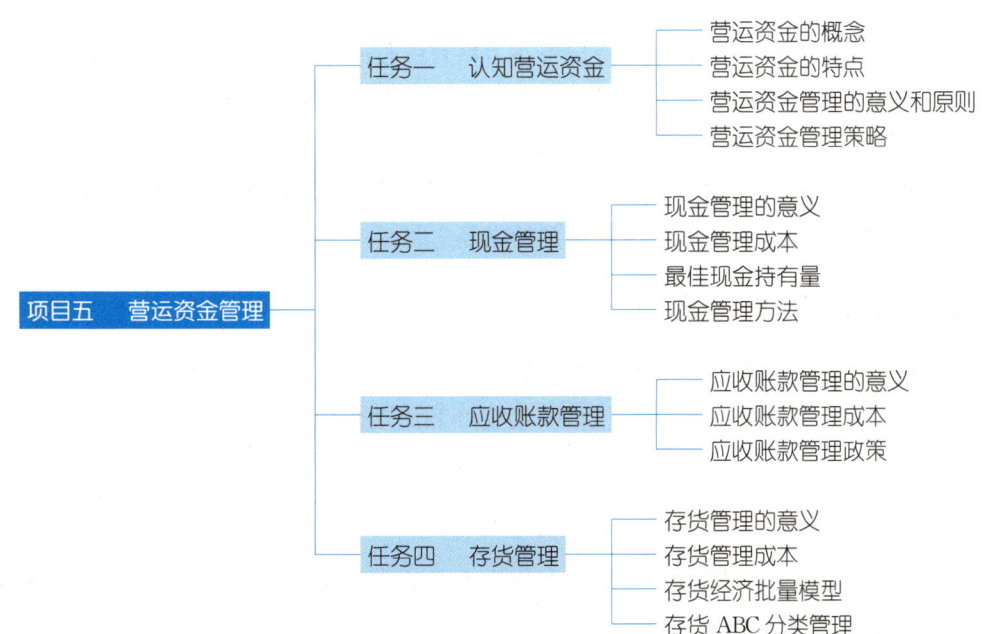

「新专标」系列教材
Xinzhuanbiao
Xilie Jiaocai

◎ 财微话（情境导入）

服装店里，小东正专注地处理着工作，一通电话打断了她的思绪。挂断电话后，她转向旁边的小海，说道："小海，你一会儿去银行取 3 万现金，我上月赊购的衣架货款，对方下午来收。"

小海闻言，眉头微皱："学姐，上月账上有余钱啊，何不直接结清？岂不更方便？"

小东微微一笑，解释道："这你就不知道了吧？买方通过赊购可以延迟付款，缓解资金压力，间接增加营运资金。"

小海若有所思："哦，原来如此。可若买方无力偿还，卖方岂不要亏？"

小东点头："那便要做坏账处理。所以，应收账款管理至关重要。我们事前要制定信用政策，事后则要有信函、电话催收等程序，以尽量减少损失，降低风险。"

小海恍然大悟："原来如此，学姐真是生意场上的高手。对了，营运资金就是流动资金吧？"

小东点头："算是，但营运资金有广义和狭义之分。广义的营运资金是指流动资产总额，狭义的营运资金是指流动资产减去流动负债后的净额。对小企业来说，管理好营运资金，意义重大。"

小东的一番对话，让小海对财务管理有了更深的理解，他更加敬佩眼前这位学姐了。

任务一　认知营运资金

◎ 财学堂（基础理论）

在企业日常财务运作体系中，营运资金占据着核心地位。作为日常财务管理不可或缺的组成部分，营运资金管理不仅关乎企业日常运营的平稳推进，更是企业持续创造价值、实现长远发展的关键环节。其管理水平的高低，能直接反映企业的健康状况与竞争力，并影响企业的生存与繁荣。因此，选用合适的营运资金管理策略，确保资金流动的高效与安全，是每一家企业追求可持续发展的必经之路。

一、营运资金的概念

营运资金又称营运资本，是指在企业日常经营活动中所需要的资金，从广义上来说，营运资金是企业流动资产的总额，包括流动资产和流动负债两部分。从狭义上来说，营运资金仅指流动资产与流动负债之间的差额，用公式表示如下：

$$营运资金＝流动资产－流动负债 \qquad (5-1)$$

本教材选用狭义的营运资金概念，营运资金的管理既包括流动资产的管理，也包括流动负债的管理。

（一）流动资产

流动资产是指可以在 1 年内或超过 1 年的一个营业周期内变现或运用的资产，具有占用时间短、周转快、易变现等特点。企业拥有较多的流动资产，可在一定程度上降低财务风险。

按其对资金的占用形态分类，流动资产主要分为货币资金、交易性金融资产、应收及预付款项和存货；按其相对稳定性分类，流动资产可以分为稳定性强的永久性流动资产（即满足企业长期最低需求的流动资产）和波动性强的波动性流动资产（即临时性流动资产，由于季节性或临时性的原因形成的流动资产）。

（二）流动负债

流动负债又称短期融资，是指需要在 1 年或者超过 1 年的一个营业周期内偿还的债务。流动负债具有成本低、偿还期短的特点。

按照其获得资源的形态分类，流动负债主要分为应付账款、应付票据、预收账款、应付职工薪酬、应付税费等；按照其筹资目的分类，流动负债可以分为企业短期使用的临时性负债（筹资性流动负债）与用来满足临时性流动资产需要和直接产生于企业持续经营中的自发性负债（经营性流动负债）。经营性流动负债主要包括商业信用筹资和日常运营中产生的其他应付款，以及应付职工薪酬、应付利息、应付税费等，其可供企业长期使用。

练一练

【单选题】　下列有关营运资金的等式中，正确的是（　　　）。

A. 营运资金＝流动资产－流动负债

B. 营运资金＝资产－负债

C. 营运资金＝流动资产－自发性的流动负债

D. 营运资金＝长期资产－流动负债

答案：A。

二、营运资金的特点

（一）来源多样

企业可以通过多种途径筹集到所需的营运资金，包括但不限于通过银行短期贷款、商业信用、发行短期融资券、票据贴现、企业内部留存收益，以及通过资产证券化等方式筹集资金。多样的资金来源为企业提供了更多的选择，有助于企业根据市场条件、自身经营状况及资金需求特点，选择最合适的筹资方式，确保营运资金的充足和稳定。

（二）数量波动大

营运资金的数量不是固定不变的，而是随着企业内外部环境的变化而波动的。这种波动性主要源于几个方面：一是市场需求的波动，如产品需求增加会导致原材料采购和库存增加,进而增加营运资金需求。二是供应链管理的效率,高效的供应链管理能够减少资金占用;反之,则可能加剧资金波动。三是企业经营策略的调整,如扩张计划、投资新项目或产品线的变化等,都可能对营运资金的需求产生影响。

(三)周转周期短

营运资金的周转周期相对较短,主要服务于企业日常的生产经营活动,如原材料采购、产品生产、库存管理、销售实现及应收账款回收等。这些环节紧密相连,形成了一个快速循环的资金流。由于周转周期短,企业更倾向于采用商业信用、银行短期借款等短期筹资方式来满足营运资金的需求。

(四)实物形态不断变换

营运资金的实物形态并非固定不变,而是随着企业生产经营活动的进行而不断变换。它可能以现金、银行存款的形式存在,也可能转化为原材料、在产品、成品等存货形态,或者体现为应收账款、预付账款等债权形态。这些实物形态的变动性体现了营运资金在企业内部循环流转的特性。同时,这些实物形态大多具有良好的易变现性,即能够迅速转化为现金或现金等价物。例如,存货可以通过销售转化为应收账款或现金,应收账款则可以通过收款程序转化为现金。

三、 营运资金管理的意义和原则

(一)营运资金管理的意义

企业营运资金管理是指企业在日常经营活动中对资金的筹集、使用、监控和管理等方面的工作。它是企业财务管理的重要组成部分,对企业的经营和发展具有以下几方面的重要意义。

1. 确保企业的正常运转

随着企业的不断发展和扩张,资金的流动和使用也变得越来越复杂。一个健全的资金管理机制能够精准预测资金需求,合理安排资金筹措与分配,确保原材料采购、生产运营、薪酬支付、税费缴纳及研发投入等各个环节的资金供应充足且及时。

2. 提高企业的经济效益

通过对资金的科学管理和优化配置,企业能够有效降低资金占用成本。企业可通过减少库存积压、缩短应收账款回收周期、优化债务结构等方式,释放更多资金,用于高回报项目的投资。同时,提高资金利用效率意味着在同等资金规模下,企业能够创造更多的价值,增强市场竞争力,实现利润最大化,进而提升整体经济效益。

3. 帮助企业应对市场变化和风险

在快速变化的市场环境中,企业面临着诸多不确定性和风险,如原材料价格波动、产品需求变化、汇率风险等。良好的营运资金管理能够赋予企业更强的灵活性和适应性,使其能够迅速调整资金使用的方向和方式,如增加流动资金储备以应对突发需求,或调整投资结构以规避潜在风险。

4. 提高企业的信誉和声誉

在资本市场和商业社会中,企业的信誉和声誉是非常重要的。良好的资金管理机制能够向外界展示企业良好的财务状况和稳健的经营策略,增强投资者、供应商、客户及金融机构等利益相关方的信心。

(二) 营运资金管理的原则

鉴于营运资金在总资金中的高占比及快速周转特性,其管理成为企业财务管理中不可或缺的关键环节。企业进行营运资金管理,应遵循以下几个原则。

1. 满足正常资金需求

企业在日常运营中必须确保有足够的流动资金来满足其正常经营活动的需要。企业应认真分析生产经营状况,科学合理地进行资金预测和规划,确保在任何时候企业的资金需求都能及时得到满足,避免企业资金短缺导致的生产中断或经营困难。

2. 提高资金使用效率

营运资金的周转是指企业营运资金从现金投入生产经营开始,到最终转化为现金的过程。加速营运资金周转是提高资金使用效率的关键,企业需缩短营业周期,优化库存管理减少积压,加强应收账款管理缩短收款期,并合理安排资金使用计划。在保证资金安全的前提下,这些措施能降低资金成本,增强盈利能力,支持企业扩大产业规模,提升经济效益。

3. 降低资金使用成本

企业应在保证正常资金需求的前提下,通过合理的资金筹措和配置,降低资金使用成本。这包括积极争取低成本融资渠道,如银行贷款、发行债券等;也包括加强内部管理,减少不必要的资金浪费和支出,如降低存货成本、控制管理费用等。降低资金使用成本有助于企业提高经济效益,增强市场竞争力。

4. 保持短期偿债能力

企业在日常运营中必须保持足够的流动资金储备,以应对可能出现的短期债务偿还压力。企业尤其需要合理安排流动资产与流动负债的比例关系,确保流动资产能够覆盖流动负债,保证企业具有足够的短期偿债能力。

四、 营运资金管理策略

企业需对营运资金管理中涉及的风险与潜在收益进行全面评估与分析。营运资金的管理策略可以分为流动资产的融资策略和流动资产的投资策略两部分。

(一) 流动资产的融资策略

流动资产的融资策略分为保守型的融资策略、期限匹配型的融资策略和激进型的融资策略,流动资产的投资策略则分为紧缩的流动资产投资策略和宽松的流动资产投资策略。

1. 保守型的融资策略

保守型融资策略是指企业倾向于采用长期融资来支持其非流动资产、永久性流动资产及部分波动性流动资产的资金需求的策略。在此策略下,企业通常选择以长期融资覆盖波动性流动资产的平均水平,以短期融资用于融通剩余的波动性流动资产需求,从而显著降低企业的再融资风险和即时破产的风险。

当然,这种策略伴随着较高的融资成本,因为长期负债的成本普遍高于短期负债。

特别是当长期负债以固定利率为基础,而短期融资则可能涉及浮动或可变利率时,虽然该策略能在一定程度上降低利率风险,但整体上仍表现为一种风险较低而成本较高的融资方式。此外,保守型的融资策略还可能带来财务费用的增加,以及由于减小了当期的还款压力,可能会加剧股东与管理层之间的委托代理问题,从而影响企业的长期治理与绩效。

[新专标] 系列教材 Xinzhuanbiao Xilie Jiaocai

练一练

【多选题】 下列有关流动资产的特点,表述正确的有(　　)。

　A. 占用时间短　　　　　　　　B. 周转快
　C. 难变现　　　　　　　　　　D. 成本低

答案:AB。

2. 期限匹配型的融资策略

期限匹配型的融资策略通过为企业的非流动资产和永久性流动资产筹集长期融资,同时为波动性流动资产筹集流动负债,以确保资产与筹资来源的期限相互匹配。

这种策略与保守型策略相比较,期限匹配型的融资策略在风险与收益两方面均有所提升,同时对财务管理技术的要求也更为严格。在期限匹配型的融资策略下,企业的长期融资稳定支持着长期资产的需求,而短期融资则灵活应对波动性流动资产的变动,即随着波动性流动资产的扩张或收缩,企业的信贷额度会相应增加或减少,以满足资金需求和偿还短期债务,从而实现资金的高效利用与风险的适度控制。

3. 激进型的融资策略

激进型的融资策略是一种高风险、低成本的财务管理方法,其中企业不仅依赖短期融资来满足波动性流动资产的资金需求,还将这一融资策略扩展至永久性流动资产乃至非流动资产的筹资中。这种策略显著降低了企业的筹资成本,但相应地,它也极大地增加了企业面临的财务风险,要求财务管理者具备高超的专业水平以应对复杂的资金运作,并导致财务管理工作量显著增加。尽管激进型的融资策略通过增加当期还款压力减少了企业持有的净现金量,从而在一定程度上抑制了管理层的不当在职消费,缓解了股东与管理层之间的委托代理问题,但其核心特点仍是大量使用短期融资来支持包括部分永久性流动资产在内的广泛资金需求。

(二)流动资产的投资策略

1. 紧缩型的流动资产投资策略

紧缩型的流动资产投资策略通过维持较低的流动资产与销售收入比率来优化企业的资本配置,在追求更高的资本回报率(高收益)的同时,也必然伴随着相应的风险增加(高风险)。这种策略要求企业在保证日常运营不受重大影响的前提下,尽量减少对流动资产的持有量,如减少库存商品、缩短应收账款周转天数、降低现金及现金等价物的储备等,以便将更多的资金投入能够带来更高回报的长期项目或投资。

通过实施紧缩型的流动资产投资策略,企业能够显著提升其资产使用效率,加快资金周转速度,进而增强盈利能力和市场竞争力。然而,这种策略的成功实施高度依赖于企业对市场动态的敏锐洞察、对供应链管理的精细控制,以及对财务风险的有效管理。一旦市场环境发生不利变化,如出现需求突然下降、供应商延迟交货、客户信用违约等不可预见事件,若企业未能及时应对,就可能迅速侵蚀其有限的流动资产,导致其出现流动性危机,甚至威胁其生存。

2. 宽松型的流动资产投资策略

宽松型的流动资产投资策略通过保持相对较高的流动资产水平来增强企业的财务稳健性和应对市场不确定性的能力。这种策略通常意味着企业将持有更多的现金、存货,以及向客户提供更为宽松的付款条件,从而维持一个较高的流动资产与销售收入比率。其结果不仅能够降低因资金短缺而引发的经营风险,还能确保企业在市场波动时保持足够的财务灵活性,迅速调整经营策略。

然而,宽松型的流动资产投资策略也伴随着一定的成本。由于资金被大量流动资产占有,企业可能会错失将资金投入到其他高收益项目中的机会,整体收益水平相对较低。此外,高额的流动资产持有量还可能增加企业的管理成本和运营成本。

> **练一练**
>
> 【判断题】　保守型的融资策略中的收益和风险较低。　　　　　　　　（　　）
> 答案：√。

◎ 财智堂（技能实训）

小东和小海在学习了营运资金的基本概念和管理策略后,决定结合一家真实企业的财务数据,分析其营运资金状况并提出优化建议。

一、任务目标

掌握营运资金的计算方法及管理原则;通过案例分析,理解企业流动资产与流动负债的构成及管理策略;提出优化营运资金管理的具体措施。

二、任务描述

华兴制造有限公司是一家生产家用电器的小型企业,其2023年财务报表部分数据如图5-1所示。

任务要求：

（1）计算华兴公司2023年的营运资金,分析其流动性风险。

（2）评估流动资产与流动负债的构成是否合理。

（3）结合营运资金管理策略,提出优化建议。

	A	B
1	项目	金额（万元）
2	现金及现金等价物	150
3	应收账款	300
4	存货	450
5	应付账款	200
6	短期借款	250
7	预收账款	100

图5-1　2023年财务报表部分数据

三、实施步骤

步骤1：计算营运资金。

流动资产总额＝现金＋应收账款＋存货＝150＋300＋450＝900（万元）

流动负债总额＝应付账款＋短期借款＋预收账款＝200＋250＋100＝550(万元)

营运资金＝流动资产－流动负债＝900－550＝350(万元)

结论：营运资金为正，短期偿债能力较强，但需进一步分析资产流动性。

步骤2： 分析流动资产与流动负债结构。

流动资产构成：

现金占比：$\dfrac{150}{900} \times 100\% \approx 16.7\%$

应收账款占比：$\dfrac{300}{900} \times 100\% \approx 33.3\%$

存货占比：$\dfrac{450}{900} \times 100\% = 50\%$

问题：存货占比过高，可能存在积压风险。

流动负债构成：

短期借款占比：$\dfrac{250}{550} \times 100\% \approx 45.5\%$

应付账款占比：$\dfrac{200}{550} \times 100\% \approx 36.4\%$

问题：短期借款比例较高，财务费用压力较大。

步骤3： 案例对比。

华兴制造有限公司与行业平均水平参考值对比如图5-2所示。

	A	B	C
1	指标	华兴制造有限公司	行业平均水平
2	存货周转天数	90天	60天
3	应收账款周转天数	45天	30天
4	现金比率	0.27	0.4

图5-2 华兴制造有限公司与行业平均水平参考值对比

华兴制造有限公司的存货和应收账款周转效率低于行业水平，资金占用时间较长。公司现金比率低，应急能力不足。

步骤4： 提出优化建议。

(1) 紧缩存货管理：采用JIT(准时制)生产模式，减少库存积压，目标是将存货周转天数缩短至70天。

(2) 加速应收账款回收：对客户实施信用分级管理，将账期缩短至30天，并引入保理业务，实现快速回款。

(3) 调整融资结构：用长期贷款替换部分短期借款，降低流动性压力。

(4) 提高现金储备：保留至少20%的流动资产为现金，增强风险应对能力。

做一做

【单选题】　若某企业流动资产为 800 万元,流动负债为 600 万元,其营运资金为(　　)。

    A. 200 万元　　　B. 1400 万元　　　C. 一200 万元　　　D. 无法计算

答案:A。

【多选题】　下列措施中,可优化营运资金管理的有(　　)。

    A. 延长供应商付款周期　　　　　B. 提高存货周转率

    C. 增加短期借款　　　　　　　　D. 加强应收账款催收

答案:BD。

【判断题】　激进型的融资策略下,企业使用短期资金支持长期资产,风险较高。(　　)

答案:√。

任务二　现金管理

◎ 财学堂(基础理论)

一、现金管理的意义

广义的现金是指在生产过程中暂时停留在货币形态的资金,包括库存现金、银行存款、银行本票和银行汇票等其他货币资金。狭义的现金仅指库存现金。这里所讲的现金是指广义的现金。

拥有足够的现金对于降低企业风险、增强企业资产流动性和债务可清偿性有着重要意义。但是,现金属于非盈利资产,即使是银行存款,其存款利率也非常低。现金持有量过多,它所提供的流动性边际效益便会随之下降,进而导致企业的收益水平降低。因此,企业应当合理确定现金持有量,使现金收支不但在数量上,而且在时间上互相衔接,以便在保证企业经营活动所需现金的同时,尽量减少企业的闲置现金数量,提高现金收益率。

练一练

【判断题】　现金是变现能力最强的资产,收益性也是比较强的。　　　　　　(　　)

答案:×。

企业持有现金往往是出于以下几方面考虑。

(一) 交易动机

在企业日常经营中,为了维持顺畅的购货、生产、销售循环,确保供应链的连续性和客户需求的及时响应,企业必须保持一定的现金余额作为"缓冲垫"。这种基于企业日常运营中购买原材料、支付员工薪酬、偿还短期债务,以及满足日常开支等购、产、销行为需要的现金,正是交易动机所驱动的现金持有策略。

（二）补偿动机

银行作为金融服务提供者，在为企业提供贷款、结算、账户管理等服务时，往往会要求企业在其银行账户中保留一定数额的存款余额，作为对银行服务成本的补偿。这种因银行服务要求而保留在账户中的资金，即补偿动机下的现金持有，不仅满足了银行的管理需求，也体现了企业与银行之间合作关系的稳定与互信。

（三）谨慎动机

鉴于市场环境的复杂多变及企业内部经营活动的不可预见性，现金的流入与流出往往存在不确定性。为高效应对市场波动、突发事件或经营中的偶发情况，企业需要持有一定量的现金余额，以确保生产经营活动的安全、连续进行。这种基于风险管理和安全考虑的现金持有策略，正是谨慎动机的核心。

（四）投资动机

在确保企业日常运营资金充足且稳健的基础上，企业管理层往往希望利用剩余的现金资源来捕捉市场上具有吸引力的投资机会，如购买股票、债券、参与并购活动或投资于新兴项目等，以期获得更高的资本增值。这种通过现金投资实现企业财富增长和战略扩张的动机，即为投资动机对现金的额外需求。

二、现金管理成本

现金管理成本是指企业在管理现金及现金等价物过程中所发生的费用总和，即为了保持一定现金持有量而付出的代价，包括持有成本、转换成本和短缺成本三种成本。分析现金管理成本及特性的目的在于从成本最低的角度出发，权衡并确定企业的现金最佳持有量，以实现资金的高效利用和成本控制。

（一）持有成本

现金的持有成本是指企业因保留一定现金余额而增加的管理费用及丧失的再投资收益。

持有成本主要包括以下两部分：

一是固定性的管理成本，这些成本包括管理人员工资、必要的安全措施费等，它们在一定范围内与现金持有量的多少关系不大，但仍是企业不可忽视的成本之一。这些成本的存在，使得企业在持有现金时需要权衡资金占用成本与潜在管理收益。

二是变动性的机会成本，即企业因持有现金而未能将这部分资金投资于其他可能产生更高收益的资产（如有价证券）所放弃的潜在收益。这种成本与现金持有量呈正比例变动关系，意味着企业持有的现金越多，其放弃的潜在收益就越大。因此，企业在确定现金持有量时，需要综合考虑资金占用成本与机会成本之间的平衡。

（二）转换成本

转换成本是指企业用现金购入有价证券及转让有价证券换取现金时付出的交易费用，即现金同有价证券之间相互转换的成本，如委托买卖佣金、委托手续费、证券过户费、实物交割手续费等。

按交易额计算的交易费用与交易额直接相关，企业在决策时需要充分考虑交易费用对总成本的影响,尤其是在交易频繁的情况下。而固定性的交易费用则与现金持有量呈反比例变动关系,因为持有更多现金可以减少交易次数,从而降低固定费用的总额。

(三)短缺成本

短缺成本是指企业在现金持有量不足时,无法及时通过有价证券变现加以补充而给企业造成的损失。这些损失包括直接损失,如因无法支付到期债务而产生的违约费用,以及间接损失,如因资金短缺而导致的生产中断、销售机会丧失、客户满意度下降等。现金的短缺成本与现金持有量呈反方向变动关系,即现金持有量越少,短缺成本越高。

练一练

【单选题】 成本模型分析预测其总成本最低时现金持有量的计算公式是( )。
  A. 最佳现金持有量下的现金相关成本＝min(管理成本＋机会成本＋短缺成本)
  B. 最佳现金持有量下的现金相关成本＝min(管理成本＋机会成本＋交易成本)
  C. 最佳现金持有量下的现金相关成本＝min(交易成本＋短缺成本)
  D. 最佳现金持有量下的现金相关成本＝min(管理成本＋交易成本＋短缺成本)
答案：A。

三、 最佳现金持有量

(一)成本分析模型

成本分析模型是根据现金有关成本,分析预测其总成本最低时现金持有量的一种方法。

运用成本分析模型确定现金最佳持有量,只考虑因持有一定量的现金而产生的机会成本及短缺成本,而不考虑管理费用和转换成本。机会成本即因持有现金而丧失的再投资收益,其与现金持有量呈正比例变动关系,用公式表示如下:

$$机会成本＝现金持有量×有价证券利率(或报酬率) \qquad (5-2)$$

短缺成本与现金持有量呈反方向变动关系,即现金持有量越多,短缺机会越少,短缺成本越小。

成本分析模型是基于上述原理来确定现金最佳持有量的。在这种模型下,最佳现金持有量就是持有现金而产生的机会成本与短缺成本之和最小时的现金持有量。

【例5-1】 东海实业有限公司现有甲、乙、丙三种现金持有量备选方案,如表5-1所示。

表5-1 现金持有量备选方案　　　　　　　　　　金额单位:元

项目	甲方案	乙方案	丙方案
现金持有量	10 000	20 000	30 000
机会成本率	4%	4%	4%
短缺成本	300	200	100

根据表5-1测算该公司最佳现金持有量,详见表5-2。

表 5-2　最佳现金持有量测算　　　　　　　　　　　　　单位：元

方案及现金持有量	机会成本	短缺成本	相关总成本
甲方案(10 000)	400	300	700
乙方案(20 000)	800	200	1 000
丙方案(30 000)	1 200	100	1 300

通过分析比较表 5-2 中各方案的总成本可知，甲方案的相关总成本最低，因此企业持有 10 000 元的现金为最佳持有量。

(二) 存货模型

运用存货模型确定最佳现金持有量时，以下列假设为前提：

(1) 企业所需要的现金可通过证券变现取得，且证券变现的不确定性很小。

(2) 企业预算期内现金需求总量可以预测。

(3) 现金的支出过程比较稳定，波动较小，而且每当现金余额降至零时，均可通过部分证券变现得以补足。

(4) 证券的利率或报酬率及每次固定性交易费用可以获悉。

如果上述条件能够得到满足，企业便可以利用存货模型来确定现金的最佳持有量。

存货模型主要考虑的是机会成本和固定性转换成本。这两种成本随着现金持有量的变化而呈现相反的趋势：机会成本随现金持有量的增加而上升，而固定性转换成本则随之下降。当现金持有量达到某个水平时，机会成本与固定性转换成本之和达到最低，这个持有量就被视为最佳现金持有量。这也是存货模型的核心目标，即寻找现金相关总成本的最小值。

管理费用相对稳定，且受现金持有量影响较小，因此在存货模型中，我们将其视为与决策无关的成本，不予特别考虑。另外，现金短缺的情况具有较大的不确定性和难以计量性，包括短缺是否发生、短缺量、发生概率，以及可能造成的损失等，因此在利用存货模型计算最佳现金持有量时，我们也不考虑短缺成本。

设 T 为一个周期内现金总需求量，F 为每次转换有价证券的固定成本，Q 为最佳现金持有量（每次证券变现的数量），K 为有价证券利息率（机会成本率），TC 为现金管理相关总成本，现金管理相关总成本的计算公式如下：

$$现金管理相关总成本＝持有机会成本＋固定性转换成本$$
$$TC = (Q \div 2) \times K + (T \div Q) \times F \qquad (5\text{-}3)$$

持有现金的机会成本与证券变现的交易成本相等时，现金管理的相关总成本最低，此时的现金持有量为最佳现金持有量，即：

$$Q = \sqrt{2TF \div k} \qquad (5\text{-}4)$$

将式(5-4)代入式(5-3)得：

$$最低现金管理相关总成本(TC) = \sqrt{2TFK} \qquad (5\text{-}5)$$

【例 5-2】　东海实业有限公司现金收支状况比较稳定，预计全年（按 360 天计算）需

要现金 250 000 元,现金与有价证券的转换成本为每次 500 元,有价证券的年利率为 10%,则:

最佳现金持有量$(Q)=\sqrt{2\times250\ 000\times500\div10\%}=50\ 000(元)$

最低现金管理相关总成本$(TC)=\sqrt{2\times250\ 000\times500\times10\%}=5\ 000(元)$

其中:

固定性转换成本$=(T\div Q)\times F=(250\ 000\div50\ 000)\times500=2\ 500(元)$

持有机会成本$=(Q\div2)\times K=(50\ 000\div2)\times10\%=2\ 500(元)$

有价证券交易次数$=T\div Q=250\ 000\div50\ 000=5(次)$

有价证券交易间隔期$=360\div5=72(天)$

在现金需求量难以预期的情况下,企业也可以采用随机模型等方式来控制现金持有量。

现金是流通手段,是企业流动资金中最活跃的部分。在生产经营中现金变为非现金资产,非现金资产又变为现金,这种周而复始的流转过程称为现金流转。现金循环与其他业务循环存在着直接或间接的联系,其他业务循环是否畅通,是否发生障碍,是否存在弊端和漏洞,都会对现金循环产生影响。

四、 现金管理方法

(一) 现金流动同步化

企业的现金流入与流出一般来说是很难准确预测的,这种不确定性可能源于市场环境的变化、客户支付行为的差异、供应链管理的复杂性等多种因素。为了应对这种不确定性,企业往往需要保留比最佳现金持有量更多的现金余额,以确保在需要资金时能够迅速获取。然而,过多的现金持有量会增加企业的持有成本,降低盈利能力。因此,企业财务人员需要不断提高预测和管理能力,力求使现金流入和流出能够合理匹配,实现现金流动的同步化。

当现金流动实现同步化后,企业的现金余额将能够减少到最小限度,从而降低持有成本,提高盈利水平。同时,这也有助于企业更好地应对市场变化,提高资金运作的灵活性和效率。

(二) 合理估计"浮存"

"浮存"是指企业账簿中的现金余额与银行记录中的现金余额之间的差异。这种差异通常是企业支付、收款与银行转账业务之间存在时滞导致的。例如,当企业向客户发出支票时,客户可能需要一段时间才能将支票存入银行;而当企业收到客户支付的支票时,银行也可能需要一段时间才能将款项记入企业的账户。这些时间差会导致企业账簿和银行记录中的现金余额出现差异。

企业需要定期与银行进行对账,确保企业账簿和银行记录中的现金余额保持一致,并加强对支付和收款业务的监控和管理,及时发现和处理异常情况。

(三) 加速应收账款的收现

应收账款是企业销售商品或提供服务后应收取的款项。然而,由于经济生活中很多交易都是通过支票、汇票或其他银行转账方式实现的,故企业往往无法立即动用销售收入。这会导致企业陷入现金短缺的被动局面,影响正常的生产经营活动。公司应该从各个方面努力加速应收账款的收现,保证资金流的稳定性和充足性,从而维持企业的正常运营和持续发展。

练一练

【单选题】 企业在进行现金管理时,可利用的"浮存"是指(　　)。

A. 企业账户所记存款余额

B. 银行账户所记企业存款余额

C. 企业账户与银行账户所记存款余额之间的差额

D. 企业实际现金余额超过最佳现金持有量的差额

答案:C。

◎ **财智堂(技能实训)**

小东和小海明白了如果企业维持正常运营,需要预留一些现金在身边,来应对一些突发事件的现金需求,这就是现金持有量;但是如果企业预留太多的现金,减少投资或运营,其就会失去可能获利的机会。所以,他们需要追求一种平衡,要分析、测算得出最佳现金持有量,使现金使用效率和效益达到最优。于是他们想请企业新招聘的沈工,帮助他们设计一款"现金管理"机器人,使其能快速准确地计算出企业最佳现金持有量。

一、任务目标

设计"现金管理"机器人,让财务机器人能够模拟人工操作,批量完成最佳现金持有量计算。

二、任务描述

本任务需开发"现金管理"机器人,由财务机器人模拟人工操作步骤,根据每家企业现金预算信息,批量计算每家企业的最佳现金余额和最低持有现金相关总成本。

三、实施步骤

沈工根据设计思路,开始开发"现金管理"机器人。具体开发步骤如下。

(一)前期准备

1. 新建流程块

打开 UiBot Creator,新建【现金管理】流程,选中新建的流程块,编辑基本信息,保存文件,如图 5-3 所示。

2. 存放业务资料

关闭当前界面,返回到主页,打开对应的文件夹路径。将"现金预算表"文件夹和"最佳余额计算表"存放在流程文件夹"res"目录下,以便机器人使用,如图 5-4 所示。

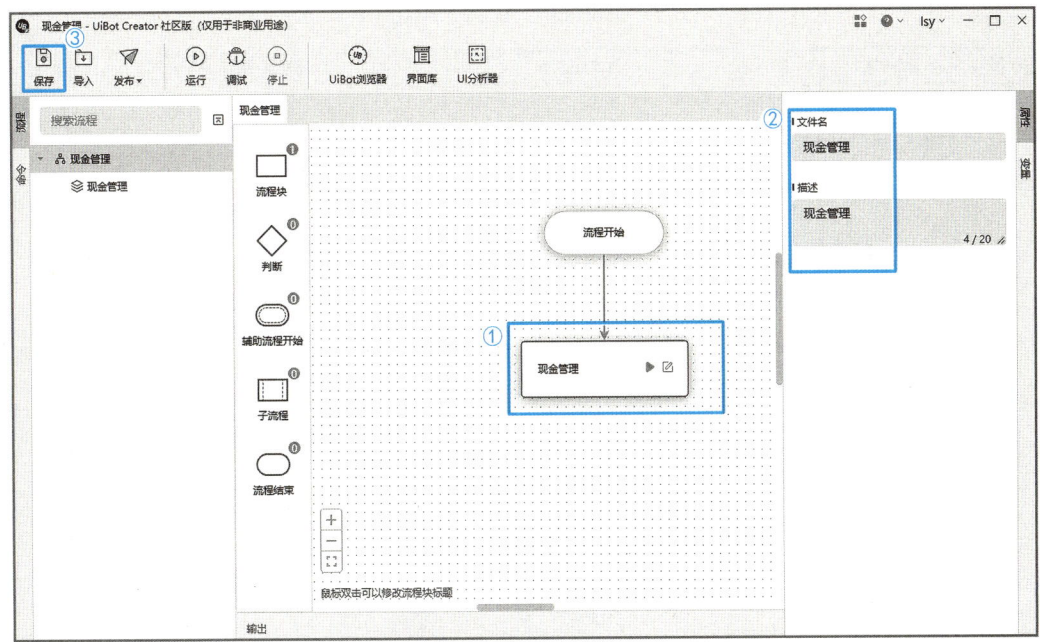

图 5-3 新建流程块

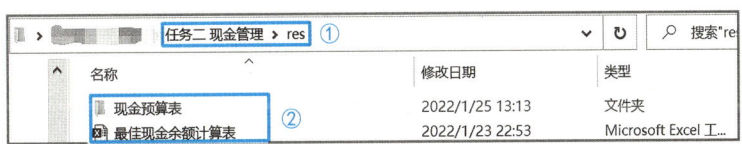

图 5-4 存放业务资料

(二) 指令设置

打开 UiBot Creator,进入【现金管理】流程界面,点击【现金管理】流程块的编辑按钮,进入可视化代码开发界面,开始设置由机器人执行的指令。

步骤 1:获取文件夹路径。

添加【获取文件或文件夹列表】命令→在【属性】中更改【路径】为"现金预算表"文件夹存放的路径→更改【输出到】为"现金预算表原文件",如图 5-5 所示。根据本条指令,机器人可自动获取资料文件,并命名为"现金预算表原文件"数组。

步骤 2:遍历现金预算表。

添加【依次读取数组中每个元素】命令→在【属性】中更改【数组】为【现金预算表原文件】,如图 5-6 所示。数组中的每一份现金预算表默认命名为【value】。机器人将执行步骤 2.1 至步骤 2.4,对每份现金预算表进行遍历操作,直至全部现金预算表操作结束。

步骤 2.1:读取现金信息。

(1) 打开现金预算表。添加【打开 Excel 工作簿】命令→在【属性】中点击【文件路径】下的【Exp】为蓝色并填写【value】→更改【是否可见】为【否】→更改【输出到】为【现金预算表】,如图 5-7 所示。根据本条指令,机器人打开本次遍历的现金预算表,如图 5-8 所示。

新专标

系列教材 Xilie Jiaocai

Xinzhuanbiao

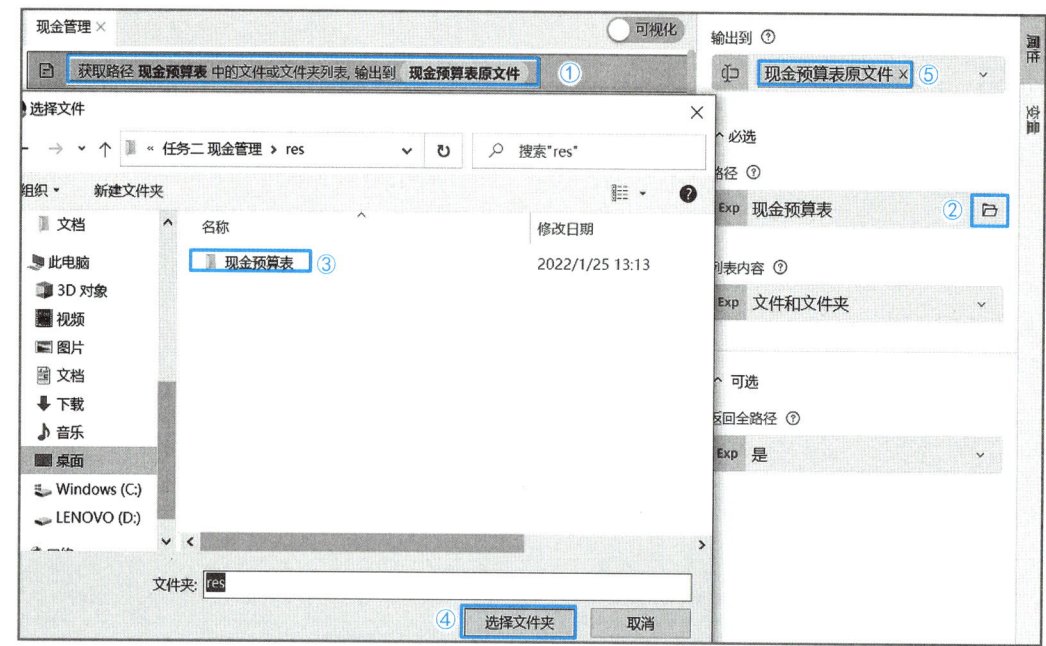

图 5-5　获取文件夹路径

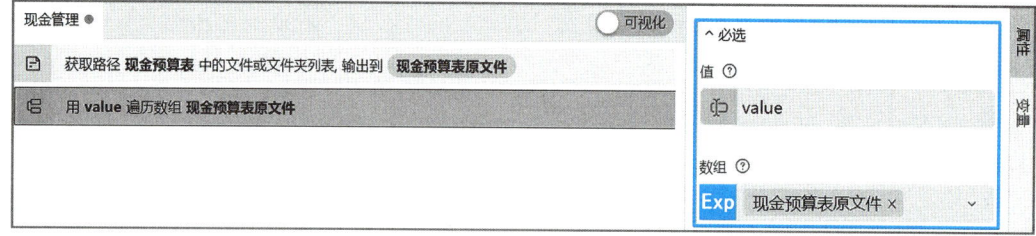

图 5-6　添加遍历命令

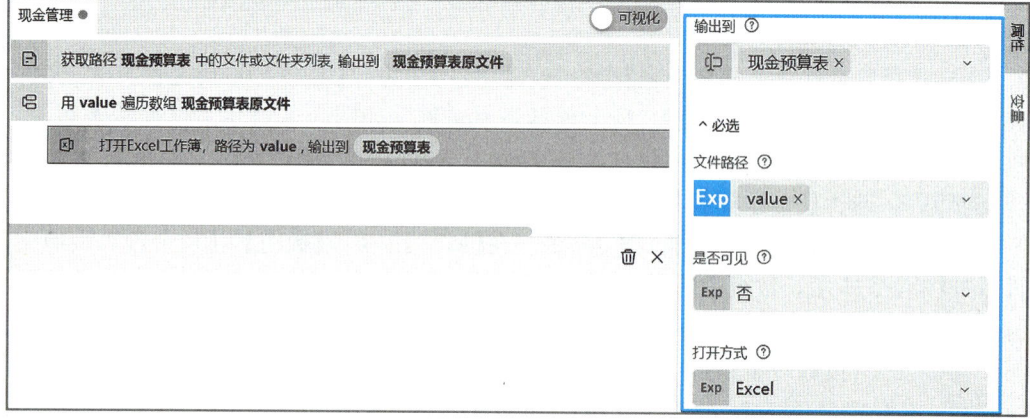

图 5-7　打开现金预算表

	A	B	C	D	E	F
1	2025年度现金预算表					单位：元
2	项目	第1季度	第2季度	第3季度	第4季度	全年
3	期初现金余额	20000	75944	213422	286912	
4	加：销售现金收入	486000	553750	675250	818000	
5	可供使用的现金	506000	629694	888672	1104912	
6	减：现金支出					
7	直接材料	186976	100832	217600	304400	
8	直接人工	42800	55200	60800	72400	
9	制造费用	98580	88840	91360	122080	
10	销售及管理费用	56700	86400	85500	79900	
11	购置设备		100000	40000	60000	
12	对外投资				400000	
13	缴纳税费	45000	45000	45000	45000	
14	现金支出合计	430056	476272	540260	1083780	
15	现金余缺	75944	153422	348412	21132	
16	向银行贷款		60000		200000	
17	归还贷款本金			60000		
18	支付货款利息			1500	32000	
19	期末现金余额	75944	213422	286912	189132	

图5-8 现金预算表样式

（2）读取第四季度期末现金余额。添加【读取单元格】命令→在【属性】中更改【工作簿对象】为【现金预算表】→更改【单元格】为【E19】→更改【输出到】为【全年现金总需求量】，如图5-9所示。根据本条指令，机器人将读取现金预算表的E19单元格，即第四季度期末现金余额，也就是全年现金总需求量。

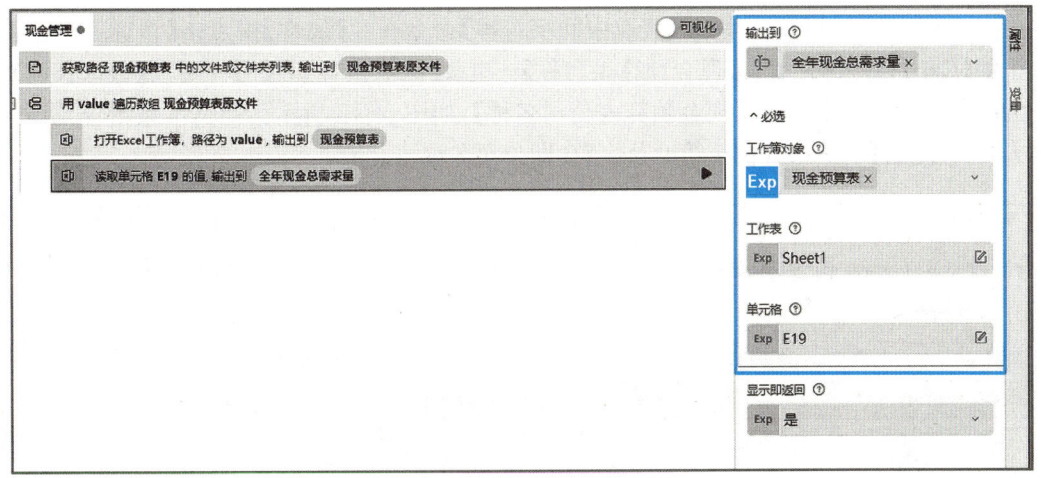

图5-9 读取第四季度期末现金余额

（3）关闭现金预算表。添加【关闭 Excel 工作簿】命令→在【属性】中更改【工作簿对象】为【现金预算表】，如图5-10所示。根据本条指令，机器人将关闭本次遍历的现金预算表。

图 5-10　关闭现金预算表

步骤 2.2：获取公司名称。

（1）获取文件名称。添加【获取名称】命令→在【属性】中点击【路径】下的【Exp】为蓝色并填写【value】→更改【输出到】为【现金预算表名称】，如图 5-11 所示。根据本条指令，机器人将获取本次遍历的现金预算表名称。

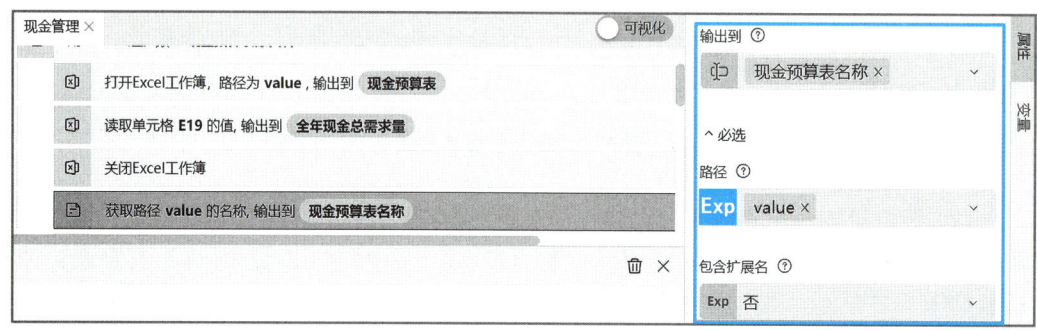

图 5-11　获取文件名称

（2）截取公司名称。添加【获取中间字符串】命令→在【属性】中点击【目标字符串】下的【Exp】为蓝色并填写【现金预算表名称】→更改【截取位置】为【5】→更改【截取长度】为【4】→更改【输出到】为【现金预算表公司名称】，如图 5-12 所示。根据本条指令，机器人将截取文件名中第 5 位至第 9 位字符，即公司名称。

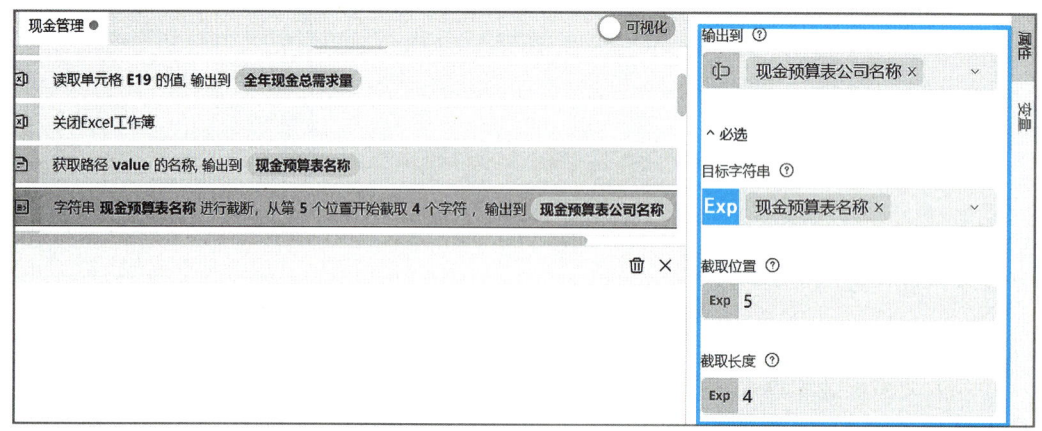

图 5-12　截取公司名称

（3）完善公司名称。添加【变量赋值】命令→在【属性】中更改【变量名】为【公司名称】→更改【变量值】为【现金预算表公司名称 &"实业有限公司"】，如图 5-13 所示。根据本条指令，机器人将完善公司名称，以便用于编辑最佳现金余额计算表表头。

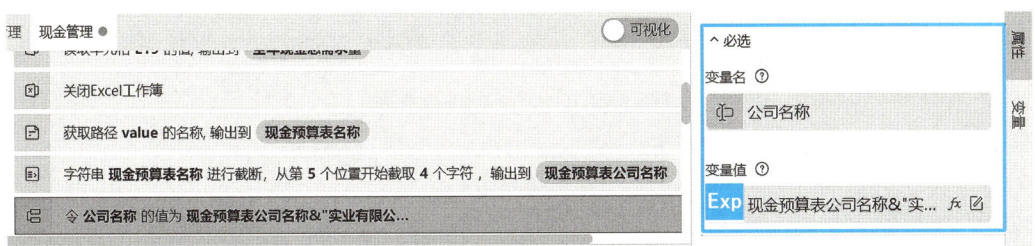

图 5-13　完善公司名称

步骤 2.3：计算现金指标。

（1）打开"最佳现金余额计算表"Excel 文件。添加【打开 Excel 工作簿】命令→在【属性】中更改【文件路径】为"最佳现金余额计算表.xlsx"存放的路径→【输出到】为【最佳现金余额计算表】，如图 5-14 所示。根据本条指令，机器人将打开最佳现金余额计算表，如图 5-15 所示。

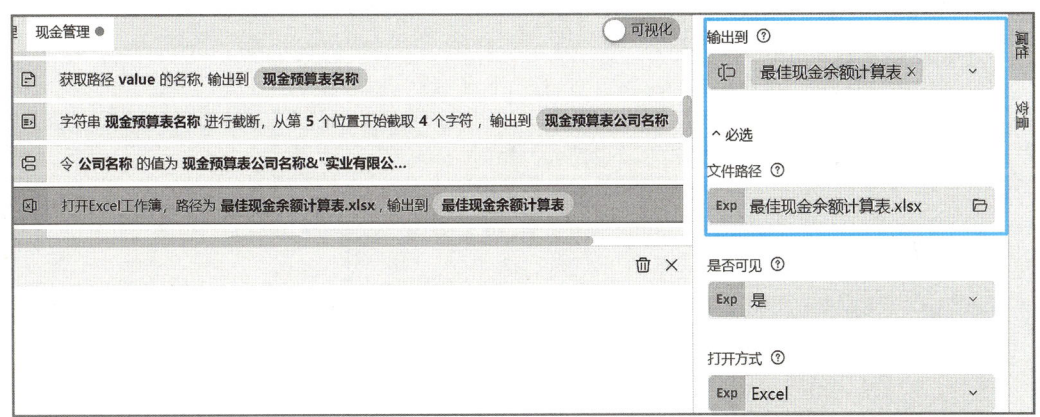

图 5-14　打开"最佳现金余额计算表.xlsx"

	A	B	C
1			
2	上海精华实业有限公司		
3	全年现金需求量 (元)		
4	有价证券转换成本 (元/次)	900	
5	有价证券年利率	10%	
6	最佳现金余额确定方法	存货模式	
7			
8			
9	上海精华实业有限公司		
10	指标	结果	
11	最佳现金余额　(元)		
12	最低持有现金相关总成本 (元)		
13			

图 5-15　最佳现金余额计算表样式

（2）获取工作表的名称。添加【获取当前工作表】命令→在【属性】中更改【工作簿对象】为【最佳现金余额计算表】→更改【输出到】为【工作表名称】，如图5-16所示。根据本条指令，机器人读取sheet1，并命名为"工作表名称"。

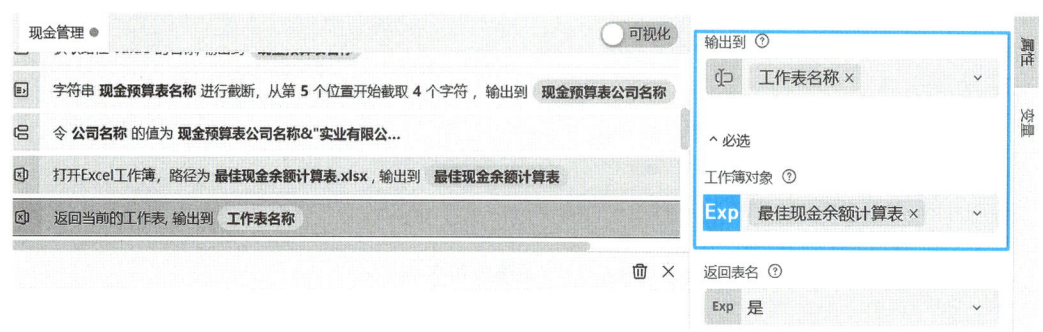

图5-16　获取工作表的名称

（3）编辑表头。添加【写入单元格】命令→在【属性】中更改【工作簿对象】为【最佳现金余额计算表】→点击【工作表】下的【Exp】为蓝色并填写【工作表名称】→更改【单元格】为【A2】→点击【数据】下的【Exp】为蓝色并填写【公司名称】。根据本条指令，机器人在最佳现金余额计算表中修改A2单元格为公司名称。

同上，添加【写入单元格】命令，在A9单元格写入公司名称，如图5-17所示。

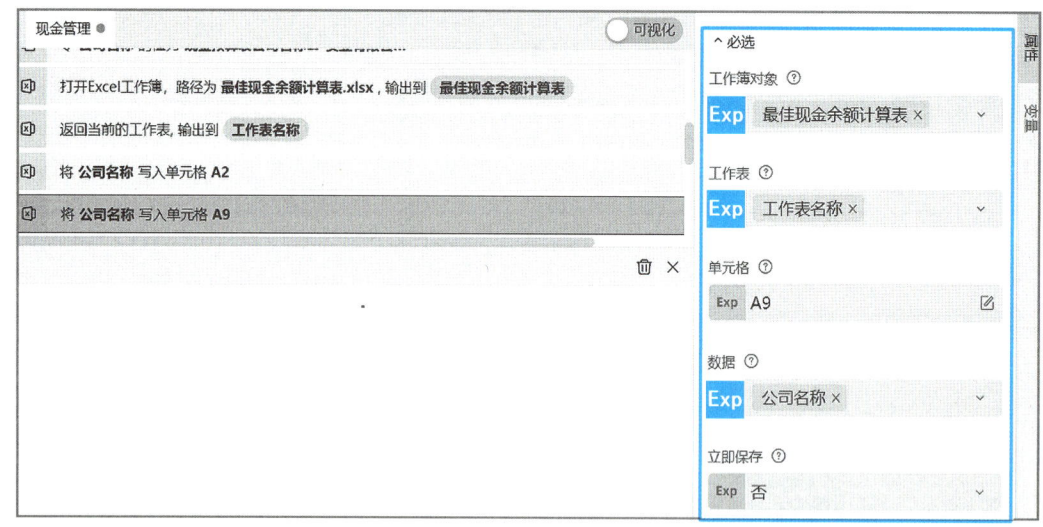

图5-17　编辑表头

（4）填写全年现金需求量。添加【写入单元格】命令→在【属性】中更改【工作簿对象】为【最佳现金余额计算表】→点击【工作表】下的【Exp】为蓝色并填写【工作表名称】→更改【单元格】为【B3】→点击【数据】下的【Exp】为蓝色并填写【全年现金总需求量】，如图5-18所示。根据本条指令，机器人将读取的"全年现金总需求量"数据填写入最佳现金余额计算表中的B3单元格。

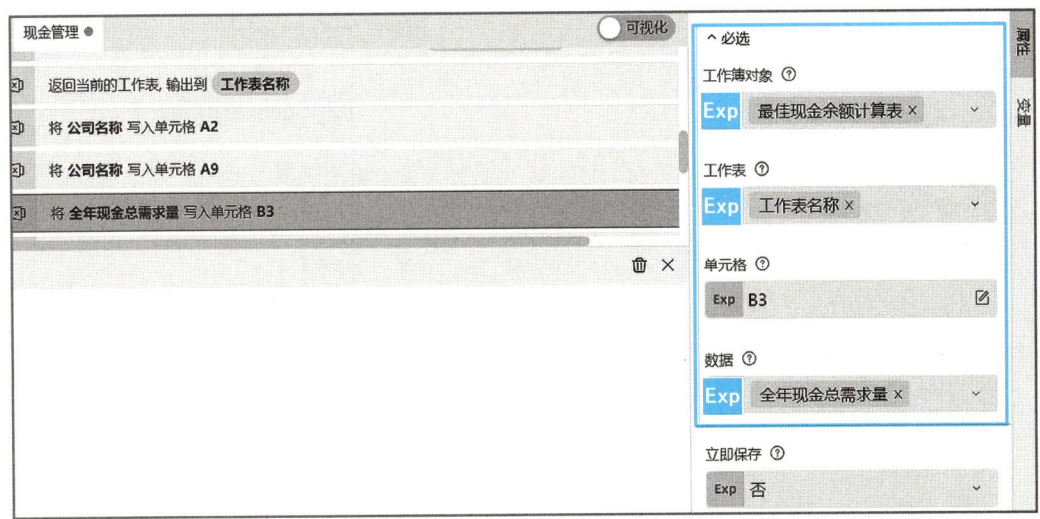

图 5-18 填写全年现金需求量

（5）计算最佳现金余额。添加【写入单元格】命令→在【属性】中更改【工作簿对象】为【最佳现金余额计算表】→点击【工作表】下的【Exp】为蓝色并填写【工作表名称】→更改【单元格】为【B11】→更改【数据】为【＝SQRT(2 * B3 * B4/B5)】，如图 5-19 所示。根据本条指令，机器人将在 B11 单元格中计算最佳现金余额。

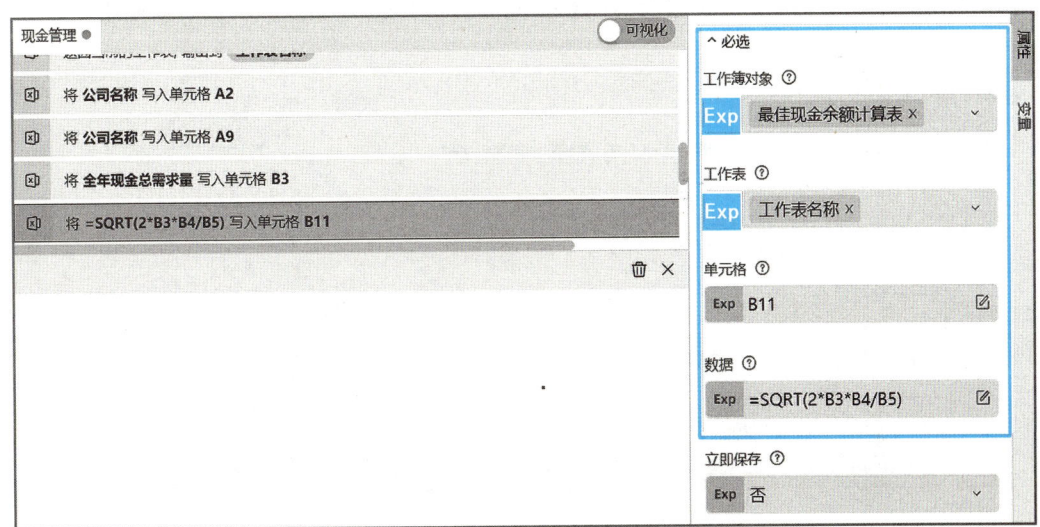

图 5-19 计算最佳现金余额

（6）计算最低持有现金相关总成本。添加【写入单元格】命令→在【属性】中更改【工作簿对象】为【最佳现金余额计算表】→点击【工作表】下的【Exp】为蓝色并填写【工作表名称】→更改【单元格】为【B12】→更改【数据】为【＝SQRT(2 * B3 * B4 * B5)】，如图 5-20所示。根据本条指令，机器人将在 B12 单元格中计算最低持有现金相关总成本。

新专标
系列教材
Xinzhuanbiao
Xilie Jiaocai

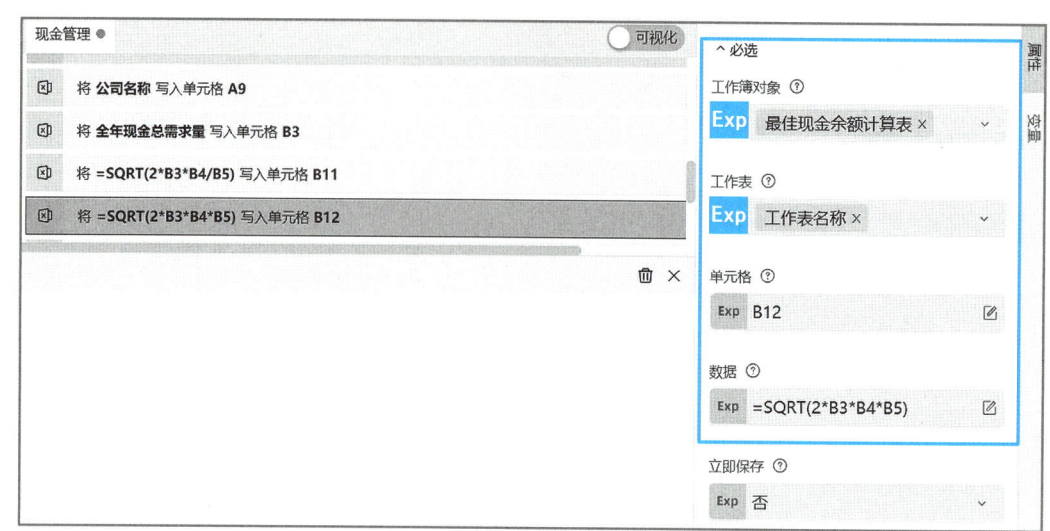

图 5-20 计算最低持有现金相关总成本

步骤 2.4: 保存"最佳现金余额计算表"。

（1）获取编辑时间。添加【获取时间】命令→在【属性】中更改【输出到】为【当前时间】。再添加【格式化时间】命令→在【属性】中更改【时间】下的【Exp】为蓝色并填写【当前时间】→更改【格式】为【yyyy-mm-dd】→更改【输出到】为【标准时间】，如图 5-21 所示。根据以上指令，机器人获取当前编辑时间，并将时间统一格式，以便后续使用。

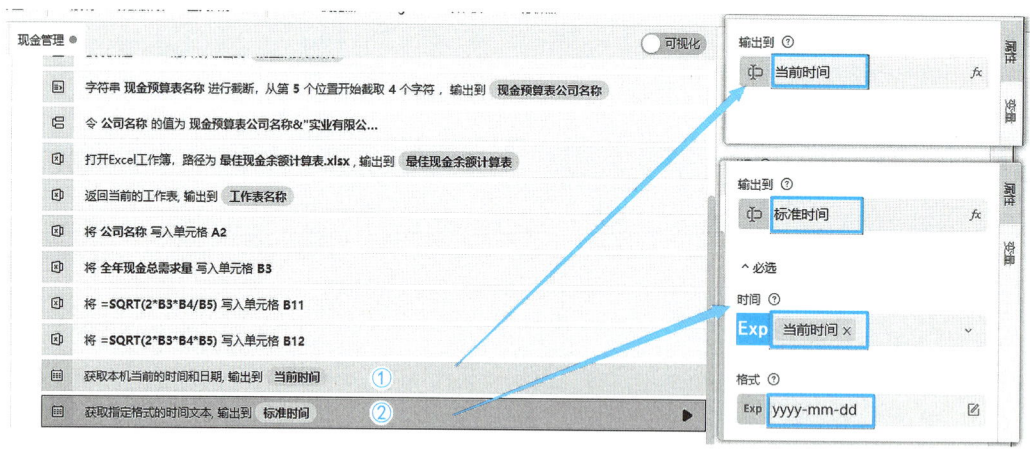

图 5-21 获取编辑时间

（2）保存并命名文件。添加【另存 Excel 工作簿】命令→在【属性】中点击【文件路径】下的【Exp】为蓝色并填写【@res"最佳现金余额计算表"＆公司名称＆标准时间＆". xlsx"】→更改【工作簿对象】为【最佳现金余额计算表】，如图 5-22 所示。根据本条指令，机器人另存为文件，并命名文件名称为：最佳现金余额计算表＋公司名称＋系统日期。

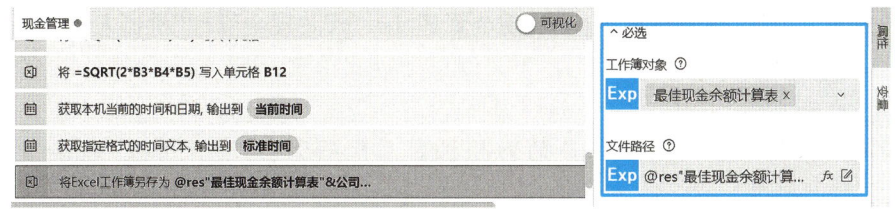

图 5-22 保存并命名文件

（3）关闭文件。添加【关闭 Excel 工作簿】命令→在【属性】中更改【工作簿对象】为【最佳现金余额计算表】，如图 5-23 所示。根据本条指令，机器人将关闭文件。

图 5-23 关闭文件

步骤 3：保存流程。

本任务可视化代码全部完成。在当前流程开发界面，点击【保存】图标，保存本流程可视化代码。再返回到流程图界面，添加【结束】流程，连接流程，将流程编辑完整。点击【保存】，保存本任务流程。

（三）RPA 生成

（1）运行机器人。在 UiBot Creator 流程主界面，点击【运行】，对本任务机器人进行运行调试，如图 5-24 所示。

图 5-24 运行机器人

（2）发布机器人。打开 UiBot Creator（企业版），导入本任务流程。进入当前流程主界面→鼠标移动至【发布】→点击【发布至本地】→编辑发布信息→生成机器人，如图 5-25

图 5-25 发布机器人

所示。发布完成后,在发布地址生成"现金管理.bot",即"现金管理"机器人。

请根据教材内容完成本任务的财务机器人代码编写,尝试开发"现金管理"机器人。

任务三 应收账款管理

◎ 财学堂(基础理论)

一、 应收账款管理的意义

应收账款是企业因赊销产品或提供劳务而应向购货或接受劳务单位收取的款项。

在市场竞争中,应收账款管理发挥着强化竞争、扩大销货的关键作用。然而,随着应收账款的增加,企业也面临着机会成本、坏账损失和管理成本的挑战。

因此,企业需要在发挥应收账款优势的同时,平衡其收益与成本。通过制定合理的信用政策,严格筛选客户,并加强催收管理,企业可以降低这些成本,提高应收账款投资的收益率。只有在应收账款所增加的盈利超过所增加的成本时,企业才应实行赊销,并适时调整信用条件,以实现收益最大化。

练一练

【判断题】 应收账款在生产经营中,主要有增加销售和减少存货的作用。 ( )
答案:√。

二、 应收账款管理成本

(一) 机会成本

企业增加应收账款的资金占用,不仅可能会虚增资产与利润,而且会降低资金的使用效益。因资金投放在应收账款上而丧失的机会收益是一种代价,这种代价的大小通常与企业维持赊销业务所需的资金数量(即应收账款投资额)、资金成本率有关。应收账款机会成本的计算公式如下:

$$应收账款机会成本=维持赊销业务所需要的资金×资金成本率 \quad (5-6)$$

式中,资金成本率一般可按有价证券利息率计算;维持赊销业务所需的资金数量可按下列步骤计算:

(1)计算应收账款平均余额:

$$应收账款平均赊销额=\frac{年赊销额}{360}×平均收账天数$$

$$=平均每日赊销额×平均收账天数 \quad (5-7)$$

（2）计算维持赊销业务所需要的资金：

$$维持赊销业务所需要的资金＝应收账款平均余额×\frac{变动成本}{销售收入}$$

$$＝应收账款平均余额×变动成本率 \quad (5\text{-}8)$$

在上述分析中，假设企业的成本水平保持不变（即单位变动成本不变，固定成本总额不变），随着赊销业务的扩大，只有变动成本随之上升。

【例 5-3】 东海实业有限公司预测的某年度赊销额为 600 000 元，应收账款平均的收账天数为 90 天，变动成本率为 60%，资金成本率为 5%，则应收账款机会成本可计算如下：

$$应收账款平均余额＝\frac{600\,000}{360}×90＝150\,000（元）$$

$$维持赊销业务所需要的资金＝150\,000×60\%＝90\,000（元）$$

$$应收账款机会成本＝90\,000×5\%＝4\,500（元）$$

在正常情况下，应收账款收账天数越少，一定数量资金所维持的赊销额就越大；应收账款收账天数越多，维持相同赊销额所需要的资金数量就越大。

（二）管理成本

应收账款的管理成本是指企业对应收账款进行管理而耗费的开支，主要包括对客户的资信调查费用、收账费用和其他费用。

（三）坏账成本

应收账款基于商业信用产生，存在无法收回的可能性，由此而给应收账款持有企业带来的损失，即为坏账成本。这一成本一般与应收账款数量同方向变动，即应收账款越多，坏账成本也越多。为规避发生坏账成本给企业生产经营活动的稳定性带来不利影响，小企业应合理提取坏账准备金。

练一练

【多选题】 下列项目中，属于应收账款管理成本的有（ ）。

A. 对客户的信用状况的调查费用　　B. 收账费用

C. 坏账成本　　　　　　　　　　　D. 账簿记录费用

答案：ABD。

三、 应收账款管理政策

信用由受信方和授信方双方约定，发生在两者之间。在市场上，受信方往往是赊购者或者接受信贷者，授信方一般是采用赊销方式的企业或提供信贷的金融机构。信用包括两个重要因素：一是受信方必须在一定的时间期限内为获得财物或服务而付款或还款，而且时间期限必须得到授信方的认可；二是授信方必须相信受信方的付款承诺，而且对信用风险作出了判断。

信用政策是指授信方制定的应收账款的管理政策，即对应收账款投资进行规划与控制而确立的基本原则与行为规范,包括信用标准、信用条件和收账政策三部分内容。制定合理的信用政策,是加强应收账款管理、提高应收账款投资效益的重要前提。

(一) 信用标准

信用标准是企业评价客户等级,决定给予或拒绝客户信用的依据。如果企业把信用标准定得过高,将使许多客户因信用品质达不到企业所设的标准而被企业拒之门外,其结果尽管有利于降低违约风险及收账费用,但不利于企业市场竞争能力的提高和销售收入的扩大。相反,如果企业接受较低的信用标准,则虽然有利于企业扩大销售,提高市场竞争力和占有率,但同时也会导致坏账损失风险加大和收账费用增加。

1. 分析影响信用标准的因素

1) 同行业竞争对手的情况

面对竞争对手,企业应先考虑如何在竞争中处于优势地位,保持并不断扩大市场占有率。如果对手实力很强,企业欲取得或保持优势地位,就需采取较低(相对于竞争对手)的信用标准;反之,其信用标准可以相应严格一些。

2) 企业承担违约风险的能力

企业承担违约风险能力的强弱,对其信用标准的选择也有着重要影响。当企业具有较强的违约风险承担能力时,其就可以以较低的信用标准提高竞争力,争取客户,扩大销售;反之,如果企业承担违约风险的能力比较脆弱,其就只能选择严格的信用标准,以尽可能降低违约风险。

3) 客户的资信程度

企业在制定信用标准时,必须先对客户的资信程度进行调查、分析,再在此基础上,判断客户的信用等级并决定是否给予客户信用优惠。常用的信用调查分析是 5C 信用评价系统,即评估客户信用品质的五个方面:品质、能力、资本、抵押和条件。

(1) 品质(character)。品质是指客户履约或赖账的可能性,这是决定是否给予客户信用的首要因素,主要通过了解客户以往情况与付款履约记录进行评价,包括企业的基本情况、企业历史、经营者情况、企业经营方针、内部管理、组织形式、银行往来、信用评价等。

(2) 能力(capacity)。客户偿付能力的高低,与经营者能力、基础设施条件、规模和设备条件、员工能力、生产能力、销售能力有关,并取决于资产尤其是流动资产的数量、质量(变现能力)及其与流动负债的比率关系。

(3) 资本(capital)。资本反映了客户的经济实力,是客户偿付债务的最终保证,包括资本构成、资本关系、增资能力与财务状况的现状等。

(4) 抵押(collateral)。抵押即客户提供的可作为资信安全保证的资产。能够作为信用担保的抵押财产,必须为客户实际所有,并且应具有较高的市场性,即变现能力。

(5) 条件(condition)。条件是指影响申请人还款能力和意愿的各种外在因素。条件通常包括经济环境、行业状况、市场竞争、政策法规等可能影响客户还款能力的外部因素。

2. 对信用标准进行评估

信用经济伴随着市场经济而产生与发展。市场经济越发展,信用经济与信用评估越重要。对信用标准进行定量分析与评估,旨在解决两个问题:一是确定客户拒付账款的风险,即坏账损失率。信用标准一般是客户获得企业商业信用所具备的最低条件,通常以预期的坏账损失率表示。二是根据对客户信用资料的调查分析,根据评价信用优劣的数量标准等,具体确定客户的信用等级,以此作为给予或拒绝信用的依据。

(二) 信用条件

信用条件就是指企业接受客户信用订单时所提出的付款要求,主要包括信用期限、折扣期限及现金折扣率等。信用条件的基本表现方式"1/10,n/30"表示:如客户能在发票开出后的 10 日内付款,可以享受 1% 的现金折扣;如果放弃折扣优惠,则全部款项必须在 30 日内付清。30 天为信用期限,10 天为折扣期限,1% 为现金折扣率。

1. 信用期限

信用期限是指企业允许客户从购货到支付货款的时间间隔。企业产品销售量与信用期限之间存在着一定的依存关系。通常而言,延长信用期限,可以在一定程度上扩大销售量,从而增加毛利。但不适当地延长信用期限,会给企业带来不良后果:一是使平均收账期延后,占用在应收账款上的资金相应增加,引起机会成本增加;二是引起坏账损失和收账费用的增加。因此,企业是否给客户延长信用期限,应视延长信用期限增加的边际收入是否大于增加的边际成本而定。

2. 折扣条件

延长信用期限会增加应收账款占用的时间和金额。许多企业为了加速资金周转,及时收回货款,减少坏账损失,往往在延长信用期限的同时,采用一定的优惠措施,即在规定的时间内提前偿付货款的客户可按销售收入的一定比率享受折扣。现金折扣实际上是对现金收入的扣减,企业决定是否提供以及提供多大程度的现金折扣,着重考虑的是提供折扣后所得的收益是否大于现金折扣的成本。

企业究竟应当核定多长的现金折扣期限,以及给予客户多大程度的现金折扣优惠,必须将信用期限及加速收款所得到的收入与付出的现金折扣成本结合起来考察。同延长信用期限一样,采取现金折扣方式有利于刺激销售,同时其也需要付出一定的成本代价,即补偿现金折扣造成的损失。如果加速收款带来的机会收益能够绰绰有余地补偿现金折扣成本,则现金优惠条件便被认为是恰当的;而如果加速收款的机会成本收益不能补偿现金折扣成本,则现金优惠条件便被认为是不恰当的。

除上述表述的信用条件外,企业还可以根据需要,采取阶段性的现金折扣期与不同的现金折扣率。比如,"3/10,2/30,n/60",即给予客户 60 天的信用期限:客户若能在开票后的 10 日内付款,便可以得到 3% 的现金折扣;超过 10 日而能在 30 日内付款时,也可以得 2% 的现金折扣;否则,只能全额支付账面款项。

3. 对信用条件备选方案进行评价与决策

【例 5-4】 东海实业有限公司预测 202× 年度赊销额为 3 600 万元,其信用条件是 n/30,变动成本率为 70%,资金成本率为 10%。假设企业收账政策不变,固定成本总额不变。该公司准备了三个信用条件的备选方案:A 方案是维持原 n/30 的信用条件不变;B 方案是将信用条件放宽到 n/40;C 方案是将信用条件放宽到 n/50。

有关三个备选方案估计的赊销水平、坏账百分比和收账费用等有关数据如表 5-3

所示。

表 5-3　信用条件的三个备选方案　　　　　　　　金额单位：万元

项目	A 方案	B 方案	C 方案
	n/30	n/40	n/50
年赊销额	3 600	4 320	5 040
应收账款平均收账天数（天）	30	40	50
应收账款平均余额	3 600÷360×30＝300	4 320÷360×40＝480	5 040÷360×50＝700
维持赊销业务所需资金	300×70％＝210	480×70％＝336	700×70％＝490
坏账损失/年赊销额	3％	4％	5％
坏账损失	3 600×3％＝108	4 320×4％＝172.8	5 040×5％＝252
收账费用	100	150	200

根据以上资料，该公司可对信用条件进行分析评价，如表 5-4 所示。

表 5-4　信用条件分析评价　　　　　　　　金额单位：万元

项目	A 方案	B 方案	C 方案
	n/30	n/40	n/50
年赊销额	3 600.00	4 320.00	5 040.00
变动成本	2 520.00	3 024.00	3 528.00
信用成本之前收益	1 080.00	1 296.00	1 512.00
信用成本：			
应收账款机会成本	210×10％＝21.00	366×10％＝36.60	490×10％＝49.00
坏账损失	108.00	172.80	252.00
收账费用	100.00	150.00	200.00
小计	229.00	359.40	501.00
信用成本之后收益	854.00	936.60	1 011.00

根据表 5-4 中的资料可知，在这三种方案中，C 方案（n/50）的获利最大，它比 A 方案（n/30）增加收益 160 万元（1 011－851），比 B 方案（n/40）增加收益 74.4 万元（1 011－936.6）。因此，在其他条件不变的情况下，应选择 C 方案。

【例 5-5】　承[例 5-4]，如果东海实业有限公司选择了 C 方案以后，为了加速应收账款的回收，决定将赊销条件改为"2/10,1/20,n/60"（D 方案），估计约有 50％的客户（按赊销额计算）会享受 2％的现金折扣，30％的客户将享受 1％的现金折扣。坏账损失率降为 2％，收账费用降为 50 万元。其他条件不变。根据上述资料，有关指标可计算如下：

应收账款平均收账天数＝50％×10＋30％×20＋20％×60＝5＋6＋12＝23（天）

应收账款平均余额＝5 040÷360×23＝322（万元）

维持赊销业务所需要的资金＝322×70％＝225.4（万元）

应收账款机会成本＝225.4×10％＝22.54（万元）

坏账损失＝5 040×2％＝100.8（万元）

现金折扣＝5 040×(2‰×50％＋1‰×30％)＝65.52(万元)

根据以上资料可对信用条件进行分析评价,如表5-5所示。

表5-5 信用条件分析评价 金额单位:万元

方案 信用条件	C n/50	D 2/10,1/20,n/60
年赊销额	5 040.00	5 040.00
减:现金折扣	—	65.52
年赊销净额	5 040.00	4 974.48
减:变动成本	3 528.00	3 528.00
信用成本的收益	1 512.00	1 446.48
减:信用成本		
应收账款机会成本	49.00	22.54
坏账损失	252.00	100.80
收账费用	200.00	50.00
小计	501.00	173.34
信用成本后收益	1 011.00	1 273.14

上述计算结果表明,实行现金折扣以后,企业的收益增加262.14万元(1 273.14－1 011.00),因此,应当选择D方案(2/10,1/20,n/60)作为最佳方案。

(三) 收账政策

企业在向客户提供商业信用时,必须考虑客户是否会拖欠或拒付账款,怎样最大限度地防止客户拖欠账款,以及一旦账款遭到拖欠甚至拒付,应采取怎样的对策等。收账政策就是指当客户违反信用条件,拖欠甚至拒付账款时,企业所采取的收账策略与措施。

企业为了扩大销售,增强竞争能力,往往对客户的逾期未付款项规定一个允许的拖欠期限。超过规定的期限,企业就应当采取各种形式进行催收。如果企业制定的收款政策过宽,则会导致逾期未付款项的客户拖延时间更长,对企业不利;而如果收账政策过严,催收过急,有可能伤害无意拖欠的客户,影响企业未来的销售和利润。因此,企业在制定收账政策时,要权衡利弊,掌握好宽严界限。

一般而言,企业加强收账管理,及早收回货款,可以减少坏账损失,减少应收账款上的资金占用,但会增加收账费用。因此,制定收账政策就是要在增加收账费用与减少坏账损失、减少应收账款机会成本之间进行权衡,若前者小于后者,则说明制定的收账政策是可取的。

练一练

【多选题】 5C信用评价系统包括( )。

A. 品质 B. 能力 C. 资本 D. 条件

答案:ABCD。

◎ **财智堂（技能实训）**

小东和小海学习了应收账款管理后，想要根据自己预测的 2025 年度销售收入等，计算相关指标并进行比较分析。

一、任务目标

计算相关应收账款管理中的指标，并运用 Python 工具编程分析。

二、任务描述

小东和小海预测企业 2025 年度销售收入净额为 4 500 万元，现销与赊销比例为 1∶4，应收账款平均收账天数为 60 天，变动成本率为 50％，企业的资金成本率为 10％。一年按 360 天计算。要求：

（1）计算 2025 年度赊销额。

（2）计算 2025 年度应收账款的平均余额。

（3）计算 2025 年度维持赊销业务所需要的资金额。

（4）计算 2025 年度应收账款的机会成本额。

（5）若 2025 年应收账款需要控制在 400 万元，在其他因素不变的条件下，应收账款平均收账天数应调整为多少天？

三、实施步骤（注：这里需要 Python 的安装说明）

步骤 1：新建一个 Python 文件。

将其命名为"项目一—任务三.py"，并打开该文件进行编辑，如图 5-26 所示。

图 5-26　新建 Python 文件

步骤 2：在文件的开头部分，添加一段说明文字，以对本任务功能作总体说明。

♯ 编写 Python 程序计算应收账款

步骤 3：根据公司的现有运营情况，定义初始变量。

分别给"总销售额""现销比例""赊销比例""应收账款平均收账天数""一年的天数""变动成本率""资金成本率""目标应收账款平均余额"赋值。

AIGC 奇效语句："帮我编写一段 Python 代码，9 行完成。定义 8 个中文变量，每个变量单独一行，其中第一个变量使用 input 函数来获取用户输入的总销售额，其余分别为现销比例、赊销比例、应收账款平均收账天数、一年的天数、变动成本率、资金成本率、目标应收账款平均余额,数值分别为 1,4,60,360,0.5,0.1 和 400。无需包含任何输出语句。"请将此语句复制到 AIGC 的对话窗口。

参考代码如下:

```
# 定义变量并获取用户输入的总销售额
总销售额 = float(input("请输入总销售额: "))
现销比例 = 1
赊销比例 = 4
应收账款平均收账天数 = 60
一年的天数 = 360
变动成本率 = 0.5
资金成本率 = 0.1
目标应收账款平均余额 = 400
```

步骤 4: 计算 2025 年度赊销额。

赊销额 = 总销售额 * 赊销比例/(现销比例 + 赊销比例)。

AIGC 奇效语句:"继续编写 2 行代码,计算赊销额,赊销额 = 总销售额 * 赊销比例/(现销比例 + 赊销比例)。无需包含任何输出语句。"请将此语句复制到 AIGC 的对话窗口。

参考代码如下:

```
# 计算赊销额
赊销额 = 总销售额 * 赊销比例/(现销比例 + 赊销比例)
```

步骤 5: 计算 2025 年度应收账款的平均余额。

日赊销额 = 赊销额/一年的天数;应收账款的平均余额 = 日赊销额 * 平均收账天数。

AIGC 奇效语句:"继续编写 3 行代码,保留之前的语句,计算应收账款的平均余额,日赊销额 = 赊销额/一年的天数;应收账款的平均余额 = 日赊销额 * 平均收账天数。无需包含任何输出语句。"请将此语句复制到 AIGC 的对话窗口。

参考代码如下:

```
# 计算应收账款的平均余额
日赊销额 = 赊销额/一年的天数
应收账款的平均余额 = 日赊销额 * 应收账款平均收账天数
```

步骤 6: 计算 2025 年度维持赊销业务所需要的资金额。

维持赊销业务所需要的资金额 = 应收账款的平均余额 * 变动成本率。

AIGC 奇效语句:"继续编写 2 行代码,保留之前的语句,计算所需要的资金额,维持赊销业务所需要的资金额 = 应收账款的平均余额 * 变动成本率。无需包含任何输出语句。"请将此语句复制到 AIGC 的对话窗口。

参考代码如下:

> ＃ 计算维持赊销业务所需要的资金额
> 维持赊销业务所需要的资金额＝应收账款的平均余额＊变动成本率

步骤 7： 计算 2025 年度应收账款的机会成本额。

应收账款的机会成本＝维持赊销业务所需要的资金＊资金成本率。

AIGC 奇效语句："继续编写 2 行代码，保留之前的语句，计算机会成本额，应收账款的机会成本＝维持赊销业务所需要的资金＊资金成本率。无需包含任何输出语句。"请将此语句复制到 AIGC 的对话窗口。

参考代码如下：

> ＃ 计算应收账款的机会成本
> 应收账款的机会成本＝维持赊销业务所需要的资金额＊资金成本率

步骤 8： 根据要求计算目标应收账款平均收账天数，并输出所有计算结果。

目标应收账款平均收账天数＝目标应收账款平均余额/日赊销额。

AIGC 奇效语句："继续编写 7 行代码，保留之前的语句，计算目标应收账款平均收账天数，目标应收账款平均收账天数＝目标应收账款平均余额/日赊销额。使用 print 函数输出前面所有计算的结果【2025 年度赊销额、2025 年度应收账款的平均余额、2025 年度维持赊销业务所需要的资金额、2025 年度应收账款的机会成本额、目标应收账款平均收账天数】，并加上对应的中文描述和单位，单位为万元和天。最后请将完整的代码进行展示。"请将此语句复制到 AIGC 的对话窗口。

参考代码如下：

```
＃ 计算目标应收账款平均收账天数
目标应收账款平均收账天数＝目标应收账款平均余额/日赊销额

＃ 输出计算结果
print("2025 年度赊销额：", 赊销额, "万元")
print("2025 年度应收账款的平均余额：", 应收账款的平均余额, "万元")
print("2025 年度维持赊销业务所需要的资金额：", 维持赊销业务所需要的资金额, "万元")
print("2025 年度应收账款的机会成本额：", 应收账款的机会成本, "万元")
print("目标应收账款平均收账天数：", 目标应收账款平均收账天数, "天")
```

步骤 9： 将生成的完整代码放入编辑器，运行代码，输出结果。

在运行代码时输入总销售额为 4 500，运行结果示例如图 5-27 所示。

> 请输入总销售额：4 500
> 2025 年度赊销额：3 600.0 万元
> 2025 年度应收账款的平均余额：600.0 万元
> 2025 年度维持赊销业务所需要的资金额：300.0 万元
> 2025 年度应收账款的机会成本额：30.0 万元
> 目标应收账款平均收账天数：40.0 天

图 5-27　运行结果

完整参考代码与对应运行结果示例如表 5-6 所示。

表 5-6 完整参考代码与对应运行结果

1	# 编写 Python 程序计算应收账款
2	
3	# 定义变量并获取用户输入的总销售额
4	总销售额 = float(input("请输入总销售额："))
5	现销比例 = 1
6	赊销比例 = 4
7	应收账款平均收账天数 = 60
8	一年的天数 = 360
9	变动成本率 = 0.5
10	资金成本率 = 0.1
11	目标应收账款平均余额 = 400
12	
13	# 计算赊销额
14	赊销额 = 总销售额 * 赊销比例 /（现销比例 + 赊销比例）
15	
16	# 计算应收账款的平均余额
17	日赊销额 = 赊销额 / 一年的天数
18	应收账款的平均余额 = 日赊销额 * 应收账款平均收账天数
19	
20	# 计算维持赊销业务所需要的资金额
21	维持赊销业务所需要的资金额 = 应收账款的平均余额 * 变动成本率
22	
23	# 计算应收账款的机会成本
24	应收账款的机会成本 = 维持赊销业务所需要的资金额 * 资金成本率
25	
26	# 计算目标应收账款平均收账天数
27	目标应收账款平均收账天数 = 目标应收账款平均余额 / 日赊销额
28	
29	# 输出计算结果
30	print("2024 年度赊销额：", 赊销额, "万元")
31	print("2024 年度应收账款的平均余额：", 应收账款的平均余额, "万元")

（续表）

32	print("2024年度维持赊销业务所需要的资金额：",维持赊销业务所需要的资金额,"万元")
33	print("2024年度应收账款的机会成本额：",应收账款的机会成本,"万元")
34	print("目标应收账款平均收账天数：",目标应收账款平均收账天数,"天")

请输入总销售额：4 500

2024年度赊销额：3 600.0 万元

2024年度应收账款的平均余额：600.0 万元

2024年度维持赊销业务所需要的资金额：300.0 万元

2024年度应收账款的机会成本额：30.0 万元

目标应收账款平均收账天数：40.0 天

请同学们利用 AIGC 生成以上任务目标与要求的 Python 代码。

任务四　存货管理

◎ 财学堂（基础理论）

一、　存货管理的意义

存货是指企业在日常生产经营过程中为生产或销售而储备的物资。

存货可按照不同的标准进行分类：

（1）按照存活的经济内容不同，可分为商品、产成品、自制半成品、在产品、材料、包装物、低值易耗品。

（2）按照存货的存放地点不同，可分为库存存货、在途存货、寄存存货、委托代销存货。

（3）按照存货的取得来源不同，可分为外购的存货、自制的存货、委托加工的存货、投资者投入的存货、接受捐赠的存货、接受抵债取得的存货、非货币性交易换入的存货和盘盈的存货等。

企业拥有充足的存货，大批量购货不仅有助于降低购货成本，有利于节约采购费用与生产时间，防止停工待料、保证生产过程的顺利进行，还能够迅速地满足客户各种订货的需要，从而为企业的生产与销售提供较大的机动性，避免因存货不足带来的机会损失。然而，存货的增加必然要占用更多资金，其储存成本和管理费用也会增加，影响企业获利能力的提高。因此，如何在存货的功能与成本之间进行利弊权衡，在充分发挥存货功能的同时降低成本、增加收益，实现它们的最佳组合，成为存货管理的基本目标。

新专标 Xinzhuanbiao 系列教材 Xilie Jiaocai

二、 存货管理成本

（一）进货成本

进货成本是指存货的取得成本，主要由存货的进价成本和进货费用两个方面构成。

（1）进价成本又称购置成本，是指存货本身的价值，等于采购单价与采购数量的乘积。在一定时期进货总量既定并假设物价不变且无采购数量折扣的情况下，无论企业采购次数如何变动，存货的进价成本通常是保持相对稳定的，因而其属于决策无关成本。

（2）进货费用又称订货成本，是指企业为组织进货而开支的费用，如与材料采购有关的办公费差旅费、邮资、电话电报费、运输费、检验费、入库搬运费等支出。进货费用可以按照与订货次数的关系分为变动性进货费用和固定性进货费用两类。

变动性进货费用与订货次数的多少有关，如差旅费、邮资、电话电报费等费用与进货次数呈正比例变动，属于决策的相关成本。

固定性进货费用与订货次数的多少无关，如专设采购机构的基本开支等，属于决策的无关成本。

（二）储存成本

存货的储存成本是指企业为持有存货而发生的费用，主要包括存货资金占用费或机会成本、仓储费用、保险费用、存货残损霉变损失等。储存成本可以按照与存储数额的关系分为固定性储存成本和变动性储存成本两类。

（1）固定性储存成本是指与存货储存数额的多少没有直接联系的成本，如仓库折旧费、仓库职工固定的月工资等，这类成本属于决策的无关成本。

（2）变动性储存成本是指随着存货储存数额的变化呈正比例变动的成本，如存货资金的应计利息、存货残损和变质损失、存货的保险费用等，这类成本属于决策的相关成本。

（三）缺货成本

缺货成本是因存货不足而给企业造成的损失，包括材料供应中断造成的停工损失、成品供应中断导致延误发货的信誉损失及丧失销售机会的损失等。如果生产企业能够以替代材料解决库存材料供应中断之急，则缺货成本便表现为替代材料紧急采购的额外开支。缺货成本能否作为决策的相关成本，应视企业是否允许出现存货短缺的不同情形而定。若允许缺货，则缺货成本便与存货数量反向相关，即属于决策相关成本；反之，若企业不允许发生缺货情形，此时的缺货成本假设为零，也就无需加以考虑。

虽然存货的总成本是上述存货的进货成本、储存成本、缺货成本之和，但其中与决策相关的成本却因存货决策模型而有所区别。例如，存货的经济进货批量是指能够使一定时期存货的相关总成本达到最低点的进货数量。通过上述对存货成本的分析可知，决定存货经济进货批量的成本因素主要包括变动性进货费用（简称进货费用）、变动性储存成本（简称储存成本），以及允许缺货时的缺货成本。

练一练

【判断题】 为了鼓励客户购买更多的商品，销售企业通常会给予不同程度的价格优惠，即实行商业折扣。　　　　　　　　　　　　　　　　　　（　　）

答案：√。

三、存货经济批量模型

存货的决策涉及四项内容：决定进货项目、选择供应单位、决定进货时间和决定进货批量。企业需要通过选择合理的进货批量和进货时间，使存货的总成本最低，这个批量就是经济进货批量，其主要采取经济批量模型加以计算。存货经济批量模型主要包括以下三种模型。

（一）经济进货批量基本模型

经济进货批量基本模型是建立在一系列严格假设基础上的。这些假设包括：

（1）企业一定时期的进货总量可以较为准确地予以预测。

（2）存货的耗用或者销售比较均衡。

（3）存货的价格稳定，且不存在数量折扣，进货日期完全由企业自行决定，并且每当存货量降为零时，下一批存货均能马上一次到位。

（4）仓储条件及所需现金不受限制。

（5）不允许出现存货情形。

（6）所需存货市场供应充足，不会因买不到所需存货而影响其他方面。

企业不允许缺货，即每当存货数量降至零时，下一批订货便会随即全部购入，因此不存在缺货成本。根据以上几个方面的基本假设可以看出，经济进货批量基本模型下，与存货订购批量、批次直接相关的只有相关进货费用和相关储存成本两项。

$$存货决策相关总成本＝相关进货费用＋相关储存成本$$
$$＝\frac{存货全年计划进货总量}{每次进货批量}×每次进货费用＋\frac{每次进货批量}{2}$$
$$×单位存货储存成本 \tag{5-9}$$

当相关进货费用与相关储存成本相等时，存货相关总成本最低，此时的进货批量就是经济进货批量。

设 Q 为经济进货批量，A 为某种存货年度计划进货总量，B 为平均每次进货费用，C 为单位存货年度单位储存成本，P 为进货单价。上述公式可简化如下：

$$经济进货批量(Q)＝\sqrt{2AB/C} \tag{5-10}$$

$$经济进货批量有关的存货相关总成本(TC)＝\sqrt{2ABC} \tag{5-11}$$

$$经济进货批量平均占用资金(W)＝PQ/2＝P\sqrt{AB/2C} \tag{5-12}$$

$$年度最佳进货批次(N)＝A/Q＝\sqrt{AC/2B} \tag{5-13}$$

$$年度最佳订货周期(T)＝1/N \tag{5-14}$$

【例5-6】 东海实业有限公司每年需耗用特种钢材 2 880 千克，该材料的每千克采购成本为 20 元，单位储存成本为 40 元，平均每次进货费用为 400 元。

$$Q＝\sqrt{2AB/C}＝\sqrt{2×2\,880×400/40}＝240(千克)$$
$$TC＝\sqrt{2ABC}＝\sqrt{2×2\,880×400×40}＝9\,600(元)$$

其中：相关进货费用＝2 880÷240×400＝4 800(元)

相关存储成本＝240÷2×40＝4 800(元)

$W＝PQ/2＝240×20/2＝2 400$(元)

$N＝A/Q＝2 880/240＝12$(次)

$T＝1/12＝1$(月)

上述计算表明,当进货批量为240千克时,进货费用与存储成本总额最低。

(二) 提前订货期模型

一般情况下,企业存货的供应需要有一个间隔期,如订货天数、运输天数、结算天数、整理准备天数等。在有交货时间的供应情况下,企业的存货不能等到用完了才去订货,而需要在存货还没有用完之前就提前订货。在能够做到提前订货的情况下,企业再次发出订货单时,尚有存货库存量,这被称为再订货点,即采购时点储备量,用 R 来表示,它等于交货时间(L)和每日平均需用量(d)的乘积。

【例 5-7】　东海实业有限公司某种材料从发出订单开始到送货上门验收入库为止的时间为6天,该材料预计全年需用量为5 400千克,要求计算提前订货点。

$R＝6×(5 400÷360)＝6×15＝90$(千克)

为了防止供货链中的不可预见因素,如供应商延迟交货、运输中断、出现生产故障或是市场需求突然激增等带来的缺货损失,企业通常会采取一种预防措施,即设立一个额外的库存量,我们称之为保险储备量。如果保险储备量(B)已经可以预测得知,则上述提前订货点的公式可变化如下：

$$R＝L×d＋B \tag{5-15}$$

在[例5-7]中,该企业已经确定该种材料的保险储备量为60千克,那么,该种材料的订货点应为：

$R＝6×15＋60＝150$(千克)

在计算经济进货批量时,我们无需考虑提前订货点,因为这一计算对经济进货批量的基本模式并无直接影响;但在实际执行采购计划的过程中,我们必须依据提前订货点,即考虑采购时点储备量,在存货降至该点时来确定发出订货单的时间,以确保在存货耗尽前能及时补货,从而在维持经济订货批量的同时,保障存货的连续供应,有效避免缺货的风险。

(三) 实行数量折扣的经济进货批量模式

为了鼓励客户购买更多的商品,销售企业通常会给予客户不同程度的价格优惠,即实行商业折扣或称价格折扣。客户购买得越多,其所获得的价格优惠越大。此时,进货企业对经济进货批量的确定,除考虑进货费用与储存成本外,还应考虑存货的进价成本,因为此时的存货进价成本已经与进货数量的大小有了直接联系,属于决策的相关成本。

存在数量折扣时的存货相关总成本可按下列公式计算：

$$存货相关总成本＝进货成本＋相关进货费用＋相关存储成本 \tag{5-16}$$

上述存货相关总成本最低点时所对应的采购批量应该是最佳的。实行数量折扣的经济进货批量的具体确定步骤如下：

（1）按照基本经济进货批量模式确定经济进货批量。

（2）计算按经济进货批量进货时的存货相关总成本。

（3）计算按给予数量折扣的进货批量进货时的存货相关总成本。

如果给予数量折扣的进货批量是一个范围，如进货数量在100千克至199千克之间可受3%的价格优惠，以后每递增100千克可增加1%的优惠待遇，一般应按给予数量折扣的最低进货批量，即100千克计算存货相关总成本。以此类推，如按200千克计算的相关总成本，按300千克计算的相关总成本，按400千克计算的相关总成本，按500千克计算的相关总成本，等等。因为在给予数量折扣的进货批量范围内，无论进货量是多少，进货进价成本总额都是相同的，而相关总成本的变动规律是进货批量越小，相关总成本就越低。

（4）比较不同进货批量的存货相关总成本，最低存货相关总成本对应的进货批量，就是实行数量折扣最佳的经济进货批量。

【例5-8】 东海实业有限公司甲材料的年需求量为3 600千克，每千克标准价为10元。销售企业规定：客户每批购买量不足1 000千克的，按照标准价格计算；每批购买量在1 000千克以上2 000千克以下的，价格优惠3%；每批购买量2 000千克以上的，价格优惠5%。已知每批进货费用为25元，单位材料的年储存成本为2元。要求计算实行数量折扣的最佳经济进货批量。

（1）按经济进货批量基本模式确定的经济进货批量为：

$$Q=\sqrt{2\times3\,600\times25/2}=300（千克）$$

（2）每次进货300千克时的存货相关总成本为：

$$3\,600\times10+3\,600\div300\times25+300\div2\times2=36\,000+300+300=36\,600（元）$$

（3）每次进货1 000千克时的存货相关总成本为：

$$3\,600\times10\times(1-3\%)+3\,600\div1\,000\times25+1\,000\div2\times2=34\,920+90+1\,000=36\,010（元）$$

（4）每次进货2 000千克时的存货相关总成本为：

$$3\,600\times10\times(1-5\%)+3\,600\div2\,000\times25+2\,000\div2\times2=34\,200+45+2\,000=36\,245（元）$$

通过比较发现，每次进货为1 000千克时的存货相关总成本最低，此时最佳经济进货批量为1 000千克。

练一练

【单选题】 甲公司全年需要A材料7200千克，假定1年按360天计算，平均交货时间为5天，甲公司确定的保险储备为900千克，则该材料的再订货点为（　　）千克。

　A．900　　　　B．800　　　　C．1 100　　　　D．1 000

答案：D。

四、 存货ABC分类管理

ABC分类管理是指按照一定的标准，将企业的存货划分为A、B、C三类，分别实行分品种重点管理、分类别一般控制和按总额灵活掌握的分存货管理方法(表5-7)。其分类的标准主要有两个:一是金额标准,二是品种数量标准。其中金额标准是最基本的,品种数量标准仅作为参考。

表5-7 存货ABC分类管理方式

项目	A类	B类	C类
管理要求	严格控制	一般控制	简便控制
控制对象	按品种	按类别	按总金额
储存记录情况	详细记录	一般记录	一般记录
采购方式	按计划	一般掌握	按需要
检查方式	经常检查	定期检查	必要时抽查
领用方式	限额领料	一般掌握	一般掌握

资料来源:张纯.财务管理学[M].上海:上海财经大学出版社,2005.

A类存货的特点是金额巨大,但品种数量较少;B类存货金额一般,品种数量相对较多;C类存货品种数量繁多,但价值金额很小。

一般而言,三类存货的金额比重大致为A:B:C=0.7:0.2:0.1,而品种数量比重大致为A:B:C=0.1:0.2:0.7。可见,由于A类存货占用着企业绝大多数的资金,只要能够控制好A类存货,基本上也就不会出现较大的问题;同时,由于A类存货品种数量较少,企业完全有能力按照每一个品种进行管理。B类存货金额相对较小,企业不必像对待A类存货那样花费太多精力。同时,由于B类存货的品种数量远远多于A类存货,企业通常没有能力对每一具体品种进行控制,可以通过划分类别的方式进行管理。C类存货尽管品种数量繁多,但其所占金额却小,对此,企业只要把握一个总金额也完全可以。不过,由于C类存货大多与消费者的日常生活息息相关,虽然这类存货的直接经济效益对企业并不重要,但如果企业能够在服务态度、花色品种、存货质量、价格方面加以重视,其间接经济效益将是无法估量的。相反,企业一旦忽视了这些方面的问题,其间接的经济损失同样也是无法估量的。

练一练

【单选题】 采用ABC分析法对存货进行控制时,应当重点控制的是(   )。

A. 数量较多的存货
B. 占用资金较多但品种数量较少的存货
C. 品种较多的存货
D. 存货时间较长的存货

答案:B。

◎ **财智堂(技能实训)**

小东和小海觉得对于满足生产经营的需要来说,存货还是需要的,但是储存存货必然会发生相应的成本。他们想通过数据运算计算出未来服装店需要的甲材料的经济订货批量、全年最佳的订货次数和最低的订储成本等。

一、任务目标

计算甲材料的经济订货批量、全年最佳的订货次数和最低的订储成本等。

二、任务描述

东海公司需要的甲材料有关数据及模拟运算数据如图 5-28 的【初始已知条件】区域和【模拟运算数据】区域所示。

	A	B	C	D	E	F	G	H
1	初始已知条件							
2	甲材料全年需要量（千克）	36000	一次订货成本（元）		900	单位存货年储存成本（元）		5
3	模拟运算数据							
4	一次订货量（千克）	2700	3000	3300	3600	3900	4200	4500
5	甲材料全年需要量（千克）	30000	32000	34000	36000	38000	40000	
6	一次订货成本（元）	600	700	800	900	1000	1100	

图 5-28　初始已知条件

要求为公司建立一个模型，让它满足以下几项功能：

（1）根据初始的已经条件计算甲材料的经济订货批量、全年最佳的订货次数和最低的订储成本。

（2）根据甲材料一次订货批量的模拟运算数据计算年订货成本、储存成本和年订储总成本。

（3）根据甲材料的全年需求量和一次订货成本的模拟运算数据对经济订货批量进行双因素敏感性分析。

三、实施步骤

步骤 1：设计模型结构，如图 5-29 所示。

步骤 2：在单元格 E9 中输入公式"＝SQRT(2＊B2＊E2/H2)"。

步骤 3：在单元格 E10 中输入公式"＝B2/E9"。

步骤 4：在单元格 E11 中输入公式"＝SQRT(2＊B2＊E2＊H2)"。

步骤 5：选取单元格区域 B13：H13，输入数组公式"＝B4：H4"。

步骤 6：选取单元格区域 B14：H14，输入数组公式"＝B2/B13：H13＊E2"。

步骤 7：选取单元格区域 B15：H15，输入数组公式"＝B13：H13/2＊H2"。

步骤 8：选取单元格区域 B16：H16，输入数组公式"＝B14：H14＋B15：H15"。

步骤 9：选取单元格区域 C19：H19，输入数组公式"＝B5：G5"。

步骤 10：选取单元格区域 B20：B25，输入数组公式"＝TRANSPOSE(B6：G6)"。

步骤 11：在单元格 B19 中输入公式"＝SQRT(2＊B2＊E2/H2)"。

步骤 12：选取单元格区域 B19：H25，先在【数据】选项卡【数据工具】功能组中单击【模拟分析】命令，在下拉菜单中选择【模拟运算表】命令，再在系统弹出的【模拟运算表】对话框中，在【输入引用行的单元格】栏中输入"＄B＄2"，然后【输入引用列的单元格】栏中输入"＄E＄2"，最后单击【确定】按钮，模型的运行结果如图 5-30 所示。

新专标 系列教材 Xinzhuanbiao Xilie Jiaocai

	A	B	C	D	E	F	G	H
1	初始已知条件							
2	甲材料全年需要量（千克）	36000	一次订货成本（元）		900	单位存货年储存成本（元）		5
3	模拟运算数据							
4	一次订货量（千克）	2700	3000	3300	3600	3900	4200	4500
5	甲材料全年需要量（千克）	30000	32000	34000	36000	38000	40000	
6	一次订货成本（元）	600	700	800	900	1000	1100	
7								
8	计算结果							
9	经济订货批量（千克）							
10	年最优订货次数（次）							
11	年最低订储成本（元）							
12	各项成本的模拟运算结果							
13	一次订货量（千克）							
14	年订货成本（元）							
15	年储存成本（元）							
16	年订储总成本（元）							
17	经济订货批量的双因素模拟运算结果（千克）							
18		计算公式	甲材料全年需要量（千克）					
19								
20	一次订货成本（元）							
21								
22								
23								
24								
25								

图 5-29 基本经济订货批量模型

	A	B	C	D	E	F	G	H
8	计算结果							
9	经济订货批量（千克）				3600			
10	年最优订货次数（次）				10			
11	年最低订储成本（元）				18000			
12	各项成本的模拟运算结果							
13	一次订货量（千克）	2700	3000	3300	3600	3900	4200	4500
14	年订货成本（元）	12000	10800	9818	9000	8308	7714	7200
15	年储存成本（元）	6750	7500	8250	9000	9750	10500	11250
16	年订储总成本（元）	18750	18300	18068	18000	18058	18214	18450
17	经济订货批量的双因素模拟运算结果（千克）							
18		计算公式	甲材料全年需要量（千克）					
19		3600	30000	32000	34000	36000	38000	40000
20	一次订货成本（元）	600	2683	2771	2857	2939	3020	3098
21		700	2898	2993	3085	3175	3262	3347
22		800	3098	3200	3298	3394	3487	3578
23		900	3286	3394	3499	3600	3699	3795
24		1000	3464	3578	3688	3795	3899	4000
25		1100	3633	3752	3868	3980	4089	4195

图 5-30 基本经济订货批量模型运行结果

做一做

假设东海实业有限公司生产某种配件，每年耗用某种材料 3 600 千克，该材料单位成本为 10 元，单位存储成本为 2 元，一次订货成本为 25 元。要求：

（1）计算经济订购批量。

（2）计算全年订购次数。

（3）计算经济订货量的总成本。

（4）计算最佳订货周期。

（5）计算经济订货量占用的资金。

一、数据工具赋能营运资金管理的实践探索

Excel 与数据工具的深度融合为企业日常资金流转管理提供了精准化、高效化的解决方案。在现金管理模块，通过 Excel 构建成本分析模型与存货模型，可直观呈现机会成本、短缺成本与现金持有量的动态关系。例如利用"成本分析模型"测算最佳现金持有量时，可通过数据验证不同持有方案的总成本差异，结合 PMT 函数模拟现金流量波动对短期偿债能力的影响。在应收账款管理中，Python 编程技术展现出强大的数据处理能力，其可批量计算赊销额、应收账款平均余额及机会成本，辅助企业制定最优信用标准。此外，RPA 机器人在存货管理中实现了流程自动化，例如，"存货盘点"机器人可自动抓取库存数据，对比账面与实物差异，结合 ABC 分类法智能识别高价值存货（A 类）的存储风险，生成预警报告。这些工具的应用不仅提升了数据处理的效率，更通过模型化分析将营运资金管理从经验判断转化为数据驱动，显著降低了人工误差与管理成本。

二、人工智能驱动营运资金管理的创新展望

随着数字化技术深化，人工智能正重塑营运资金管理范式。在信用风险领域，深度学习系统整合多维度数据（交易、舆情、合同文本），通过 NLP 动态生成客户信用评分，实现应收账款的智能授信与催收。在存货管理中，机器学习结合供应链实时数据优化经济订货批量，智能调节保险储备量，兼顾成本控制与断供风险；区块链技术构建透明化存货溯源体系，提升协同管理效率。在资金调度方面，强化学习模型基于市场利率、汇率实时波动，动态切换保守/激进融资策略，平衡资金成本与短期偿债能力。未来，AI 将推动营运资金管理从经验驱动转向智能决策，通过数据闭环实现流动性、成本、风险的动态平衡，为企业构建敏捷高效的资金运作体系。

◎ 财思汇（总结升华）

这天，小东和小海决定对店铺进行一年一度的存货盘点。

清晨的阳光透过落地窗，洒在摆放整齐的衣物上，小东手持盘点表，一丝不苟地核对每一件商品。"小海，这件衣服的账面数量是 50 件，你那边数清楚了吗？"她一边问，一边用笔在表格上认真记录。

小海放下手中的衣服，擦了擦额头的汗水："我这边数的是 48 件，好像少了 2 件。"

小东眉头微皱，但很快恢复了平静："我们必须再次核对，确保数据的准确性。存货盘点是确认存货数量和质量的重要手段，不能有丝毫马虎。"

两人经过反复核对，终于发现一次搬运过程中的疏忽，导致两件衣服被误放在了仓库的角落。

　　"看来,我们的工作还需要更加严谨。"小东叹了口气,但语气中却充满了坚定,"无论在工作中遇到何种困难,诚实和严谨都是我们应坚守的职业操守。如果这次我们选择了忽视,那么财务报表就会存在重大误报,这不仅是对顾客的不负责,更是对我们自己的不负责。"

　　小海点头赞同:"没错,学姐。我们不能因为一时的懒惰或疏忽,就放弃了我们的原则和底线。"

　　两人相视一笑,继续投入忙碌的盘点工作。

　　思政元素:诚实守信、严谨细致

习题答案

习 题

一、单项选择题

1. 根据营运资金管理理论,下列各项中,不属于企业应收账款成本内容的是(　　)。

   A. 机会成本　　　　　　B. 管理成本　　　C. 短缺成本　　　D. 坏账成本

2. 在营运资金管理中,企业将"从收到尚未付款的材料开始,到以现金支付该货款之间所用的时间"称为(　　)。

   A. 现金周转期　　　　　　　　　　　B. 应付账款周转期

   C. 存货周转期　　　　　　　　　　　D. 应收账款周转期

3. 下列与存货有关的成本费用中,不影响经济进货批量的是(　　)。

   A. 专设采购机构的基本开支　　　　　B. 采购员的差旅费

   C. 存货资金占用费　　　　　　　　　D. 存货的保险费

4. 假设某企业预测的年赊销额为 2 000 万元,应收账款平均收账天数为 45 天,变动成本率为 60%,资金成本率为 8%,一般按 360 天计算,则应收账款的机会成本为(　　)万元。

   A. 250　　　　　　B. 200　　　　　　C. 15　　　　　　D. 12

5. 下列各项中,属于现金支出管理方法的是(　　)。

   A. 银行业务集中法　　　　　　　　　B. 合理运用"浮存"量

   C. 账龄分析法　　　　　　　　　　　D. 邮政信箱法

6. 各种持有现金的动机中,属于应付未来现金流入和现金流出随机波动的动机是(　　)。

   A. 交易动机　　　　　B. 预防动机　　　C. 补偿动机　　　D. 投机动机

7. 下列对应收账款信用期限的叙述中,正确的是(　　)。

   A. 信用期限越长,企业坏账风险越小

   B. 信用期限越长,表明客户享受的信用条件越优越

   C. 延长信用期限,不利于销售收入的扩大

   D. 信用期限越长,应收账款的机会成本越低

8. 持有过量现金可能导致的不利后果是(　　)。

   A. 财务风险加大　　　　　　　　　　B. 收益水平下降

   C. 偿债能力下降　　　　　　　　　　D. 资产流动性下降

9. 在企业应收账款管理中,明确规定了信用期限、折扣期限和现金折扣率等内容的是(　　)。

   A. 客户资信程度　　　　　　　　　　B. 收账政策

   C. 信用等级　　　　　　　　　　　　D. 信用条件

10. 采用 ABC 法对存货进行控制时,应当重点控制的是(　　)。

    A. 数量较多的存货　　　　　　　　　B. 占用资金较多的存货

C. 品种较多的存货   D. 库存时间较长的存货

11. 在对存货实行 ABC 分类管理的情况下,ABC 三类存货的品种数量比重大致
为( )。
A. 0.7∶0.2∶0.1   B. 0.1∶0.2∶0.7
C. 0.5∶0.3∶0.2   D. 0.2∶0.3∶0.5

12. 实行数量折扣的经济订货批量模式所应考虑的成本因素是( )。
A. 订货费用和储存成本   B. 订货成本和储存成本
C. 进价成本和储存成本   D. 订货费用、储存成本和缺货成本

二、多项选择题

1. 企业如果延长信用期限,可能导致的结果有( )。
A. 扩大当期销售   B. 延长平均收账期
C. 增加坏账损失   D. 增加收账费用

2. 运用成本模式确定最佳现金持有量时,持有现金的相关成本包括( )。
A. 机会成本   B. 转换成本   C. 短期成本   D. 管理成本

3. 下列各项中,属于建立存货经济订货批量基本模型假设前提的有( )。
A. 一定时期的订货总量可以较为准确地预测
B. 允许出现缺货
C. 仓储条件不受限制
D. 存货的价格稳定

4. 与应收账款机会成本有关的因素有( )。
A. 应收账款平均余额   B. 变动成本率
C. 管理成本   D. 资金成本率

5. 提供比较优惠的信用条件,可增加销售量,但也会付出一定代价,主要有( )。
A. 应收账款机会成本   B. 坏账损失
C. 收账费用   D. 现金折扣成本

6. 赊销在企业生产经营中所发水的作用有( )。
A. 增加现金   B. 减少存货   C. 促进销售   D. 减少借款

三、判断题

1. 企业之所以持有一定数量的现金,主要是出于交易动机、预防动机和投机动机。
( )

2. 经济订货批量越大,进货周期越长。 ( )

3. 企业采用严格的信用标准,虽然会增加应收账款的机会成本,但能扩大商品销售额,
从而给企业带来更多的收益。 ( )

4. 利用存货模式确定最佳现金持有量,必须考虑机会成本、转换成本和短缺成本。
( )

5. 企业之所以持有一定数量的现金,主要是出于交易动机、预防动机和投机动机。
( )

6. 因为现金的管理成本是相对固定的,所以在确定现金最佳持有量时,可以不考虑它
的影响。 ( )

7. 应收账款的机会成本的大小通常与企业维持赊销业务所需要的资金含量和资金成本率无关。 （ ）

8. 信用条件是客户获得企业商业信用所应具备的最低条件,通常以预期的坏账损失率表示。 （ ）

9. 在存货的 ABC 分类管理法下,应当重点管理的是虽然品种数量较少,但金额较大的存货。 （ ）

10. 在存货模式下,持有现金的机会成本与现金固定性转换成本相等时,此时的现金持有量为最佳现金持有量。 （ ）

四、业务题

业务题一

东海实业有限公司现金收支状况比较稳定,预计全年(按 360 天计算)需要现金 250 000 元,现金与有价证券的转换成本为每次 500 元,有价证券的年利率为 10%。

要求:

(1) 计算最佳现金持有量。

(2) 计算最佳现金持有量下的全年现金管理总成本、全年现金转换成本和全年持有现金的机会成本。

(3) 计算最佳现金持有量下的全年有价证券交易次数和交易间隔期。

业务题二

假设东海实业有限公司生产某种配件,每年耗用某种材料 3 600 千克,该材料单位成本为 10 元,单位存储成本为 2 元,一次订货成本为 25 元。

要求:

(1) 计算经济订购批量。

(2) 计算全年订购次数。

(3) 计算经济订货量的总成本。

(4) 计算最佳订货周期。

(5) 计算经济订货量占用资金。

［新专标］系列教材 Xinzhuanbiao Xilie Jiaocai

项目六

利 润 分 配

◎ 知识目标

▷ 理解利润分配的意义；
▷ 掌握股利政策的适用场景；
▷ 熟悉股利政策对企业的影响。

◎ 技能目标

▷ 能够选择合适的利润分配方案；
▷ 能够计算不同股利政策下的股东收益及企业留存资金；
▷ 能够通过案例分析评估分配政策对股价的潜在影响。

◎ 素养目标

▷ 培养股东权益保护意识，平衡短期回报与长期发展；
▷ 树立合规分配理念，遵守税法及公司法相关规定；
▷ 增强战略思维，将分配决策与企业扩张计划结合。

◎ 知识导图

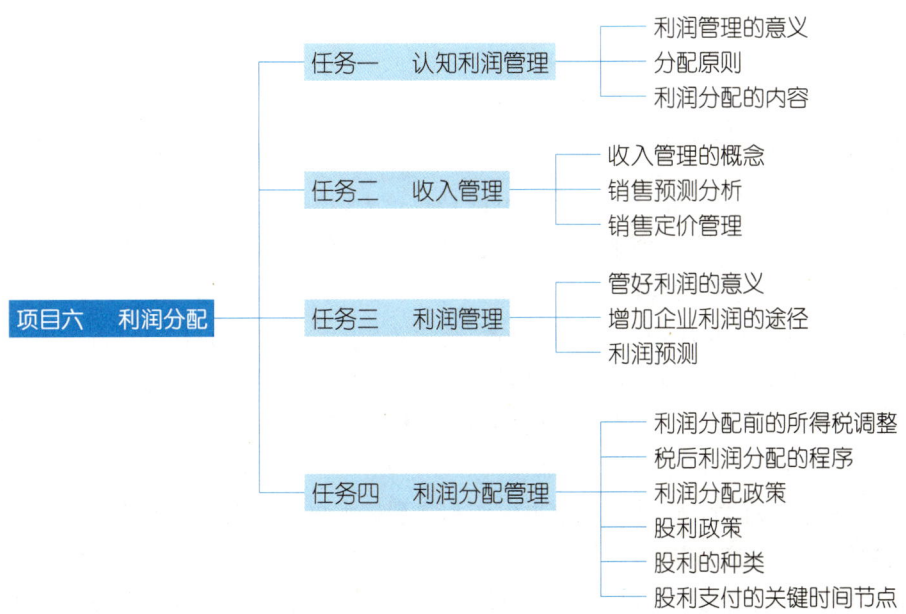

[新专标]
系列教材 Xinzhuanbiao Xilie Jiaocai

◎ 财微话（情境导入）

午休时分,小海端着刚泡好的咖啡,走到正站在茶水间窗前沉思的小东身旁。

"新年快到啦,学姐你打算如何安排假期啊?"小海问道。

小东转过身,微微一笑:"呃,暂时还没想好呢。时间过得可真快,一转眼1年就过去了。这一年我们公司也赚了不少钱呢。"

小海闻言,眼睛一亮:"是啊,又到了年底分红的时候啦。有点小激动呢!"

小东轻轻摇头:"比起分红,我更倾向于将资金留在公司。公司目前正是扩大经营的好时机,只有公司不断发展,未来才能带给股东们更大的利益。"

小海挠了挠头:"可是辛苦了一年,股东们也需要犒劳一下的啊。再说,学姐,年底给我多发点年终奖呗,让我也感受一下有钱人的生活。"

小东笑着拍了拍小海的肩膀:"看你今年的表现喽。不过,我得提醒你,我们作任何决策都要以公司的长远发展为重。年终奖的发放,我也会秉持公平公正的原则,根据每个人的贡献来评定。"

小海故作委屈地说:"学姐,你这么说,我感觉我的年终奖已经离我远去了。"

小东眨了眨眼,笑道:"别灰心嘛,说不定你的表现能让我大开眼界,年终奖直接翻倍呢!而且我们的目标是让公司更上一层楼,到时候别说年终奖了,连分红都能让你笑得合不拢嘴!"

小海闻言,信心满满地点头:"没错!为了公司的未来,也为了我们的钱包,一起加油吧!"

任务一　认知利润管理

◎ 财学堂（基础理论）

一、　利润管理的意义

利润是企业生存发展的核心指标,不论是投资人、债权人还是企业经营者都非常关心企业的盈利能力,利润管理是企业目标管理的重要组成部分,其行为结果会直接或间接地影响到各经济主体的利益。

利润管理过程直接体现了企业所有者、经营者与劳动者之间的利益关系。通过合理的收益分配机制,不仅可确保企业所有者获得预期投资回报,增强企业信誉和融资能力,同时可充分保护债权人利益,维持企业偿债能力和财务弹性,还可通过合理的薪资与福利激发职工积极性,创造更多企业价值。

此外,利润管理为企业维持简单再生产和实现扩大再生产提供资金基础。通过销售收入的取得可补偿成本费用,而留存收益则可助力企业未来发展。

企业向国家缴纳的税收也是国家财政资金的重要来源,其经由国家有规划地调配利用,可履行国家的政治与经济职能,并促进社会经济发展。

二、　分配原则

(一) 依法分配原则

企业在进行利润管理时,必须严格遵守国家相关法律法规,确保利润分配的合法性和规范性。按照我国有关法律规定,企业在利润分配前需依法纳税,履行纳税义务;税后利润需按照规定的分配程序和比例进行分配,如提留法定公积金等,以维护企业的稳健发展和各方利益相关者的合法权益。

(二) 分配与积累并重原则

企业在利润管理中,应充分考虑未来投资机会及其收益能力,将部分利润以留存的方式再投资于企业。通过留存收益,企业可以提高市场价值,满足所有者权益最大化的愿望,并增强企业的后劲和竞争力。同时,适当的积累也有利于企业以丰补歉,应对市场波动和风险。

(三) 同股同权、同股同利原则

小企业在对投资者分红时,必须坚持同股同权、同股同利原则,不得以权谋私。利润分配方案要提交股东大会讨论并决议。利润分配应做到公开、公正、公正,维护投资者的权益。

(四) 多方及长短期利益兼顾原则

利润分配涉及投资者、经营者、职工等多方面的利益,企业必须兼顾,并尽可能地保持利润分配稳定。企业在获得稳定增长所需的利润后,应增加利润分配的数额或百分比。同时,由于发展及优化资本结构的需要,除依法必须留用的利润外,企业仍可以出于长远发展的考虑,合理留用利润。

练一练

【单选题】 企业在利润分配过程中,必须遵循的首要原则是(　　)。

    A. 分配与积累并重原则

    B. 同股同权、同股同利原则

    C. 依法分配原则

    D. 多方及长短期利益兼顾原则

答案:C。

三、　利润分配的内容

企业通过销售产品、资产转让、对外投资等多种经营活动获取收入,这些收入的运用主要集中在两个方面:一是补偿因获取收入而产生的资源消耗,即成本费用;二是形成企业的盈利部分,也就是收入在扣除成本费用后的净收益,我们称之为利润。

收入、成本费用和利润之间的关系，可以用一个简单的公式来表达：

$$收入-成本费用=利润 \qquad (6-1)$$

企业的收入分配首要任务是确保成本费用的充分补偿，随后才会对剩余部分，也就是利润，按照既定的程序和规则进行再分配。成本费用的补偿是随着企业生产经营活动的持续自然而然完成的，关于成本管理的详细内容，在之前的章节中已有详尽介绍，因此在此不再赘述。本章将着重阐述收入管理、费用管理和利润分配管理这三个方面的内容。

◎ 财智堂（技能实训）

小东和小海他们认识到利润管理的重要性后，想要了解获取同行业的服装公司九牧王近五年分红情况。

一、任务目标

查询获取目标企业近五年的历史分红数据。

二、任务描述

查询获取服装企业"九牧王"的近五年历史分红数据。

三、实施步骤

步骤1： 打开巨潮资讯网（http://www.cninfo.com.cn/），点击"资讯"下的"个股F10"，详情如图6-1所示。

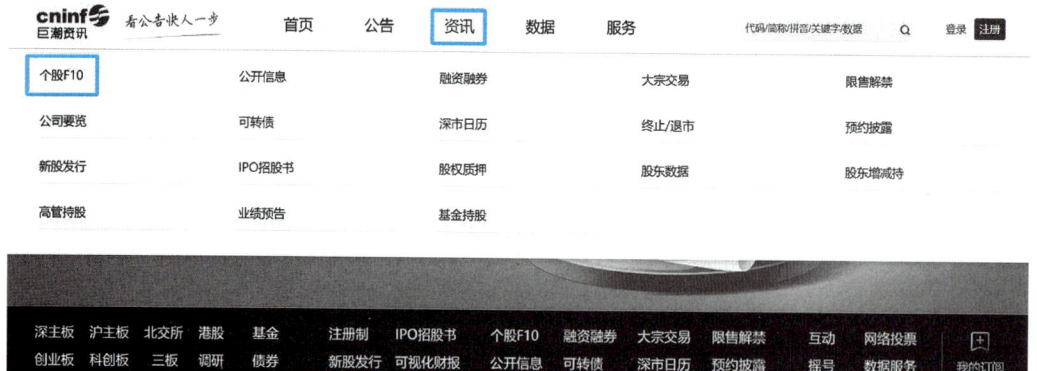

图6-1 "巨潮资讯网"个股F10

步骤2： 搜索目标公司【九牧王】（股票代码601566），点击左侧"公司概况"下的"历史分红"，查找报告期为近五年的分红数据，查询结果如图6-2所示。

图 6-2　九牧王公司历史分红数据查询结果

选择一家感兴趣的企业,通过巨潮资讯网查询获取该企业近五年历史分红数据,并截图提交。

任务二　收入管理

◎ 财学堂(基础理论)

一、 收入管理的概念

企业业务收入的范畴涵盖了销售收入、资产转让收入、投资收益等多个方面,其中,销售收入构成了企业收入的核心部分。本节提到的收入,主要是指销售收入,它源于企业在日常运营活动中,通过销售产品或提供服务实现的经济利益流入。

销售收入不仅是企业维持简单再生产、推动扩大再生产的重要资金来源,而且是企业加速资金流转、提升运营效率的前提条件。因此,企业在经营管理实践中,必须扎实做好销售预测分析与销售定价管理工作。

销售预测分析有助于企业预估市场需求,合理安排生产计划,避免库存积压或供应短缺;而销售定价管理则关乎企业的利润空间和市场竞争力,科学合理的定价策略能够平衡企业收益与消费者接受度,促进企业的可持续发展。

二、 销售预测分析

销售预测分析是一个过程,它基于市场调查、相关历史资料及多种信息,通过运用科学的预测技术手段,来预估或估算企业在特定计划期内产品的销售量或销售额。销售预测的方法有很多种,主要包括定性分析法和定量分析法。本教材主要介绍定量分析法。

定量分析法又称数量分析法,是指在预测对象有关资料完备的基础上,运用一定的数学方法,建立预测模型,作出预测。定量分析法包括趋势预测分析法和因果预测分析法两大类。

(一) 趋势预测分析法

趋势预测分析法是通过对历史数据的分析,找出数据的变化趋势,从而预测未来的销售量或销售额的方法。它主要包括以下几种方法。

1. 算术平均法

算术平均法是指将若干历史时期的实际销售量或销售额作为样本值,求出其算术平均数,并将该平均数作为下期销售量的预测值的方法。其计算公式为:

$$预测销售量 = \left(\sum X_i \right) / n \tag{6-2}$$

式中　X_i——第 i 期的实际销售量;

　　　n——期数。

某公司 2017—2024 年的产品销售量如表 6-1 所示。

表 6-1　某公司 2017—2024 年的产品销售量　　　　　　　　单位:吨

年份	2017	2018	2019	2020	2021	2022	2023	2024
销售量	2 750	2 800	2 650	2 850	2 950	3 000	2 900	3 100

根据算术平均法的计算公式,公司 2025 年的预测销售量为:

$$\frac{2\,750+2\,800+2\,650+2\,850+2\,950+3\,000+2\,900+3\,100}{8}=2\,875(吨)$$

2. 加权平均法

加权平均法是指将若干历史时期的实际销售量或销售额作为样本值,将各个样本值按照一定的权数计算得出加权平均数,并将该平均数作为下期销售量的预测值的方法。权数的选取应遵循"近大远小"的原则。

其计算公式为:

$$预测销售量 = \sum (W_i * X_i) / \sum W_i \tag{6-3}$$

式中　W_i——第 i 期的权数;

　　　X_i——第 i 期的实际销售量。

沿用上述公司的销售量数据,假设权数分配为:2017 年至 2021 年各为 0.04,2022 年和 2023 年各为 0.06,2024 年为 0.22(为简化计算,权数之和为 1)。

根据加权平均法的计算公式,公司 2025 年的预测销售量为:

预测销售量 = $(0.04×2\,750)+(0.04×2\,800)+(0.04×2\,650)+(0.04×2\,850)+(0.04×2\,950)+(0.06×3\,000)+(0.06×2\,900)+(0.22×3\,100)=1\,596(吨)$

3. 移动平均法

移动平均法是指从 n 期的时间数列销售量中选取 m 期$\left(m\ 数值固定,且\ m < \dfrac{n}{2}\right)$数据作为样本值,求其 m 期的算术平均数,并不断向后移动计算观测其平均值,以最后一

个 m 期的平均数作为未来第 $n+1$ 期销售预测值的方法。

其计算公式为：

$$Y_{n+1}=(X_{n-m+1}+X_{n-m+2}+\cdots+X_n)/m \tag{6-4}$$

对于 2025 年的预测，我们将使用 2022 年、2023 年和 2024 年的数据：

$$3 \text{ 年移动平均销售量} = \frac{3\,000+2\,900+3\,100}{3} = 3\,000（吨）$$

4. 指数平滑法

指数平滑法实质上是加权平均法，是以事先确定的平滑指数 a 及 $(1-a)$ 作为权数进行加权计算，预测销售量的方法。

其计算公式为：

$$Y_{n+1}=a \times X_n+(1-a) \times Y_n \tag{6-5}$$

式中 Y_{n+1}——未来第 $n+1$ 期的预测值；

X_n——第 n 期的实际销售量；

Y_n——第 n 期的预测值；

a——平滑指数。

沿用上述公司的销售量数据，2024 年实际销售量为 3 100 吨，假设原预测销售量为 3 475 吨，平滑指数 $a=0.5$。

根据指数平滑法的计算公式，该公司 2025 年的预测销售量为：

预测销售量 $=0.5 \times 3\,100+(1-0.5) \times 3\,475=3\,287.5$（吨）

（二）因果预测分析法

因果预测分析法是指分析影响产品销售量（因变量）的相关因素（自变量），以及它们之间的函数关系，并利用这种函数关系进行产品销售预测的方法。该方法最常用的是直线回归分析法。

直线回归分析法假定影响预测对象销售量的因素只有一个，根据直线方程式 $y=a+bx$，按照最小二乘法原理，来确定一条误差最小的、能正确反映自变量 x 和因变量 y 之间关系的直线。

其常数项 a 和系数 b 的计算公式为：

$$b=\sum(X_i-\bar{X})(Y_i-\bar{Y})/\sum(X_i-\bar{X})^2 \tag{6-6}$$
$$a=\bar{Y}-b\bar{X}$$

其中，X_i、Y_i 分别为自变量和因变量的实际值；$\bar{X}$、$\bar{Y}$ 分别为自变量和因变量的平均值。

假设某企业的销售量与广告费用如表 6-2 所示，要求预测下一期的销售量。

表 6-2 某企业的销售量与广告费用

年份	2017	2018	2019	2020	2021	2022	2023	2024
销售量(吨)	2 750	2 800	2 650	2 850	2 950	3 000	2 900	3 100
广告费(万元)	50	55	40	75	85	90	90	100

「新专标」

Xinzhuanbiao
系列教材 Xilie Jiaocai

为了使用回归直线法预测公司 2025 年的产品销售量,我们需要先计算自变量(广告费)和因变量(销售量)的平均值,以及它们之间的相关系数,从而确定直线方程的常数项 a 和系数 b。

首先,计算广告费(X)和销售量(Y)的平均值:

$$\bar{X} = \frac{50 + 55 + 40 + 75 + 85 + 90 + 90 + 100}{8} = 73.125(万元)$$

$$\bar{Y} = \frac{2\,750 + 2\,800 + 2\,650 + 2\,850 + 2\,950 + 3\,000 + 2\,900 + 3\,100}{8} = 2\,875(吨)$$

接着,计算相关系数 b:

$$b = \frac{\sum\limits_{i=1}^{8}(X_i - \bar{X})(Y_i - \bar{Y})}{\sum\limits_{i=1}^{8}(X_i - \bar{X})^2},$$

将具体数据代入上式,可以得到:

$$b = \frac{(50 - 73.125)(2\,750 - 2\,875) + \cdots + (100 - 73.125)(3\,100 - 2\,875)}{(50 - 73.125)^2 + \cdots + (100 - 73.125)^2}$$

$b \approx 6.22$,

$a = \bar{Y} - b\bar{X}$

$\bar{Y} = 2\,875 - 6.22 \times 73.125 = -2\,420.16$

应该注意的是,这里的 a 值是一个负数,但在回归直线方程中是有意义的,它表示当广告费为 0 时,预测的销售量会是一个负值,但这只是一个数学上的表示,实际上没有实际意义。

最后,我们得到直线回归方程为:

$$Y = -2\,420.16 + 6.22X$$

为了预测 2025 年的销售量,我们需要假设 2025 年的广告费。这里我们假设 2025 年的广告费与 2024 年相同,即 100 万元。将 $X = 100$ 代入回归直线方程,可以得到:

$$Y = -2\,420.16 + 6.22 \times 100 = 3\,042.16(吨)$$

练一练

【单选题】 在销售预测分析中,下列方法中,最适合用于分析广告投入与销售量之间定量关系的是(　　)。

　　A. 算术平均法　　　　　　　　B. 加权平均法

　　C. 回归分析法　　　　　　　　D. 指数平滑法

答案:C。

三、 销售定价管理

（一）销售定价管理的含义

销售定价管理是指企业为实现其经营目标,根据市场环境、成本结构、竞争态势及消费者需求等因素,科学合理地确定和调整产品价格的过程。它不仅是企业财务管理的关键环节,也是市场营销策略的重要组成部分,直接关系到企业的盈利能力和市场竞争力。

（二）影响产品价格的因素

产品价格受多种因素影响,主要包括生产成本、市场需求、竞争状况、政策法规、消费者心理预期及社会经济环境等。这些因素相互作用,共同决定了产品的最终价格水平。

（三）企业的定价目标

企业的定价目标通常与其整体战略目标相一致,可能包括最大化利润、扩大市场份额、提高品牌知名度、应对竞争压力等。不同的定价目标将引导企业采取不同的定价策略和价格水平。

（四）产品定价方法

产品定价方法主要分为以成本为基础的定价方法和以市场需求为基础的定价方法两大类。

1. 以成本为基础的定价方法

1）全部成本费用加成定价法

（1）成本利润率定价。该方法是在产品成本的基础上,按照预定的成本利润率加成来确定产品价格。其计算公式为:单位产品价格＝单位产品总成本×(1＋成本利润率)。例如,某产品单位总成本为 100 元,成本利润率为 20％,则单位产品价格为 120 元[100×(1＋20％)]。

（2）销售利润率定价。该方法是在销售收入的基础上,按照预定的销售利润率来计算产品价格。其计算公式为:单位产品价格＝单位产品销售收入÷(1－销售利润率)。假设某产品预期销售收入为 150 元,销售利润率为 15％,则单位产品价格为 176.47 元[150/(1－15％)]。

2）保本点定价法

该方法旨在确保产品销售收入能够覆盖全部变动成本和固定成本,实现盈亏平衡。其计算公式为:单位产品价格＝(固定成本＋单位变动成本×预计销售量)/预计销售量。以某产品为例,固定成本为 5 000 元,单位变动成本为 20 元,预计销售量为 500 件,则单位产品价格为 30 元[(5 000＋20×500)/500]。

3）目标利润定价法

该方法根据企业设定的目标利润来确定产品价格,确保实现预定的盈利目标。其计算公式为:单位产品价格＝(固定成本＋单位变动成本×预计销售量＋目标利润)/预计销售量。假设目标利润为 10 000 元,其他条件同上,则单位产品价格为 35 元[(5 000＋

20×500＋10 000)/500]。

4) 变动成本加成定价法

该方法仅考虑变动成本,并在其基础上加成一定比例来确定产品价格,适用于需求不确定或库存积压的情况。其计算公式为:单位产品价格＝单位变动成本×(1＋加成率)。例如,单位变动成本为15元,加成率为30％,则单位产品价格为19.5元[15×(1＋30％)]。

2. 以市场需求为基础的定价方法

1) 需求价格弹性系数定价法

该方法根据产品的需求价格弹性来调整价格,以实现利润最大化。其计算公式为:价格变动百分比/需求量变动百分比＝需求价格弹性系数。在实际操作中,企业需根据市场调研数据估算需求价格弹性系数,并据此制定价格策略。例如,若某产品的需求价格弹性系数为－2,意味着价格每上涨1％,需求量将下降2％。企业可根据此系数调整价格,以平衡销量和利润。

2) 边际分析定价法

该方法基于边际成本和边际收益的关系来确定产品价格。当边际收益等于边际成本时,企业实现利润最大化。其计算公式为:边际收益＝边际成本。在实际应用中,企业需根据市场变化灵活调整价格,以确保边际收益始终不低于边际成本。例如,某企业在生产某一产品时,边际成本为每件25元,当售价为每件30元时,边际收益为每件5元;若市场需求下降,企业可适当降价至每件28元,以维持边际收益不变或略有增加。

练一练

【单选题】 某企业采用"单位产品总成本×(1＋成本利润率)"的公式定价,这种定价方法是( )。

    A. 保本点定价法   B. 成本利润率定价法

    C. 需求价格弹性系数定价法   D. 边际分析定价法

答案:B。

(五) 价格运用策略

1. 折让定价策略

企业为了激发客户的购买热情,往往会采取折让定价策略,这是一种通过提供价格折扣或优惠来鼓励客户购买更多产品或提前付款的促销方式。这种策略可以细分为以下多种类型:数量折扣,即当客户购买的产品数量达到一定规模时,企业会给予一定的价格优惠;季节折扣,主要是为了调节淡旺季的销售差异,企业会在销售淡季时提供折扣,以吸引客户购买;现金折扣,是为了鼓励客户及时付款,企业会针对提前付款的客户提供一定的价格减免。

2. 心理定价策略

企业在定价时,会巧妙地利用消费者的心理特征,这就是心理定价策略。例如,整数定价策略,即企业会将产品价格设定为整数,如999元,给消费者一种"价格公道、品质优良"的错觉;尾数定价策略,则是将产品价格设定为带有小数点的数字,如 9.9 元,让消费者觉得价格更为亲民、实惠;此外,还有声望定价策略,即针对高端产品或品牌,企业会设定较高的价格,以彰显产品的品质和品牌的地位。

3. 组合定价策略

企业往往会将相关联的产品组合在一起进行销售,这就是组合定价策略。这种策略旨在通过产品之间的互补性或关联性,吸引消费者购买整套产品,从而提升销售量。例如,捆绑销售策略,即企业会将多种产品打包在一起销售,并给出一个相对优惠的价格,让消费者觉得很划算;互补品定价策略,则是针对相互补充的产品进行定价,如有些企业通常会设定一个相对较低的价格来吸引消费者购买打印机,而针对墨盒则设定一个相对较高的价格,以弥补打印机的利润损失。

4. 寿命周期定价策略

产品都有其寿命周期,从导入期到衰退期,每个阶段都有其特定的市场特征和客户需求。因此,企业会根据产品寿命周期的不同阶段来制定不同的价格策略。在导入期,由于产品刚刚上市,企业需要投入大量的研发和市场推广费用,企业往往会采用高价策略以尽快收回成本;在成长期,随着产品逐渐被市场接受,企业会逐渐降价以扩大市场份额;在成熟期,产品已经稳定地占据了一定的市场份额,企业会保持价格稳定以维持利润;而在衰退期,由于产品已经过时或面临替代品的竞争,企业可能会采用低价策略以清理库存并尽快推出新产品。

◎ **财智堂(技能实训)**

小东和小海分析了海澜之家公司的基本财务报表后,对海澜之家近几年的财务状况有了一定的了解。考虑到近几年的电商发展,他们想要进一步研究海澜之家的收入情况与销售费用中的电商渠道相关费用之间的关系。他们准备利用因果预测分析中的直线回归分析法,建立电商渠道相关费用和营业收入之间的预测模型。

一、任务目标

利用因果预测分析中的直线回归分析法,建立电商渠道相关费用和营业收入之间的预测分析模型。

二、任务描述

因 2020—2023 年电商渠道发展速度较快,所以主要先获取"海澜之家"2020—2023 年的电商渠道相关费用及营业收入,再利用直线回归分析法建立电商渠道相关费用与营业收入之间因果关系的预测模型。

三、实施步骤

步骤 1：查询下载海澜之家 2020—2023 年的财务报告。

访问巨潮资讯网(http://www.cninfo.com.cn/),点击"资讯"下的"个股 F10",详情如图 6-3 所示。

图 6-3 "巨潮资讯网"个股 F10

搜索框内搜索海澜之家(股票代码 600398),再点击左侧"公司公告"下的"定期报告",详情如图 6-4 所示,然后分别查找并下载海澜之家集团股份有限公司 2020—2023 年年度财务报告。

图 6-4 "巨潮资讯网"定期报告查询

步骤 2: 获取营业收入和电商渠道相关费用。

先依照图 6-5 建立一个 Excel 表,再分别打开"海澜之家"2020—2023 年的年度财务报告,在财务报表合并利润表中,查找获取海澜之家的营业收入数据,接着在财务报表附注中找到销售费用,然后获取电商渠道相关费用。将获取的数据填入 Excel 表,填写结果如图 6-6 所示。

步骤 3: 设电商渠道相关费用为 X,营业收入为 Y,计算直线回归预测模型 $Y=aX+b$ 中的 a 和 b。

在斜率 a 计算单元格里输入公式"=LINEST(C3:C6,B3:B6,FALSE)"。

在截距 b 计算单元格里输入公式"=INDEX(LINEST(C3:C6,B3:B6,FALSE),2)"。

计算结果如图 6-7 所示。

	A	B	C
1	海澜之家2020—2023年度数据		单位：元
2	项目	电商渠道相关费用	营业收入
3	2020年度		
4	2021年度		
5	2022年度		
6	2023年度		
7	直线回归分析预测模型		
8	斜率a		
9	截距b		

图6-5 预测模型表

	A	B	C
1	海澜之家2020—2023年度数据		单位：元
2	项目	电商渠道相关费用	营业收入
3	2020年度	232 876 702.54	17 958 535 867.21
4	2021年度	424 615 554.35	20 188 035 567.08
5	2022年度	362 436 755.72	18 561 742 244.11
6	2023年度	546 119 945.43	21 527 549 051.48

图6-6 海澜之家2020—2023年度电商渠道费用与营业收入

	A	B	C
1	海澜之家2020—2023年度数据		单位：元
2	项目	电商渠道相关费用	营业收入
3	2020年度	232 876 702.54	17 958 535 867.21
4	2021年度	424 615 554.35	20 188 035 567.08
5	2022年度	362 436 755.72	18 561 742 244.11
6	2023年度	546 119 945.43	21 527 549 051.48
7	直线回归分析预测模型		
8	斜率a	11.9204544	
9	截距b	14891961885	

图6-7 预测模型计算结果

步骤 4： 也可以通过制作散点图来进行预测模型计算。

选中单元格 B2 到 C6，点击"插入"选项卡，然后选择"图表"中的"散点图"，如图 6-8 所示。

图 6-8　插入散点图

然后点击表格中出现的图形右侧的"＋"号，勾选"趋势线"，点击向右的箭头展开选择"更多选项"，再勾选上"显示公式""显示 R 平方值"，如图 6-9 所示。

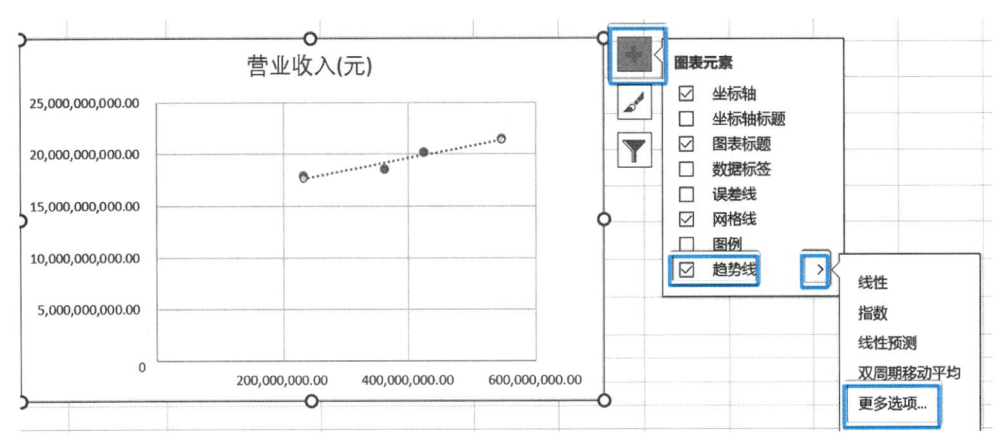

图 6-9　散点图制作

步骤 5： 散点图显示的公式结果与计算结果一致，结果详见图 6-10。

海澜之家2020—2023年度数据		单位：元
项目	电商渠道相关费用	营业收入
2020年度	232 876 702.54	17 958 535 867.21
2021年度	424 615 554.35	20 188 035 567.08
2022年度	362 436 755.72	18 561 742 244.11
2023年度	546 119 945.43	21 527 549 051.48
直线回归分析预测模型		
斜率a	11.9204544	
截距b	14891961885	

图 6-10　海澜之家电商渠道相关费用和营业收入之间预测模型结果

「新专标」系列教材 Xinzhuanbiao 系列教材 Xilie Jiaocai

选择一家感兴趣的上市企业,获取财报数据和完备的有关资料,利用因果预测分析法,建立直线回归预测模型,分析财报中多个数据之间的因果关系,并提交预测模型分析结果。

任务三 利润管理

◎ 财学堂（基础理论）

一、 管好利润的意义

利润总额是企业在一定时期内实现盈亏的总额,它集中反映了企业生产经营活动的综合经济效益,也是企业财务成果的最终体现。企业利润的形成过程及其有关计算公式如下。

(一) 主营业务利润（又称产品销售利润）

$$主营业务利润＝主营业务收入净额－主营业务成本－主营业务税金及附加 \quad (6-7)$$

其中:

$$主营业务收入净额＝主营业务收入－主营业务退回、折旧与折旧$$

(二) 营业利润（又称销售利润）

$$营业利润＝主营业务利润＋其他业务利润－销售费用－管理费用－财务费用$$

$$(6-8)$$

其中:

$$其他业务利润＝其他业务收入－其他业务成本$$

(三) 利润总额

$$利润总额＝营业利润＋投资收益＋营业外收入－营业外支出 \quad (6-9)$$

(四) 净利润

$$净利润＝利润总额－所得税费用 \quad (6-10)$$

净利润在按法定程序提取法定公积金以后就是可供分配的利润,减去应分配给投资者的利润以后留存下来的就是未分配利润。

利润是国家财政收入的主要源泉。只有不断增加企业的利润,才能保证国家财政收入的稳定增长,保证国民经济发展对资金的需要。

利润是企业扩大再生产的重要前提。在激烈的市场竞争中,企业要求生存、求发展,而大力增加企业的利润,可以增强企业发展的后劲。

二、 增加企业利润的途径

(1)扩大产销量。增加生产,扩大销售,不仅可以直接有效增加企业的收入,而且可以降低单位产品所负担的固定费用,从而使企业获得更多的利润。

(2)降低产品成本。在销售价格与税率不变的情况下,产品成本的降低,可以直接增加企业的利润。所以,一切降低产品成本的途径也都是增加企业利润的途径。

(3)提高产品质量。提高产品质量、增加合格品和优质品的数量,不仅可以提升产品的信誉,而且可以提高产品的销售量。同时,提高产品质量还可以减少产品成本中的废品损失,进一步降低产品成本,增加利润。

(4)提高资金使用效果。加速资金周转,减少资金占用,不仅可以减少利息等费用的支出,降低单位产品所含的固定费用,而且可以用节约出来的资金去生产和销售更多的产品,更充分地发挥资金的经济效益,争取获得最大的利润。

三、 利润预测

利润预测是对企业未来时期(计划期)利润的实现情况预先进行的一种科学估计和科学推测,它是编制利润预算、分解落实利润指标的前提。

(一)目标利润确定的方法

目标利润是企业计划期要求达到的利润目标,是企业计划期的奋斗目标之一。目标利润通常可以按照以下两种方法计算确定。

(1)根据销售利润率确定。其计算公式如下:

$$目标利润=预计销售收入总额×销售利润率$$

$$销售利润率=\frac{利润总额}{销售收入净额}×100\% \tag{6-11}$$

(2)根据资产利润率确定。其计算公式如下:

$$目标利润=预计资产平均占用额×资产利润率$$

$$资产利润率=\frac{利润总额}{资产平均占用额}×100\% \tag{6-12}$$

上述公式中的预计销售收入总额和预计资产平均占用额,可根据销售预测和资产预测确定的数据计算;销售利润率和资产利润率,可根据历史最高水平或参考同行业先进水平加以确定。

(二)计划年度利润额的测算

1. 直接计算法

采用直接计算法,就是先根据计划期内各种产品的销售数量,按照预定的销售价格、税率、产品销售成本,分别计算出每种产品销售利润,再汇总计算出全部产品的销售利润。其计算公式如下:

$$\begin{matrix}全部产品\\销售利润\end{matrix}=\sum\left(\begin{matrix}计划产品\\销售收入\end{matrix}-\begin{matrix}计划产品销售\\税金及附加\end{matrix}-\begin{matrix}计划产品\\销售成本\end{matrix}\right) \tag{6-13}$$

采用直接计算法测算产品销售利润，其计算过程清楚，计算结果准确。但企业必须具备计划期产品生产和销售的品种和数量、每种产品的成本和价格等资料，这在销售产品品种较多的企业里，计算工作量就很大。所以，直接计算法宜用于计算主要产品的销售利润。

2. 因素测算法

因素测算法一般是在上年度利润水平的基础上，根据计划年度影响利润变动的各个因素，来测定计划年度销售利润的预测方法。它一般是先按可比产品、不可比产品和计划年初结存产品三部分分别进行测算，再汇总计算求得销售利润。因素测算法一般适用于产品品种繁多的企业。

财智堂（技能实训）

小东和小海认为利润管理对企业非常重要，因此想要看看同行业上市公司的利润的具体情况。查询海澜之家和九牧王公司的相关数据后，他们有了一些发现，并针对这些发现进行了进一步分析。让我们一起来看看他们的发现和分析吧。

一、任务目标

对目标企业的利润情况进行分析。

二、任务描述

对海澜之家和九牧王公司的年度财务报告中披露的利润指标项目进行分析，并将分析的比重结果用渐变数据条显示，筛选出每年利润项目支出占营业收入比重超过10%的项目数据进行加粗显示。

三、实施步骤

步骤1：查询两家公司九牧王和海澜之家的利润指标数据。

搜索访问巨潮资讯网（http://www.cninfo.com.cn/），点击“资讯”下的“个股F10”，搜索框内搜索“海澜之家”（股票代码600398），再点击左侧“财务数据”下的“主要指标”，选择“年份”，查找海澜之家集团股份有限公司近五年的盈利指标，再用此方法查找九牧王（股票代码601566）的近五年盈利指标，如图6-11和图6-12所示。

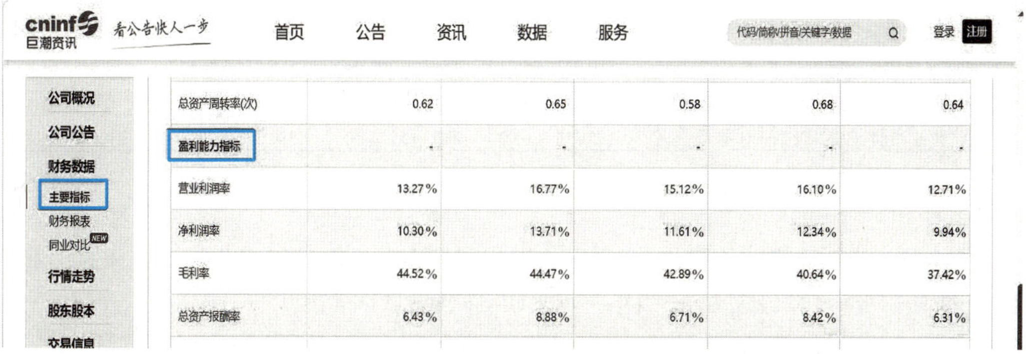

总资产周转率(次)	0.62	0.65	0.58	0.68	0.64
盈利能力指标	-	-	-	-	-
营业利润率	13.27%	16.77%	15.12%	16.10%	12.71%
净利润率	10.30%	13.71%	11.61%	12.34%	9.94%
毛利率	44.52%	44.47%	42.89%	40.64%	37.42%
总资产报酬率	6.43%	8.88%	6.71%	8.42%	6.31%

图6-11　海澜之家2020—2024年度利润指标数据

图 6-12　九牧王 2020—2024 年度利润指标数据

通过以上查询到的数据发现，九牧王公司的近五年毛利率高达 60% 左右，但是营业利润率却基本上不到 10%，而海澜之家的近五年毛利率是 40% 左右，营业利润率基本是 15% 左右，所以需要进一步对比分析九牧王公司和海澜之家的数据。

步骤 2：查找海澜之家和九牧王 2023—2024 年度的利润表数据进行对比分析。

继续在巨潮资讯网查询两家公司的"公司公告"中的"定期公告"，分别获取海澜之家和九牧王公司的财报数据。分别点击九牧王、海澜之家的"公司公告"的"定期公告"，获取九牧王 2024 年及 2023 年的财务报告，海澜之家集团股份有限公司 2024 年及 2023 年的财务年度报告。将年报中的利润表的有关数据整理到表格中，如图 6-13 所示。

	A	B	C	D	E
1	九牧王和海澜之家2023—2024年度利润表项目数据				单位：元
2	项目	九牧王		海澜之家	
3		2024年度	2023年度	2024年度	2023年度
4	一、营业收入	3,181,245,257.98	3,054,998,720.67	20,956,516,605.34	21,527,549,051.48
5	二、减：营业成本	1,114,030,802.22	1,113,105,351.98	11,627,603,625.75	11,954,406,129.01
6	税金及附加	36,278,015.23	32,901,143.55	116,154,726.39	149,563,600.21
7	销售费用	1,388,136,119.18	1,117,681,284.36	4,841,331,902.68	4,353,303,134.13
8	管理费用	211,668,479.95	223,809,957.86	1,035,681,929.11	962,592,365.86
9	研发费用	41,087,278.28	47,425,815.69	288,131,580.98	200,336,689.29
10	财务费用	4,622,662.26	-5,651,108.32	-174,911,234.95	46,746,423.41
11	加：其他收益	33,206,313.96	22,497,750.12	26,033,132.05	22,368,989.72
12	投资收益	46,969,549.93	22,200,932.41	124,061,347.92	185,959,070.99
13	公允价值变动收益（损失以"—"号填列）	-58,555,016.34	-115,825,871.69	34,114,541.16	-2,902,395.83
14	信用减值损失（损失以"—"号填列）	-10,711,744.09	14,816,423.64	-37,985,886.72	-4,358,070.53
15	资产减值损失（损失以"—"号填列）	-210,073,295.61	-244,426,708.04	-568,626,613.13	-452,448,861.87
16	资产处置收益（损失以"—"号填列）	-922,148.68	13,153,456.31	-19,697,269.30	1,461,602.16
17	三、营业利润（亏损以"—"号填列）	185,335,560.03	238,142,258.30	2,780,423,327.36	3,610,681,044.21

图 6-13　九牧王和海澜之家 2023—2024 年度利润表项目数据

步骤 3：分别计算九牧王、海澜之家的当年利润表项目占当年营业收入金额的比重，则 F 列到 I 列的计算公式为"＝当年各项目/当年营业收入×100%"。

步骤 4：用渐变数据条突出显示占比数据，并加粗显示每年利润表项目占营业收入比重大于 10% 的项目。

「新专标」系列教材 Xinzhuanbiao Xilie Jiaocai

选中单元格 F4 到 I16，点击"开始"选项卡，然后点击"条件格式"，选择"数据条"，选择渐变填充。再点击"条件格式"，选择"突出显示单元格规则"，选择"大于"，打开"大于"对话框，"为大于以下值的单元格设置格式"中填写"10％"，"设置为"选择"自定义格式"，弹出"设置单元格格式"对话框，"字体"选择"加粗"，点击"确定"，再点击"确定"，如图 6-14 所示。

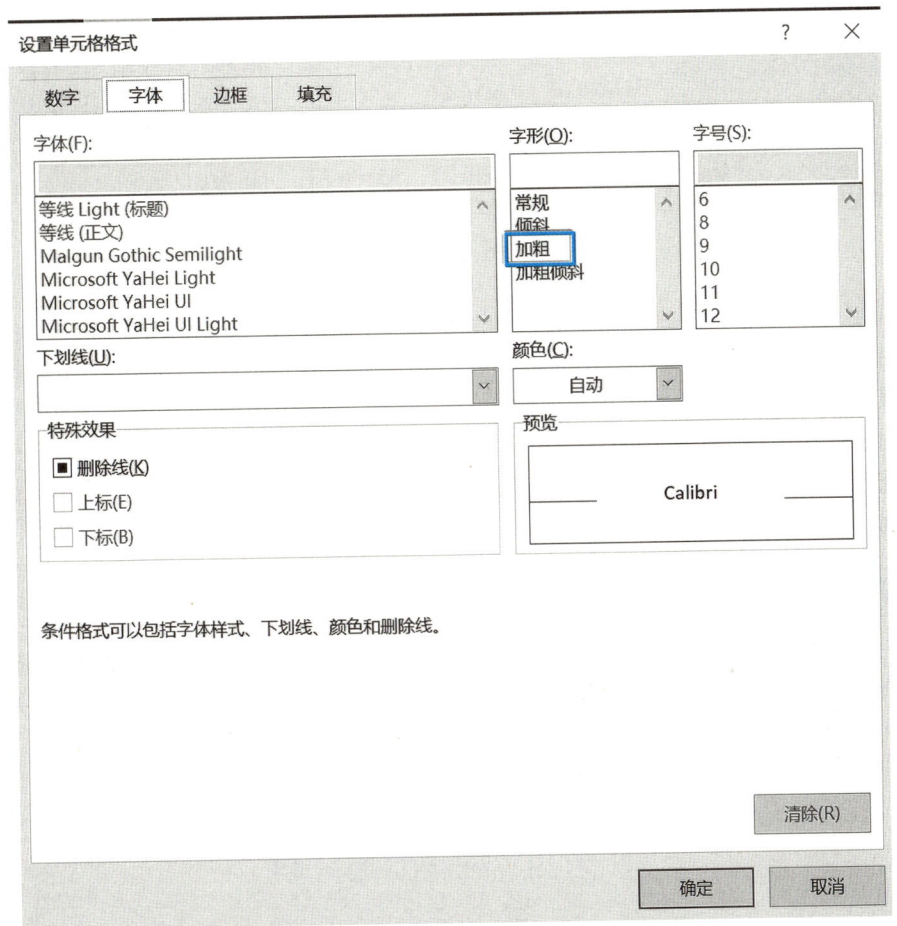

图 6-14 Excel 中数据加粗条件格式设置

完整结果如图 6-15 所示。

从图 6-15 中，可以看出，九牧王公司 2024 年的营业收入占比 100％减去营业成本占比 35.02％是 64.98％，也就是毛利率为 64.98％，这与我们在巨潮资讯网上查询到的数据是一致的。前面也查询到了九牧王公司 2024 年营业利润率为 5.83％，这中间有巨大的变化量 59.15％，所以下面进行进一步分析。

通过图 6-15 进一步分析发现，两家公司除了营业成本之外，比重超过 10％的项目主要是销售费用。2024 年九牧王公司的销售费用的比重是 43.63％，2023 年是 36.59％，可见九牧王公司的销售费用负担相对较重。从销售费用的绝对值看，九牧王公司的年销售费用的金额虽然比海澜之家公司低，但海澜之家的销售费用与营业收入的占

	A	B	C	D	E	F	G	H	I
1	九牧王和海澜之家2023-2024年度利润表项目数据			（单位：元）		各项目与营业收入的占比			
2	项目	九牧王		海澜之家		九牧王		海澜之家	
3		2024年度	2023年度	2024年度	2023年度	2024年	2023年	2024年	2023年
4	一、营业收入	3,181,245,257.98	3,054,998,720.67	20,956,516,605.34	21,527,549,051.48	100.00%	100.00%	100.00%	100.00%
5	二、减：营业成本	1,114,030,802.22	1,113,105,351.98	11,627,603,625.75	11,954,406,129.01	35.02%	36.44%	55.48%	55.53%
6	税金及附加	36,278,015.23	32,901,143.55	116,154,726.39	149,563,600.21	1.14%	1.08%	0.55%	0.69%
7	销售费用	1,388,136,119.18	1,117,681,284.36	4,841,331,902.68	4,353,303,134.13	43.63%	36.59%	23.10%	20.22%
8	管理费用	211,668,479.95	223,809,957.86	1,035,681,929.11	962,592,365.86	6.65%	7.33%	4.94%	4.47%
9	研发费用	41,087,278.28	47,425,815.69	288,131,580.98	200,336,689.29	1.29%	1.55%	1.37%	0.93%
10	财务费用	4,622,662.26	-5,651,108.32	-174,911,234.95	46,746,423.41	0.15%	-0.18%	-0.83%	0.22%
11	加：其他收益	33,206,313.96	22,497,750.12	26,033,132.05	22,368,989.72	1.04%	0.74%	0.12%	0.10%
12	投资收益	46,969,549.93	22,200,932.41	124,061,347.92	185,959,070.99	1.48%	0.73%	0.59%	0.86%
13	公允价值变动收益（损失以"－"号填列）	-58,555,016.34	-115,825,871.69	34,114,541.16	-2,902,395.83	-1.84%	-3.79%	0.16%	-0.01%
14	信用减值损失（损失以"－"号填列）	-10,711,744.09	14,816,423.64	-37,985,886.72	-4,358,070.53	-0.34%	0.48%	-0.18%	-0.02%
15	资产减值损失（损失以"－"号填列）	-210,073,295.61	-244,426,708.04	-568,626,613.13	-452,448,861.87	-6.60%	-8.00%	-2.71%	-2.10%
16	资产处置收益（损失以"－"号填列）	-922,148.68	13,153,456.31	-19,697,269.30	1,461,602.16	-0.03%	0.43%	-0.09%	0.01%
17	三、营业利润（亏损以"－"号填列）	185,335,560.03	238,142,258.30	2,780,663,327.36	3,610,681,044.21				

图 6-15　九牧王和海澜之家 2023—2024 年度利润项目分析结果

比基本在 20% 左右，比九牧王公司低。再进一步分析发现，九牧王公司 2024 年度的销售费用和管理费用支出占比合计为 50.29%，再加上公允价值变动损失、信用减值损失、资产减值损失、资产处置损失这四项的损失为 8.81%，合计为 59.1%，可见销售费用、管理费用和计提的损失部分拉低了营业利润率。2023 年九牧王公司的销售费用、管理费用比重合计也达到了 43.91%。因此，建议九牧王公司加强销售费用、管理费用的管理与控制。

做一做

选择一家感兴趣的上市企业，获取该企业和同行业企业的利润指标数据，根据相关企业财务报告及附注中的完备资料，分析该企业的利润管理情况，形成分析报告并提交。

任务四　利润分配管理

◎财学堂（基础理论）

一、利润分配前的所得税调整

（一）税收概述

税收是国家凭借政治权力，无偿地征收实物或货币，以取得财政收入的一种手段。税收是国家取得财政收入的工具，也是国家参与社会产品分配的一种方式。但是，不同于其他分配方式，这种分配方式是凭借国家的政治权力进行的，通常具有无偿性、强制性和固定性三个特征。

1. 无偿性

税收的无偿性是指国家征税以后，税款即为国家所有，既不需要偿还给纳税人，也不需要向纳税人支付任何报酬。

税收的无偿性是由国家财政支出的无偿性决定的。国家为了行使其职能,需要大量的物质资料,但国家机器本身并不进行物质资料的生产,不能创造物质财富,只能通过税收等方式取得财政收入,以保证国家机器的正常运转。

2. 强制性

税收的强制性是指征税是凭借国家的政治权力,通过颁布法令来实施,任何单位和个人都不得违抗;否则就要受到法律的制裁。税收的强制性是由税收的无偿性这种特殊的分配方式所决定的。国家是通过制定税法,依据法律的强制作用来征税的,纳税人必须依法纳税;否则就要受到法律的制裁。

3. 固定性

税收的固定性是指在征税之前就以法律形式规定了征税对象,以及统一的比例或数额,并只能按预定的标准征税。税收的固定性是国家财政收入的需要,有利于保证国家财政收入的稳定,也有利于征收和管理。税收的固定性是通过法律的形式来维护的,这使征收有了一定依据和标准,而这一标准一经确定,对征收机关和纳税人都具有约束力。但是,税收的固定性也不能绝对化。

(二) 税收的作用

税收在社会经济生活中发挥着重要的作用,主要如下:

(1) 税收是国家取得财政收入的一种重要手段。国家要行使其职能,维护国家机器的正常运转,就必须通过各种方式取得财政收入,而税收是一种重要的工具,国家通过税法的强制作用,可以取得稳定的财政收入。

(2) 税收是国家宏观经济调控的重要经济杠杆。国家征税在取得财政收入的同时,也改变了社会财富的原有分配状况,包括社会财富在不同经济领域之间的分配、在不同生产部门之间的分配、在不同阶层之间的分配,以及在不同地区之间的分配等。这必然会对经济活动产生重要影响。此外,国家还可以通过税收免征等方式直接影响经济活动,起到调节经济的作用。

(3) 税收具有反映经济动态和监督企业经营活动的作用。国家可以通过税收的征收管理,反映有关经济动态,为国民经济管理提供信息;同时,国家通过税收的征收管理,可以对企业的经营活动进行监管,检查其是否遵守财政法规和税收制度。

(三) 税收的种类

税收有很多种分类方法,其中最重要的分类方法是按征税对象进行分类。按征税对象不同,税收可以分为以下五类。

1. 流转税

流转额包括商品流转额和非商品流转额。

商品流转额是指商品在流转过程中所发生的货币金额。商品从生产到消费,要经过购销活动等多个经营环节,所有这些经营环节中,由于商品交换活动而发生的货币金额就是商品流转额。商品流转额也就是销售方的销售收入。

非商品流转额就是非商品营业额,一般是指一切不从事商品生产和商品交换活动的单位和个人因从事其他经营活动所取得的业务或劳务收入的金额,这里所指的其他经营活动包括交通运输、金融保险、建筑安装、旅游业、服务业等。我国现行流转税主要有增值税、消费税和关税。

2. 所得税

所得税是以纳税人的所得额为征税对象的一种税。所得额是指纳税人从事生产经营等活动获得的收入,减去其相应的成本之后的余额。我国现行的对所得额的课税主要有企业所得税、个人所得税等。对所得额的课税属于直接税,税负不能转嫁,征纳双方的关系比较明确,税收的增减变化对物价不会产生直接的影响,有利于更好地发挥税收的经济杠杆作用。

3. 资源税

资源税是对开发和利用自然资源的单位和个人征收的一种税。我国现行对资源征税的税种主要有资源税,城镇土地使用税和耕地占用税。对资源的征税有利于企业科学合理地开发和利用自然资源,消除企业因利用自然资源的优劣差异而产生的不平等竞争,防止企业为了追求高额利润,造成国家有限耕地和资源的浪费。

4. 财产税

财产税是对纳税人所拥有的财产征收的一种税。财产税可以调节社会成员的财产收入水平。目前,我国设立的财产税税种很少,主要有房产税和契税。

5. 行为税

行为税是以纳税人的某种特定行为为征税对象的一种税。这种特定行为通常是指国家通过征税所要加以限制或监督的行为。行为税通常具有其特殊的目的性。

二、 税后利润分配的程序

小企业利润总额应按照现行税法的有关规定作相应调整,在依法缴纳所得税后按下列顺序分配:

(1)计算可供分配的利润。将本年净利润(或亏损)与年初未分配利润(或亏损)合并,计算出可供分配的利润。如果可供分配的利润为负数(即亏损),则不能进行后续分配;如果可供分配利润为正数(即本年累计盈利),则进行后续分配。

(2)计提法定公积金。按抵减年初累计亏损后的本年净利润计提法定公积金。提取公积金的基数,不一定是可供分配的利润,也不一定是本年的税后利润。只有不存在年初累计亏损时,才能按本年税后利润应提取数。这种"补亏"是按账面数字进行的,与所得税法的亏损后转无关,其关键在于不能用资本发放股利,也不能在没有累计盈余的情况下提取公积金。

(3)计提任意公积金。

(4)向股东(投资者)支付股利(分配利润)。公司股东会或董事会违反上述利润分配顺序,在抵补亏损和提取法定公积金之前向股东分配利润的,必须将违反规定发放的利润返还给公司。

三、 利润分配政策

(一)利润分配政策的概念与意义

利润分配政策是指企业管理层对利润分配有关事项所制定的方针与政策。在企

「新专标」系列教材 Xinzhuanbiao Xilie Jiaocai

业利润有限的情况下,如何解决好留存与分红的比例,是处理短期利益与长远利益、企业与股东之间关系的关键。正确的税后利润分配政策的重要意义主要表现在以下两个方面:

(1)影响企业的对外再筹资能力。如果企业利润分配得当,则能直接增强企业的积累能力。在利润一定的条件下,增加留存比例,实质上意味着企业筹资量增加。从这一角度看,分配政策可以说是再筹资政策。同时,合理的分配政策能够吸引投资者(包括潜在投资者)对企业的投资,增强投资者的信心,从而为企业再筹资提供基础。

(2)影响企业市场价值大小。分配政策的连续性反映了企业经营的连续、稳定和有计划性。因此,如何确定较好的投资分红模式,并保持一定的连续性,有利于提升企业的财务形象,从而提高企业发行的股票价格及其市场价值。

(二)影响企业利润分配的因素

1. 法律因素

(1)资本保全。法律法规规定企业不能用募集的经营资本发放股利,其目的是要求企业必须保有充分的权益资本以维护债权人的利益。

(2)企业积累。法律法规规定企业的税后利润必须提取 10% 的法定盈余公积金,还鼓励企业提取任意盈余公积金。只有当企业提取公积金累积数额达到注册资本的 50% 时,才可以不再计提。

(3)净利润。规定公司账面累计税后利润必须是正数时,才可以发放股利。对以前年度的亏损,企业必须足额弥补。

(4)偿债能力。规定公司如果要发放股利,就必须保有充分的偿债能力。企业如果没有充分的现金准备以支付到期债务,债权人利益就会受到严重威胁。

(5)超额积累利润。企业发放给股东的股利,股东要缴纳个人所得税,而股票交易的资本收益可能免税或税率较低。企业可以积累利润,使股票价格上涨,从而帮助股东避税。

2. 企业因素

(1)流动性。企业为维持适当的支付能力,要设定一定的资产流动性目标,即保持现金及其他适当的流动资产。较多地支付现金股利会减少企业的现金持有,使资产的流动性降低。

(2)举债能力。举债能力较强的企业往往采取较为宽松的股利政策;而举债能力较弱的企业,为维持经营能力就不得不留滞利润,因而其常采取较紧的股利政策。

(3)投资机会。企业具有较好的投资机会时,会把大部分利润用于再投资,而宁愿放弃发放股利;而如果企业暂时缺乏良好的投资机会,会倾向于先向股东支付股利。

(4)资本成本。留用利润是企业内部筹集资金的一种重要方式。与发行新股或举借债务相比,其不但成本较低,而且具有很强的隐蔽性。

(5)盈利状况。公司的股利政策在很大程度上会受其盈利能力的影响。如果公司未来的盈利能力较强,并且盈利稳定性较好,其就倾向于采用高股利支付率政策;反之,如果公司盈利能力较弱,盈利的稳定性较差,其则会考虑应对未来经营和财务风险的需要,常常采用股利支付率较低的政策。

3. 股东因素

(1)稳定的收入。依赖企业发放股利维持生活的股东往往要求企业能够支付稳定的股利。有些股东认为企业留用利润带来新收益或股票交易价格上升产生资本收益具有很大的不确定性。这些股东认为与其为不确定的未来所困惑,不如得到实实在在的现有股利。

(2)控制权的稀释。企业举借债务除要付出资本成本外,还会加大企业的财务风险。如果通过增募股本的方式筹集资金,企业的老股东虽然有优先权,但其必须拿得出可观的现金,否则企业的控股权就有被稀释的危险。

(3)避税。属于高收入阶层的股东为了避税,往往反对发放较多股利;而属于低收入阶层的股东因个人税负较轻,反而欢迎公司多发放股利。按照我国税法规定,股东从公司分得的红利应按 20% 的税率缴纳个人所得税(现按 10% 减半征收),而对股票交易获得的资本利得收益目前还没有开征个人所得税。因而对股东来说,股票价格上涨获得的收益比分得现金股利更具有避税功能。

(4)规避风险。在一部分投资者来看,获得股利的风险小于资本利得的风险,企业当期股利的支付消除了投资者心中的不确定性。

4. 行业因素

不同行业的股利支付率存在系统性差异。调查研究显示,成熟行业的股利支付率通常比新兴行业的高;公用事业的公司大多实行高股利支付率政策,而高科技行业的公司股利支付率通常较低。这说明股利政策具有明显的行业特征。其中可能的原因是:投资机会在行业内是相似的,而在不同行业之间存在差异。

5. 其他因素

影响企业利润分配的其他因素包括债务合同的约束、机构投资者的投资限制、通货膨胀的影响等。

(1)债务合同约束。企业的债务合同特别是长期债务合同往往有限制企业现金股利支付的条款,这使得企业只能采用低股利政策。

(2)机构投资者的投资限制。机构投资者包括养老保险、储蓄银行、信托基金、保险企业和其他一些机构。机构投资者对投资股票种类的选择,往往与股利特别是稳定股利的支付者有关。如果某一企业想更多地吸引机构投资者,则应采用较高而且稳定的股利政策。

(3)通货膨胀的影响。在通货膨胀情况下,企业会缺乏足够的资金来重置固定资产。这时较多的留存利润就会被企业当作重置固定资产的资金来源。因此,在通货膨胀时期,企业的股利政策往往偏紧。

四、 股利政策

股利政策是企业在法律框架内,针对是否分配股利、分配股利的数量,以及分配时间等核心问题所制定的策略与方针,旨在使企业价值最大化并有效传递企业经营信息。股利政策的最终目标是使企业价值最大化。股利政策不仅是企业资金运作的直接体现,更是企业向市场传递企业经营状况、发展前景等关键信息的窗口。明智且高效的股利政策对于塑造企业市场形象、提升市场价值具有不可估量的作用。

股利政策是企业在不违反国家有关法律、法规的前提下,根据本企业的具体情况制定的。股利政策既要保持相对稳定,又要符合企业财务目标和发展目标。在实际工作中,通常有以下几种股利政策可供选择。

(一)剩余股利政策

当企业面临良好的投资机会时,该政策会依据目标资本结构,先预留出投资所需的权益资本,再将剩余盈余作为股利分配。其理论依据在于股利无关理论,即在理想资本市场中,股利政策与股价无直接关联,而应随企业投融资策略自然调整。

(二)固定或稳定增长的股利政策

此政策旨在将股利额固定在某一水平或保持固定比率逐年增长,适用于企业确信未来盈余稳定增长的情形。在此政策下,股利分配额相对稳定,不受资金需求波动的影响。

(三)固定股利支付率政策

企业每年将净利润的固定百分比作为股利分配给股东。股利支付率一旦确定,便不宜轻易变动。在此政策下,股利分配随税后利润变化而自动调整。

(四)低正常股利加额外股利政策

低正常股利加额外股利政策是指企业设定一个较低的正常股利额,同时根据企业盈余情况灵活发放额外股利。此政策既保持了股利的稳定性,又兼顾了企业的灵活性与股东的利益。

五、 股利的种类

股利作为企业向股东分配收益的方式,主要包括以下几种类型。

(一)现金股利

现金股利以现金支付,是股利支付中最常见的方式。企业需具备足够的留存收益和现金储备,以支持现金股利的发放。

(二)财产股利

财产股利以非现金资产(如有价证券)支付股利。这种支付方式在我国企业中较少使用,但为股东提供了多样化的收益来源。

(三)负债股利

负债股利以负债形式(如应付票据、公司债券)支付股利。这种支付方式虽不常见,但在特定情况下可为企业提供灵活的融资手段。

(四)股票股利

股票股利以增发股票的方式支付股利,通常被称为"红股"。这种支付方式不会减少企业的现金和财产,但会增加流通在外的股票数量,降低每股价值。

六、 股利支付的关键时间节点

股利的支付通常采用以下步骤：由董事会提出分配预案并提交股东大会审议；审议通过后，股东大会将宣布股利发放方案，并明确股利宣告日、股权登记日、除息日和股利发放日等关键时间节点。

（一）股利宣告日

股利宣告日即股东大会审议通过股利分配预案并由董事会公告的日期。公告中将详细披露每股股利、股权登记日、除息日和股利支付日等信息。

（二）股权登记日

股权登记日即有权领取本期股利的股东资格登记截止日期。在此日期前取得公司股票的股东将享有本期股利分配权。

（三）除息日

除息日即领取股利权利与股票分离的日期。在除息日前购买股票的股东有权领取本期股利，而除息日当天或以后购买股票的股东则无权领取。除息日通常紧随股权登记日之后。

（四）股利发放日

股利发放日即企业按照公布的分红方案，向股权登记日在册的股东实际支付股利的日期。这是股利支付程序的最终环节，标志着股东正式获得股利收益。

◎ 财智堂（技能实训）

小东和小海了解了利润分配程序和股利支付方式后，觉得利润分配非常重要：剩余股利政策可平衡再投资与股东回报，实现企业长期价值最大化，固定股利政策可以塑造企业稳健的市场形象，稳定股价预期。他们想了解一下同行业的上市公司海澜之家的股利分派情况，因此他们开始动手查找相关资料。

一、任务目标

查找海澜之家 2023 年年度权益分派实施公告，并填写股利发放时间表。

二、任务描述

请查找海澜之家 2023 年年度权益分派实施公告，并据此填写如表 6-3 所示的股利发放时间表。

表 6-3 股利发放时间表

项目	日期
股利宣告日	
股权登记日	
除息日	
股利发放日	

三、实施步骤

步骤 1：查找海澜之家 2023 年年度权益分派实施公告。

打开巨潮资讯网（http://www.cninfo.com.cn/），在右上角的搜索框中输入搜索关键字"海澜之家"和"实施公告"，然后找到"海澜之家 2023 年年度权益分派实施公告"。搜索操作详情如图 6-16 所示。

图 6-16　在巨潮资讯网搜索"海澜之家 2023 年年度权益分派实施公告"

步骤 2：下载"海澜之家集团股份有限公司 2023 年年度权益分派实施公告"，如图 6-17 所示。

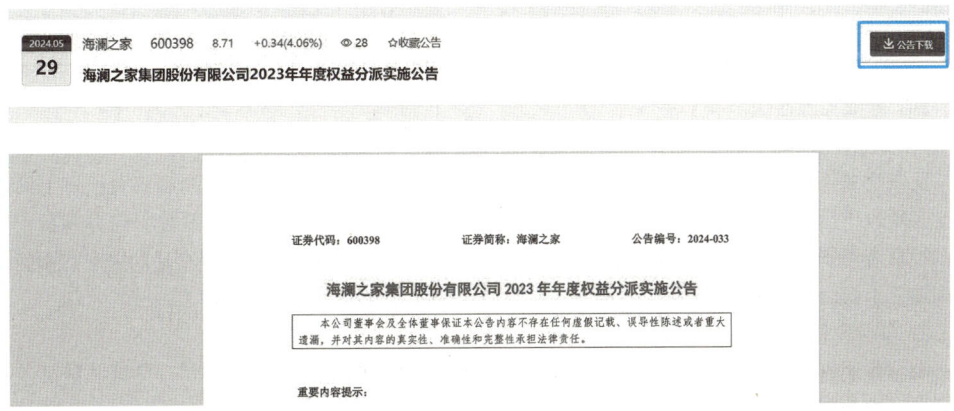

图 6-17　下载"海澜之家 2023 年年度权益分派实施公告"

步骤 3：打开"海澜之家集团股份有限公司 2023 年年度权益分派实施公告"，详见图 6-18。

证券代码：600398	证券简称：海澜之家	公告编号：2024-033

海澜之家集团股份有限公司 2023 年年度权益分派实施公告

本公司董事会及全体董事保证本公告内容不存在任何虚假记载、误导性陈述或者重大遗漏，并对其内容的真实性、准确性和完整性承担法律责任。

重要内容提示：

● 每股分配比例

A 股每股现金红利 0.56 元

● 相关日期

股份类别	股权登记日	最后交易日	除权(息)日	现金红利发放日
A 股	2024/6/5	—	2024/6/6	2024/6/6

● 差异化分红送转：否

一、通过分配方案的股东大会届次和日期

本次利润分配方案经公司 2024 年 5 月 20 日的 2023 年年度股东大会审议通过。

二、分配方案

1. 发放年度：2023 年年度

2. 分派对象：

截至股权登记日下午上海证券交易所收市后,在中国证券登记结算有限责任公司上海分公司(以下简称"中国结算上海分公司")登记在册的本公司全体股东。

3. 分配方案：

本次利润分配以方案实施前的公司总股本 4 802 770 296 股为基数,每股派发现金红利 0.56 元(含税),共计派发现金红利 2 689 551 365.76 元。

三、相关日期

股份类别	股权登记日	最后交易日	除权(息)日	现金红利发放日
A 股	2024/6/5	—	2024/6/6	2024/6/6

四、分配实施办法

1. 实施办法

无限售条件流通股的红利委托中国结算上海分公司通过其资金清算系统向股权登记日上海证券交易所收市后登记在册并在上海证券交易所各会员办理了指定交易的股东派发。已办理指定交易的投资者可于红利发放日在其指定的证券营业部领取现金红利,未办理指定交易的股东红利暂由中国结算上海分公司保管,待办理指定交易后再进行派发。

2. 自行发放对象

海澜集团有限公司、荣基国际(香港)有限公司、海澜之家集团股份有限公司——第一期员工持股计划的现金红利由公司自行发放。

3. 扣税说明

(1) 对于持有公司股份的自然人股东及证券投资基金,根据《关于上市公司股息红利差别化个人所得税政策有关问题的通知》(财税〔2015〕101 号)、《关于实施上市公司股息红利差别化个人所得税政策有关问题的通知》(财税〔2012〕85 号)有关规定,公司暂不扣缴个人所得税,实际每股派发现金红利为税前人民币 0.56 元,待个人转让股票时,中国结算上海分公司根据其持股期限计算应纳税额,由证券公司等股份托管机构从其资金账户中扣收并划付中国结算上海分公司,中国结算上海分公司于次月 5 个工作日内划付公司,公司在收到税款当月的法定申报期内向主管税务机关申报缴纳。

具体实际税负为：股东持股期限在 1 个月以内(含 1 个月)的,其股息红利所得全额计入应纳税所得额,实际税负为 20%；持股期限在 1 个月以上至 1 年(含 1 年)的,暂减按 50% 计入应纳税所得额,实际税负为 10%；持股期限超过 1 年的,股息红利所得暂免征收个人所得税。

「新专标」系列教材 Xinzhuanbiao Xilie Jiaocai

（2）对于持有本公司股票的合格境外机构投资者（"QFII"）股东，公司根据《关于中国居民企业向 QFII 支付股息、红利、利息代扣代缴企业所得税有关问题的通知》（国税函〔2009〕47 号）的规定，按照 10% 的税率统一代扣代缴企业所得税，税后每股实际派发现金红利人民币 0.504 元；如 QFII 股东认为其取得的股息、红利收入需要享受税收协定（安排）待遇的，可按照规定在取得股息、红利后自行向主管税务机关提出申请。

（3）对于对中国香港联交所投资者（包括企业和个人）投资公司 A 股股票（"沪股通"），其现金红利将由公司通过中国结算上海分公司按股票名义持有人账户以人民币派发，扣税根据《财政部、国家税务总局、证监会关于沪港股票市场交易互联互通机制试点有关税收政策的通知》（财税〔2014〕81 号）执行，按照 10% 的税率代扣所得税，税后每股实际派发现金红利人民币 0.504 元。

（4）对于持有公司股票的其他机构投资者，其现金红利所得税由其自行缴纳，实际每股派发现金红利为税前人民币 0.56 元。

五、有关咨询办法

关于权益分派如有疑问，请咨询公司董事会办公室。

联系电话：0510-86121071

特此公告。

海澜之家集团股份有限公司董事会

2024 年 5 月 29 日

图 6-18　海澜之家集团股份有限公司 2023 年年度权益分派实施公告

步骤 4：根据海澜之家集团股份有限公司 2023 年年度权益分派实施公告，填写股利发放时间表，填写结果如表 6-4 所示。

表 6-4　股利发放时间表填写结果

项目	日期
股利宣告日	2024/5/20
股权登记日	2024/6/5
除息日	2024/6/6
股利发放日	2024/6/6

 做一做

选择一家企业，查找获取该企业近一年的年度权益分派实施公告，并填写如表 6-5 所示的股利发放时间表。

表 6-5　股利发放时间表

项目	日期
股利宣告日	
股权登记日	
除息日	
股利发放日	

◎ 智驭未来（前沿技术）

一、数据技术在利润分配中的智能应用

Excel与数据工具成为企业优化管理的核心助力。在股利政策制定过程中，数据工具助力企业整合历史分红数据与市场反馈。通过巨潮资讯网等平台抓取同行业上市公司分红信息（如"九牧王"近五年分红数据），运用Excel进行横向对比分析，可量化不同股利政策对股东回报与企业再投资的影响。此外，基于回归分析模型（如直线回归法）构建的利润预测工具，能结合销售收入、成本费用等多维度数据，测算不同分配方案下的净利润空间，为股利分配决策提供数据支撑。这些工具的应用不仅提升了利润分配的透明度，还通过数据建模将复杂的财务规则转化为可操作的量化指标，实现了从经验判断到数据驱动的管理升级。

二、人工智能重塑利润分配的未来格局

随着技术不断发展，人工智能正从数据处理迈向智能决策，重构利润分配逻辑。机器学习算法可通过解析历史利润、行业周期及股东结构，自动优化股利分配比例，生成兼顾短期回报与长期发展的个性化方案。自然语言处理（NLP）实时抓取政策与舆情，动态评估合规性与市场预期，辅助调整现金股利与股票股利配比。未来，区块链技术与智能合约的结合将构建透明分配生态，通过分布式账本记录利润全流程，确保数据不可篡改且实时追溯，解决信息不对称问题。强化学习模拟系统还能实时测算分配方案对融资成本与市场价值的影响，助力企业在留存收益与股东回报之间实现最优平衡。这些技术推动利润分配从"事后核算"转向"实时智能优化"，为企业打造更具弹性的价值分配体系。

◎ 财思汇（总结升华）

在繁华的都市中心，小东与小海共同经营的服装店如同他们心中的明珠，熠熠生辉。午后的阳光透过橱窗，映照在两人专注的面庞上。

"学姐，我们作为股东，该如何分配服装店的利润呢？"小海放下手中的计算器，转头看向正在仔细核对账目的小东。

小东微微一笑，目光中透露出深思熟虑："小海，企业利润分配可是我们作为股东需要共同面对的大事。我们必须确保在合法经营、依法纳税的前提下进行分配，这既是对法律的尊重，也是对我们辛苦付出的肯定。"

小海点头赞同："确实如此。那我们在分配时，该如何平衡公平与效率呢？毕竟我们都希望既能激励大家继续努力，又能确保每个人都能分享到成果。"

小东轻轻拍了拍手中的报表："这正是我们需要仔细斟酌的地方。作为股东，我们不仅要考虑自己的利益，更要考虑员工的积极性和团队的凝聚力。因此，我们得制定一个既公平又高效的分配方案，让每一个人都能感受到我们的诚意和努力。"

小海露出思索的神情："嗯，听起来确实不简单。但我觉得，只要我们坚持诚实劳动、合法经营的原则，就一定能找到一个让大家都满意的平衡点。"

小东点头表示赞同:"没错。我们不仅要让顾客满意,更要让员工和我们这些股东都满意!"

思政元素:合法经营、公平分配

习题答案

习题

一、单项选择题

1. 一般而言,适应于采用固定或稳定增长股利政策的公司是(　　)。
   A. 盈利较高但投资机会较多的公司
   B. 经营比较稳定或正处于成长期的企业
   C. 盈利波动较大的公司
   D. 负债率较高的公司

2. 公司采用固定或稳定增长股利政策发放股利的好处主要表现为(　　)。
   A. 降低资金成本　　　　　　　　　　B. 维持股价稳定
   C. 提高支付能力　　　　　　　　　　D. 实现资本保全

3. 企业在分配收益时,必须按一定比例和基数提取法定公积金,这一要求体现的是(　　)。
   A. 资本保全约束　　　　　　　　　　B. 资本积累约束
   C. 偿债能力约束　　　　　　　　　　D. 超额累积利润约束

4. 下列项目中,不能用于分派股利的是(　　)。
   A. 盈余公积金　　　B. 股本　　　C. 税后利润　　　D. 上年未分配利润

5. 下列各项中,会导致企业采取高股利政策的事项是(　　)。
   A. 物价持续上升　　　　　　　　　　B. 金融市场利率走势下降
   C. 企业资产的流动性较弱　　　　　　D. 企业盈余不稳定

6. 在通货膨胀时期,企业一般采取的利润分配政策是(　　)。
   A. 很松　　　　B. 偏紧　　　　C. 很紧　　　　D. 偏松

7. 某公司近年来经营业务不断拓展,目前处于成长阶段,预计现有的生产经营能力能够满足未来10年稳定增长的需要,公司希望其股利与公司盈余紧密配合。基于以上条件,该公司最适宜采用的股利政策是(　　)。
   A. 剩余股利政策　　　　　　　　　　B. 固定股利政策
   C. 固定股利支付率政策　　　　　　　D. 固定股利加额外股利政策

8. 如果上市公司以应付票据作为股利支付给股东,则这种股利的方式称为(　　)。
   A. 现金股利　　　B. 股票股利　　　C. 财产股利　　　D. 负债股利

二、多项选择题

1. 公司在制定利润分配政策时应考虑的因素有(　　)。
   A. 通货膨胀因素　　　B. 股东因素　　　C. 法律因素　　　D. 公司因素

2. 影响股利政策的法律约束因素包括(　　)。
   A. 资本保全约束　　　　　　　　　　B. 资本确定约束
   C. 资本积累约束　　　　　　　　　　D. 超额累积利润约束

3. 在下列各项中,属于企业进行利润分配应遵循的原则有(　　)。

A. 依法分配原则　　　　　　　　B. 资本保全原则

C. 分配与积累并重原则　　　　　D. 兼顾各方面利益原则

4. 股东从保护自身利益的角度出发,在确定每股分配政策时应考虑的因素有(　　　)。

　　A. 投资机会　　　　B. 控制权　　　　C. 稳定收入　　　　D. 规避风险

5. 在下列公司的发展阶段中,适合采用剩余股利政策的阶段有(　　　)。

　　A. 公司快速发展阶段　　　　　B. 公司初创阶段

　　C. 公司衰退阶段　　　　　　　D. 公司成熟阶段

6. 利润分配的剩余股利政策的优点包括(　　　)。

　　A. 保持理想的资本结构　　　　B. 充分利用资金成本最低的资金来源

　　C. 利润分配稳定　　　　　　　D. 有利于公司股票价格的稳定

7. 下列各项中,会导致企业采取低股利政策的事项有(　　　)。

　　A. 陷于经营收缩的公司　　　　B. 物价持续上升

　　C. 企业盈余不稳定　　　　　　D. 企业资产的流动性较弱

8. 处于初创阶段的公司,一般不宜采用的股利分配政策有(　　　)。

　　A. 固定股利政策　　　　　　　B. 剩余股利政策

　　C. 固定股利支付率政策　　　　D. 稳定增长股利政策

9. 下列情况中,企业会采取偏紧的股利政策的有(　　　)。

　　A. 投资机会较多　　　　　　　B. 资产的流动性较强

　　C. 盈利比较稳定　　　　　　　D. 通货膨胀

10. 企业在确定股利支付率水平时,应当考虑的因素有(　　　)。

　　A. 投资机会　　　　B. 筹资成本　　　　C. 资本结构　　　　D. 股东偏好

三、判断题

1. 企业的利润分配有广义的利润分配和狭义的利润分配两种。广义的利润分配是指对企业的收入和收益总额进行分配的过程;狭义的利润分配则是指对企业收益总额的分配。　　　　　　　　　　　　　　　　　　　　　　　　　　(　　)

2. 低正常股利加额外股利政策和固定或稳定增长的股利政策均有助于稳定股价和增强投资者信心。　　　　　　　　　　　　　　　　　　　　　　　　　(　　)

3. 根据《公司法》的规定,法定盈余公积金的提取比例为当年税后利润的10%。(　　)

4. 法定盈余公积金可用于弥补亏损,扩大公司生产经营或转增资本。　　(　　)

5. 以发行公司债券的方式支付股利属于支付财产股利。　　　　　　　　(　　)

6. 股权登记日在除息日之前。　　　　　　　　　　　　　　　　　　　(　　)

7. 对于投资者来说,与现金股利相比,股票回购具有更大的灵活性。　　(　　)

8. 在除息日之前,股利权利从属于股票;从除息日开始,新购入股票的投资者不能分享本次已宣告发放的股利。　　　　　　　　　　　　　　　　　　　　　(　　)

9. 股东为防止控制权被稀释,往往希望公司提高股利支付率。　　　　　(　　)

项目七

财 务 分 析

「新专标」系列教材 Xinzhuanbiao Xilie Jiaocai

◎ 知识目标

➤ 掌握财务分析的基本方法（对比分析法、平衡分析法、因素分析法）；
➤ 理解杜邦分析法的核心指标（净资产收益率、权益乘数等）。

◎ 技能目标

➤ 能够计算并解读关键财务比率（流动比率、资产负债率、毛利率等）；
➤ 能够通过杜邦分析法分解企业盈利能力的影响因素；
➤ 能够编制综合性财务评价报告，支持管理层决策。

◎ 素养目标

➤ 培养数据驱动的决策习惯，避免主观臆断；
➤ 树立全面评价观念，兼顾财务绩效与社会责任；
➤ 增强批判性思维，识别财务报表粉饰或操纵现象。

◎ 知识导图

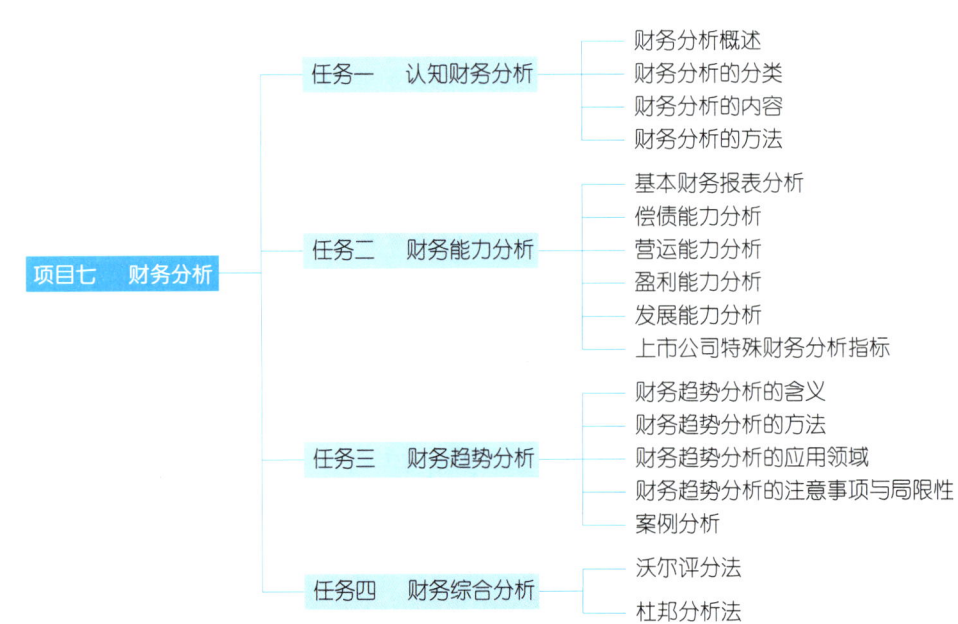

◎**财微话（情境导入）**

在繁华都市的一隅，小东与小海共同经营的服装店正稳步前行。"咚咚咚"，随着几声清脆的敲门声，小东从堆积如山的文件中抬头，温柔地说了声："请进。"

小海推门而入，手里紧握着一叠沉甸甸的财务报表，步伐稳健地走到小东的办公桌前。"学姐，这是我们公司上个季度的财务报表。"他的话语中带着一丝自豪与期待。

小东接过报表，仔细翻阅，眼神中闪烁着对过往努力的肯定。片刻后，她放下报表，抬头望向小海，嘴角勾起一抹微笑："我们服装店，从最初的无人问津到如今门庭若市，真是历经风雨，终见彩虹。回想创业初期的种种艰辛，我真是感慨万千，但一切都值得。"

小海点头附和："是啊，创业之路充满挑战，但我们始终坚守初心，不断创新，才有了今天的成就。不过，学姐，常言道'创业容易，守业难'，要想让店铺长远发展，我们还需请教行业专家，请他们为我们的未来指明方向。"

小东闻言，目光更加坚定："没错，我们不能满足于现状，要时刻保持危机意识，不断学习，不断进步。接下来，我们就着手准备，邀请财务专家为我们把脉问诊，共同绘制店铺的未来蓝图。"

就这样，小东与小海在创业的道路上携手并进，以财务管理为基石，不断书写着属于他们的精彩篇章。

任务一　认知财务分析

◎**财学堂（基础理论）**

一、　财务分析概述

财务分析是根据企业财务报表等信息资料，采用专门方法，系统分析和评价企业财务状况、经营成果及未来发展趋势的过程。

财务分析以企业财务报告及其他相关资料为主要依据，对企业的财务状况和经营成果进行评价和剖析，反映企业在运营过程中的利弊得失和发展趋势，从而为改进企业财务管理工作和优化经济决策提供重要财务信息。

二、　财务分析的分类

1. 内部分析和外部分析

按照分析实施主体的不同，财务分析可分为内部分析和外部分析。

内部分析是公司内部管理当局所进行的分析。每家公司的管理层和治理层都是内部分析的主体。内部分析的目的在于判别公司财务状况是否良好，并为今后制定筹资、投资、盈余分配等政策提供依据。而外部分析则是公司外部利益集团根据各自的要求进行的分析。

2. 资产负债表分析、利润表分析和现金流量表分析

按照财务数据的载体,财务分析可分为资产负债表分析、利润表分析和现金流量表分析。

资产负债表分析是以资产负债表为对象所进行的分析。利润表分析是以利润表为对象所进行的分析。现金流量表分析是以现金流量表为对象所进行的分析。

3. 比率分析和比较分析

按照财务分析的手段,财务分析可分为比率分析和比较分析。

比率分析是把财务报表中的有关项目进行对比,用比率来反映项目之间的关系,以揭示公司财务状况的一种分析方法。通常财务比率主要包括三大类:反映某项经济指标的各组成部分与总体之间关系的比率称为构成比率(结构比率);反映某项经济活动投入与产出之间关系的财务比率称为效率比率;反映经济活动某 2 个或 2 个以上相关项目比值的财务比率称为相关比率。比较分析则是将同一公司不同时期的财务状况(纵向趋势比较)或不同公司的财务状况(横向趋势比较)进行比较,以掌握其差异及其规律。

练一练

【判断题】 财务分析与财务管理的相同点在于两者都将财务问题作为研究的对象。

（　　）

答案：√。

【单选题】 财务分析的对象是（　　）。

A. 财务报表　　　　　B.财务报告　　　　　C.财务活动　　　　　D. 财务效率

答案：B。

三、 财务分析的内容

财务分析的内容主要包括以下几个方面。

(一) 偿债能力分析

偿债能力是指企业如期偿付债务的能力,包括短期偿债能力和长期偿债能力。短期偿债能力往往跟补充营运资本,以保证短期营运能力、改善营运资本的周转状态紧密相关。长期偿债能力不仅跟企业的资产流动性具有关联,而且还跟企业的经营状况,尤其是创利能力有着直接的关系。采取有效的措施,改善企业的长期偿债能力,既有利于改善企业的经营状况,同时也有利于企业提升其融资能力。

(二) 营运能力分析

营运能力分析主要从企业所运用的资产方面进行全面分析。营运能力分析主要分析企业各项资产的使用效率及效果、资金周转的快慢,进而挖掘企业资金的使用潜力,提高资金的使用效率。

(三) 盈利能力的分析

盈利能力分析主要通过将资产、负债、所有者权益与经营成果相结合来分析企业的各项报酬率指标,从而判断企业的获利能力。这是企业赢得股东青睐的关键。

（四）发展能力分析

发展能力分析主要通过分析销售增长、资本增长、利润增长等方面来分析评价企业未来生产经营活动的发展趋势和潜能。这是企业可持续发展的不竭动力。

四、 财务分析的方法

（一）对比分析法

对比分析法是通过指标对比,从数量上确定差异的最常用的一种分析方法。这种方法的主要作用在于揭示客观存在的差异,以便发现问题、解决问题,挖掘企业的各种潜力。对比分析法可以根据分析的不同要求作各种对比,如将实际指标与计划指标、前期指标、先进指标对比等。

把实际指标与计划指标对比,企业可找出实际与计划的差异。该差异能够反映计划的执行情况,说明计划的完成程度,给企业进一步分析提供方向。但在比较时,要注意检查计划指标本身是否既先进又切实可行,因为实际数与计划数之间的差异,除实际工作的原因外,还可能是计划太保守或不切实际等原因造成的。

把本期实际指标与前期(上月、上季、上年或上年同期)实际指标对比,对比结果能够反映企业财务活动的发展情况、考察企业财务管理的改进情况。

把本期实际指标与先进指标对比,实际上是将其与先进的管理方法和经营成果对比。在企业与企业之间,可以将实际指标与国内外同类型企业的先进指标对比;在企业内部,可以将实际指标与先进车间、班组、先进个人的先进指标对比,还可以将实际指标与历史的最高水平比较。通过比较,找出差距,有利于企业开阔眼界,吸收先进经验;也有利于充分挖掘企业内部潜力,使企业学先进、赶先进,促使其向更高的目标攀登。

在运用对比分析法进行分析时,需要注意以下两个问题:

第一,对比指标必须具有可比性。所谓指标的可比性,就是指相互对比的指标,必须在时间单位、计算口径、计价基础、计算方法等方面保持一致性。在企业之间进行财务指标对比时,还要注意企业之间的技术条件和其他经济条件是否大致相近。对比分析适用于同质指标的数量对比。只有将具有可比性的指标进行对比,比较的结果才有意义;否则,就不能正确地说明问题。

第二,指标对比在形式上既可用绝对数对比,也可用相对数对比。按相对数进行对比,在实际工作中,又称为比率分析法。比率指标常分为以下三种:

（1）效率比率。这是某项经济活动中所费与所得的比率,反映投入与产出的关系,用以比较经营得失,评价经济效益的比率。效率比率包括成本费用利润率、营业利润率等。比如,各个企业的规模不同,简单地用这些企业的资本金总额,或利润等绝对数指标进行对比,难以说清这些企业资本金利用的好坏和经济效益的大小,而通过计算各企业的资本金总额指标与利润的效率比率,即资本金利润率,就可以考察各企业资本金利用的好坏和经济效益的大小。一般来说,资本金利润率低的企业,其资本金利用效果较差;资本金利润率高的企业,其资本金利用效果较好。

（2）构成比率。这是将部分数值与总体数值进行对比,计算出部分在总体中所占的比重,借以说明某项指标的构成及其发展变化的比率,采用构成比率进行分析的方法又称比重分析法。例如,先把构成产品成本的各个成本项目的数值同产品总成本比较,计算出其占总成本的比重,确定成本的构成。再将其与不同时期同样产品的成本构成相比较,观察产品成本构成的变化与提高生产技术水平和加强经营管理的关系,就能为进一步挖掘降低成本的潜力指明方向。

(3)相关比率。这是以某个项目和与其相关但又不同的项目加以对比所得到的比率,反映有关经济活动的相互关系。例如,将流动资产与流动负债加以对比,计算出流动比率,可以反映出企业的短期偿债能力。

(二)平衡分析法

平衡分析法是根据事物或指标之间客观上存在着的平衡关系来进行分析的一种分析方法。通过平衡分析,企业可以查明各项具有平衡关系的经济指标之间的依存关系,测定各项因素对经济指标的影响程度,及时发现企业财务活动和生产经营活动中的不平衡状况,从而及时采取措施、组织新的平衡,促使生产持续稳定地发展。

平衡分析法常有以下三种方式。

1. 余额平衡法

例如,根据有关账户提供的资料与余额平衡的原理编制平衡分析表,可以分析检查企业一定时期内资产和负债及所有者权益的平衡状况等。财务管理应当深入研究资金来源与运用之间的总额平衡与结构平衡。

2. 全额平衡法

许多经济指标存在着"期初余额+本期增加额=本期减少额+期末余额"的平衡关系。根据分析的不同目的和要求,企业变换上式中各因素的平衡关系,可以用来查明某一经济指标发生差异的原因,并测定其影响程度。例如,根据"本期产品销售量=期初产品结存量+本期产品产量-期末产品结存量"这一平衡式,企业可以分析产品销售量指标和生产量指标的协调情况等。

3. 指标平衡法

一家企业的任何资金来源都会分布在各种不同类型的资产上。企业日常的理财活动实际上是对资产的有效利用。有效利用资产,不仅反映出一家企业的经营效率,而且也可以看出一家企业资产运营的平衡能力。资产的运营效率越高,平衡能力就强;平衡能力增强了,资产的运营效率就可以得到很大的提高。资产运营的平衡涉及方方面面。例如,要求企业的对外投资不能超过净资产的50%;要求对外投资的收益率不能低于资本成本率或平均负债利率;要求投资报酬与所冒的风险均衡配比等。又如,可以进行流动资产与流动负债的平衡分析,偿债能力与信用状况的平衡分析,应收账款与销售收入的平衡分析,应收款项与应付款项的平衡分析,存货与销售成本的平衡分析,会计收益与现金流量的平衡分析等。在理财活动中,现金流入量与流出量之间不同步、不同量等不平衡的现象是客观存在的。在日常财务管理工作中,不仅要学会将按权责发生制编制的净利润还原为按收付实现制编制的经营活动净现金流量,还要善于将经营活动应得现金与实得现金加以分析比较。应通过找到差异,发现不平衡,使之逐步地从不平衡走向平衡。

所谓平衡,是指矛盾暂时、相对地统一。经过一段时间的资产运营,这种平衡又会被矛盾的斗争所打破,平衡成为不平衡,统一成为不统一。此时又需要通过理财活动去寻求新的平衡与统一。

(三) 因素分析法

因素分析法是在相互关系的诸因素中,用各项因素的实际数替换基数,借以测定各个因素变动对指标完成结果和影响程度的一种分析方法。根据计算方法的不同,因素分析法可分为连环替代法和差额计算法。

1. 连环替代法

连环替代法又称连锁替代法,它是在诸因素中,把其中一个因素当作可变的,其他因素当作暂时不变的,进行逐项替代,分别求出各个因素变动对指标完成结果的影响程度的一种分析方法。

连环替代法的计算程序如下:

(1) 确定某项指标(即分析计算的对象)的组成因素,也就是根据该指标的计算公式确定影响指标变动的各项因素。

(2) 排定各项因素的顺序。

(3) 按排定的因素顺序,先计算各项因素的基数。

(4) 将前面一项因系的基数替换为实际数,将每次替换以后的计算结果与前一次替换以后的计算结果进行对比,算出每项因素的影响程度,有几项因素就替换几次。

(5) 将各项因素影响程度(有正数、有负数)的代数值相加,即得到实际数与基数之间的总差异数。

2. 差额计算法

差额计算法是利用各个因素的实际数与基数之间的差异来计算各个因素变动对指标完成结果的影响程度的一种分析方法。它是连环替代法的简化形式。

综上所述,因素分析法具有以下三个主要特性。

(1) 计算的连环性。在计算每一因素变动影响时,企业都是假定这个因素变化,其他因素与原来因素相同,每次计算都在前一次基础上进行的,一直计算到最后一个因素为止。因此,每个因素的影响值,都是以"环比"方式得出的,其计算过程表现为一个连环式的替代计算过程。

(2) 替代的顺序性。即每个因素变动的影响,都是按一定的顺序逐个计算的。由于计算顺序的改变,各因素的影响值也不尽相同。

(3) 结果的假定性。每一个因素变动的影响都是以假定其他因素不变为前提的,而且是按某一顺序计算的,因而计算出的因素影响值,也只是指在某一假定条件下的影响值,即在这种假定条件下才能认为是正确的影响值。

(四) 趋势分析法

趋势分析法又称水平分析法,是指将两期或连续数期财务会计报告中相同指标进行对比,确定其增减变动的方向、数额和幅度,以说明企业财务状况、经营成果和现金流量变动趋势的一种分析方法。采用这种分析方法,可以分析引起变化的主要原因,分析变动的性质,并预测企业未来的发展前景。

趋势分析法的具体运用主要有以下三种方式。

1. 重要财务指标的比较

重要财务指标的比较是指将不同时期财务会计报告中的相同指标或比率进行比较，直接观察其增减变动情况及变动幅度，考察其发展趋势，预测其发展前景的一种方法。

对不同时期财务指标的比较，可以有两种方法：

（1）定基动态比率。它是以某一时期的数额为固定的基期数额而计算出来的动态比率。其计算公式为：

$$定基动态比率＝分析期数额÷固定基期数额$$

（2）环比动态比率。它是以每一分析期的前期数额为基期数额而计算出来的动态比率。其计算公式为：

$$环比动态比率＝分析期数额÷前期数额$$

2. 会计报表的比较

会计报表的比较是指将连续数期的会计报表的金额并列起来，比较其相同指标的增减变动金额和幅度，据以判断企业财务状况和经营成果发展变化的一种方法。会计报表的比较具体包括资产负债表比较、利润表比较、现金流量表比较等。比较时，既要计算出表中有关项目增减变动的绝对额，又要计算出增减变动的百分比。

3. 会计报表项目构成的比较

这是在会计报表比较的基础上发展而来的。它是先以会计报表中的某个总体指标作为100％，再计算出其各组成项目占该总体指标的百分比，从而来比较各个项目百分比的增减变动，并以此来判断有关财务活动的变化趋势的一种方法。这种方法比前述两种方法更能准确地分析企业财务活动的发展趋势。它既可用于同一企业不同时期财务状况的纵向比较，又可用于不同企业之间财务状况的横向比较。同时，这种方法能消除不同时期（不同企业）之间业务规模差异的影响，有利于分析企业的耗费水平和盈利水平。

采用趋势分析法时，应注意以下几个问题：

（1）用于进行对比的各个时期的指标，在计算口径上必须一致。

（2）剔除偶发性因素的影响，使作为分析的数据能反映正常的经营状况。

（3）应用例外原则，应对某项有显著变动的指标作重点分析，研究其产生的原因，以便采取对策，趋利避害。

练一练

【多选题】 把财务报表中的有关项目进行对比的财务分析包括（　　　　）。

  A. 构成比率分析   B. 效率比率分析

  C. 相关比率分析   D. 比较分析

答案：ABC。

◎ **财智堂（技能实训）**

小东和小海学习了财务分析指标后，想要对同行业的其他服装公司的财务分析指标数据进行了解，所以他们直接查询了已经分析完成的企业偿债能力、营运能力、盈利能力、发展能力等指标数据。

一、任务目标

查询企业相关指标数据。

二、任务描述

查询获取服装企业"海澜之家"财报中的偿债能力、营运能力、盈利能力和发展能力等指标数据。

三、实施步骤

步骤 1: 打开巨潮资讯网(http://www.cninfo.com.cn/),点击"资讯"下的"个股F10",详情如图 7-1 所示。

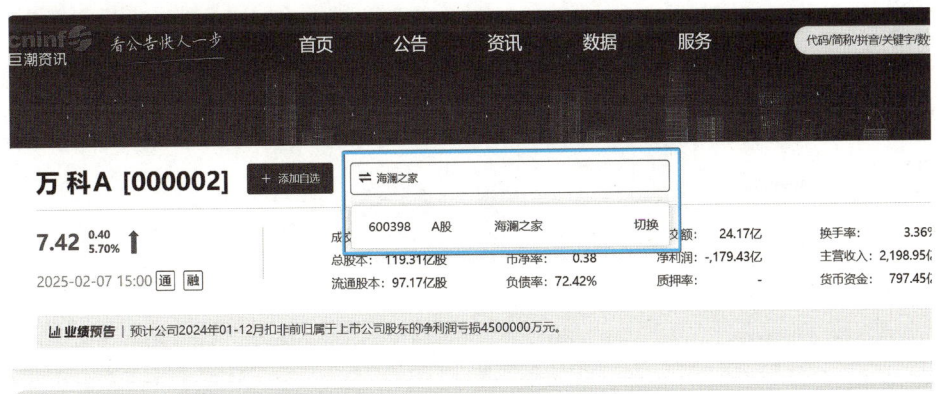

图 7-1 巨潮资讯网"个股 F10"

步骤 2: 搜索"海澜之家",点击左侧"财务数据"下的"主要指标",点击"全部"。查看海澜之家最近 4 个季度的财务能力指标数据,也可以在页面上选中数据后复制粘贴到 Excel 表格中。查看结果详情如图 7-2 至图 7-5 所示。

图 7-2 搜索"海澜之家"

主要财务报表

	2024-09-30	2024-06-30	2024-03-31	2023-12-31	2023-09-30
主要指标	-	-	-	-	-
基本每股收益(元)	0.41	0.35	0.20	0.68	0.57
每股净资产(元)	3.49	3.66	4.06	3.56	3.27
每股资本公积金(元)	0.74	0.74	0.74	0.21	0.13
净利润增长率(%)	-22.19	-2.54	10.41	36.96	40.14
营业总收入增长率(%)	-1.99	1.53	8.72	15.98	13.85
加权净资产收益率(%)	10.81	9.06	5.16	19.47	16.12

图 7-3 海澜之家主要指标的查询结果

偿还能力指标	-	-	-	-	-
流动比率	1.56	1.66	1.88	1.49	1.81
速动比率	0.71	0.96	1.26	0.93	1.12
资产负债比率(%)	47.46	44.97	42.43	52.43	50.12
运营能力指标	-	-	-	-	-
应收账款周转率(次)	13.73	10.77	6.44	20.16	12.49
存货周转率(次)	0.78	0.66	0.38	1.27	0.98
流动资产周转率(次)	0.64	0.48	0.25	0.87	0.68
固定资产周转率(次)	5.35	4.02	2.17	7.09	5.14
总资产周转率(次)	0.46	0.34	0.18	0.65	0.49
盈利能力指标	-	-	-	-	-

图 7-4 海澜之家偿债能力及运营能力指标数据的查询结果

盈利能力指标	-	-	-	-	-
营业利润率(%)	16.11	18.10	18.50	16.77	18.98
净利润率(%)	12.50	14.39	14.36	13.71	15.75
毛利率(%)	44.59	45.21	46.69	44.47	44.77
总资产报酬率(%)	5.77	4.95	2.63	8.88	7.76
发展能力指标	-	-	-	-	-
营业收入增长率(%)	-1.99	1.53	8.72	15.98	13.85
总资产增长率(%)	-3.73	-3.94	0.33	2.94	-7.01
营业利润增长率(%)	-16.83	-0.17	12.71	28.68	34.59
净利润增长率(%)	-22.19	-2.54	10.41	36.96	40.14
净资产增长率(%)	4.38	9.52	21.40	9.92	4.08

图 7-5 海澜之家盈利能力和发展能力指标数据的查询结果

选择一家上市企业,通过巨潮资讯网查询获取该企业近期 5 个季度的企业偿债能力、营运能力、盈利能力、发展能力等指标数据,并复制到空白的 Excel 表中,然后提交。

任务二 财务能力分析

一、 基本财务报表分析

财务报表中有丰富的会计信息数据,可以凭以计算各有关的财务比率。基本的财务报表分析方法主要是财务比率分析法,旨在通过财务报表数据的相对关系来揭示企业经营管理的各个方面问题。基本的财务报表分析内容主要包括偿债能力分析、营运能力分析、盈利能力分析和发展能力分析等,以下分别加以介绍。

现以东海实业有限公司 20×5 年 12 月 31 日的资产负债表、利润表和现金流量表等三张报表进行分析,报表数据如表 7-1 至表 7-3 所示。

表 7-1 资产负债表(简表) 会企 01 表

编制单位:东海实业有限公司　　　　　　20×5 年 12 月 31 日　　　　　　单位:元

资　产	行次	期末余额	上年年末余额	负债和所有者权益(或股东权益)	行次	期末余额	上年年末余额
流动资产:				流动负债:			
货币资金	1	900 000	(略)	短期借款	31	3 000 000	(略)
交易性金融资产	2	700 000		应付票据	32	0	
应收票据	3	0		应付账款	33	765 000	
应收账款	4	1 400 000		预收款项	34	300 000	
预付款项	5	500 000		应付职工薪酬	35	1 735 000	
应收股利	6			应交税费	36	3 000 000	
应收利息	7	0		应付利息	37	0	
其他应收款	8	50 000		应付利润	38	1 150 000	
存货	9	2 750 000		其他应付款	39	450 000	
其中:原材料	10	1 350 000		其他流动负债	40	500 000	
在产品	11	400 000		流动负债合计	41	10 900 000	
库存商品	12	1 000 000		非流动负债:			
周转材料	13	0		长期借款	42	1 000 000	

（续表）

资 产	行次	期末余额	上年年末余额	负债和所有者权益（或股东权益）	行次	期末余额	上年年末余额
其他流动资产	14	0		长期应付款	43	0	
流动资产合计	15	6 300 000		递延收益	44	0	
非流动资产：				其他非流动负债	45	0	
长期债券投资	16	10 000 000		非流动负债合计	46	1 000 000	
长期股权投资	17	0		负债合计	47	11 900 000	
固定资产原价	18	20 000 000					
减：累计折旧	19	1 000 000					
固定资产账面价值	20	19 000 000					
在建工程	21	0					
工程物资	22	0					
固定资产清理	23	0					
生产性生物资产	24	0		所有者权益（或股东权益）：			
无形资产	25	0		实收资本（或股本）	48	14 000 000	
开发支出	26	0		资本公积	49	0	
长期待摊费用	27	200 000		盈余公积	50	1 104 000	
其他非流动资产	28	0		未分配利润	51	8 496 000	
非流动资产合计	29	29 200 000		所有者权益（或股东权益）合计	52	23 600 000	
资产总计	30	35 500 000		负债和所有者权益（或股东权益）总计	53	35 500 000	

表 7-2　利润表（简表）　　　　　　　　　会企 02 表

编制单位：东海实业有限公司　　　　　　20×5 年 12 月　　　　　　单位：元

项 目	本期金额	上期金额
一、营业收入	1 300 000	（略）
减：营业成本	780 900	
税金及附加	2 000	
销售费用	20 000	
管理费用	157 100	
研发费用		
财务费用	41 500	

（续表）

项　目	本期金额	上期金额
其中：利息费用（收入以"－"号填列）	41 500	
加：投资收益（损失以"－"号填列）	31 500	
二、营业利润（亏损以"－"号填列）	330 000	
加：营业外收入	50 000	
减：营业外支出	19 700	
三、利润总额（亏损总额以"－"号填列）	360 300	
减：所得税费用	85 300	
四、净利润（净亏损以"－"号填列）	275 000	

表 7-3　现金流量表　　　　　　　　　　　会企 03 表

编制单位：东海实业有限公司　　　　20×5 年 12 月　　　　　　　单位：元

项　目	行次	本期金额	上期金额
一、经营活动产生的现金流量：			
销售产成品、商品、提供劳务收到的现金	1	13 400 000	（略）
收到其他与经营活动有关的现金	2	0	
购买原材料、商品、接受劳务支付的现金	3	9 790 000	
支付的职工薪酬	4	850 000	
支付的税费	5	1 800 000	
支付其他与经营活动有关的现金	6	0	
经营活动产生的现金流量净额	7	960 000	
二、投资活动产生的现金流量：			
收回短期投资、长期债券投资和长期股权投资收到的现金	8	1 000 000	
取得投资收益收到的现金	9	90 000	
处置固定资产、无形资产和其他非流动资产收回的现金净额	10	110 000	
短期投资、长期债券投资和长期股权投资支付的现金	11	1 320 000	
购建固定资产、无形资产和其他非流动资产支付的现金	12	5 200 000	
投资活动产生的现金流量净额	13	－5 320 000	
三、筹资活动产生的现金流量：			
取得借款收到的现金	14	7 000 000	

（续表）

项　目	行次	本期金额	上期金额
吸收投资者投资收到的现金	15	0	
偿还借款本金支付的现金	16	0	
偿还借款利息支付的现金	17	300 000	
分配利润支付的现金	18	500 000	
筹资活动产生的现金流量净额	19	6 200 000	
四、现金净增加额	20	1 840 000	
加：期初现金余额	21	250 000	
五、期末现金余额	22	2 090 000	

二、 偿债能力分析

偿债能力是指企业偿还其债务（含本金和利息）的能力。通过偿债能力的分析，能有效揭示一家企业的财务风险的大小。不论是商业银行、供应商还是其他债权人，都十分关注企业的偿债能力。按照债务到期时间的长短，偿债能力还可以分为短期偿债能力和长期偿债能力。短期偿债能力是指企业承担并支付其经常性财务负担（即偿还流动负债）的能力。这种偿债能力通常是通过对资产价值变现来实现的。因此流动性是衡量短期偿债能力的关键。而长期偿债能力则是指企业支付长期债务的能力。制约长期偿债能力的因素包括企业的获利能力和资本结构。

（一）短期偿债能力分析

企业在进行理财时，一定要注意短期偿债能力。企业应合理安排资源及其配置，最大限度地避免债务违约和陷入财务困境。其关键是确保流动资产的流动性。流动负债是指将于流动资产负债表日起1年内偿还的债务。而用于偿还这些债务的基本来源就是流动资产。衡量流动资产流动性的最常用的存量比较方法有两种：一种是差额比较，即用流动资产与流动负债做减法来计算营运资本；另一种是比率比较，即用流动资产与流动负债相除的方法来比较。

1. 营运资本

营运资本是指流动资产超过流动负债部分。其计算公式为：

$$营运资本＝流动资产－流动负债 \tag{7-1}$$

根据东海实业有限公司的报表数据，其营运成本计算如下：

营运资本＝6 300 000－10 900 000＝－4 600 000（元）

营运资本小于0表明该公司存在将流动负债配置到非流动资产的情况。这是危及公司财务安全的巨大隐患。因为这种模式下，公司实际上是挪用了流动负债，这会导致公司经常拆东墙补西墙，借新债还旧债，才能勉为其难地维持现状。万一企业不能顺利借新还旧，就会出现信用风险。要避免无法偿还流动负债造成的风险，营运资本一定要大于零（即流动资产一定要大于流动负债），这一方面可以保证对流动负债的偿还，同时另一方面,还可以确保公司在商业淡季时能够尽可能以自有资本维持小规模低调运行。换言之,流动资产中仅有一部分靠流动负债提供融资来源,另一部分要靠自有长期资本来提供。

即使流动资产与流动负债相等,也不足以保证短期偿债能力没有问题。因为债务的到期与流动资产的现金生成,不可能同步同量;而且为维持经营,企业很难清算全部流动资产来偿还流动负债,而是必须维持最低水平的现金、存货、应收账款等。

当然值得注意的是,营运资本并非多多益善。营运资本不足固然不好,但是营运资本过多,则意味着大量的资源被配置在流动资产方面,这固然提升了短期偿债能力,却牺牲了资源的盈利能力。营运资本应维持在适度水平。

2. 流动比率

流动比率是流动资产与流动负债进行对比所确定的比率。其计算公式为:

$$流动比率 = \frac{流动资产}{流动负债} \qquad (7-2)$$

根据东海实业有限公司的财务报表数据,可以计算如下:

$$流动比率 = \frac{6\ 300\ 000}{10\ 900\ 000} \approx 0.58 < 2$$

可以知道,该公司流动比率仅为 0.58,远远低于流动比率的经验数值(流动比率经验值为 2)。流动比率太低,表明企业缺乏短期偿债能力;当然,流动比率太高,虽然说明短期偿债能力强,但也说明企业的资源利用是不充分的。流动比率为 2 是通过长期的实践探索出来的经验值。所谓短期偿债能力的适度性,其实就是在兼顾流动性和盈利性的基础上所作的平衡。流动比率的经验值为 2 表示:一半流动资产的来源依靠流动负债,以支持商业旺季的到来;而另一半的流动资产则来自企业自有的长期资本,这是企业在商业淡季到来时,维持低调运行的重要资本。

3. 速动比率

速动比率是由速动资产和流动负债对比所确定的比率。其计算公式为:

$$速动比率 = \frac{速动资产}{流动负债} = \frac{流动资产 - 存货}{流动负债} \qquad (7-3)$$

根据东海实业有限公司的财务报表数据,可以计算如下:

$$速动比率 = \frac{6\ 300\ 000 - 2\ 750\ 000}{10\ 900\ 000} \approx 0.33 < 1$$

由此可以知道,该公司的速动比率仅为 0.33,远远低于速动比率的经验值(速动比率的经验值为 1)。速动比率太低,表明企业缺乏即时偿债能力;当然,速动比率太高,虽然说明短期偿债能力强,但也说明企业的资源利用是不充分的。速动比率为 1 是通过长期的实践探索出来的经验值。速动比率经验值为 1 表示:企业的速动资产相当于流动负债,以利于企业以流动性强的资产的变现来偿还流动负债。

4. 现金比率

速动资产中,流动性最强、可直接用于偿债的资产称为现金资产。现金资产包括货币资金、短期投资等。与其他速动资产不同,现金资产本身就是可以直接偿债的资产。

「新专标」系列教材 Xinzhuanbiao 系列教材 Xilie Jiaocai

而其他速动资产需要等待不确定的时间，才能转换为不确定金额的现金。

现金资产与流动负债的比值称为现金比率。其计算公式为：

$$现金比率 = \frac{货币资金 + 交易性金融资产}{流动负债} \tag{7-4}$$

根据东海实业有限公司的财务报表数据，可以计算如下：

$$现金比率 = \frac{900\,000 + 700\,000}{10\,900\,000} = 0.147$$

从计算的结果可见，1 元流动负债有 0.147 元的现金资产作为保障。

（二）长期偿债能力分析

长期偿债能力与公司的获利能力、资金结构具有十分密切的关系。影响长期偿债能力的指标包括以下几个方面。

1. 资产负债率

资产负债率又称负债比率或负债对资产的比率，是企业的负债总额与资产总额进行对比所确定的比率。其计算公式为：

$$资产负债率 = \frac{负债总额}{资产总额} \times 100\% \tag{7-5}$$

资产负债率反映的是在企业全部资金中有多大的比例是通过借债而筹集的。因此，这一比率能反映资产对负债的保障程度。对债权人而言，其最关心的就是借出款项的安全程度。通常情况下，资产负债率的上限为 70%。适度的资产负债率，对于企业而言是有利的，资产负债率并非越大越好。当资产负债率逼近 70% 时，就意味着长期偿债能力达到预警水平了。

根据东海实业有限公司的财务数据，可以计算如下：

$$资产负债率 = \frac{11\,900\,000}{35\,500\,000} \times 100\% \approx 33.52\%$$

由此可知，该公司总体的资产负债率相对而言还是较低的。同时也说明，该公司的运作基本上占 2/3 的资本靠的是自有资本，公司还有进一步扩大债务融资的潜力。因此，如果资产负债率很低，则说明投资者投入的资本在全部资本中所占比重很大，而借入资金所占比重却很小，公司的风险主要由投资者来承担。反之，如果资产负债率很高，则说明投资者投入的资本在全部资本中所占比重很小，而借入资金所占比重却很大，公司的风险主要由债权人承担。

2. 股东权益比率

股东权益比率是企业的股东权益总额与资产总额对比所确定的比率。其计算公式为：

$$股东权益比率 = \frac{股东权益总额}{资产总额} \times 100\% \tag{7-6}$$

根据东海实业有限公司有关财务数据，可以计算如下：

$$股东权益比率 = \frac{23\,600\,000}{35\,500\,000} \times 100\% \approx 66.48\%$$

由此可见,该公司投资者的出资所占比重很大,占资产总额的 2/3,同时这也间接反映出资产负债率为资产总额的 1/3。由此可见,资产负债率与股东权益比率是互补关系。

$$资产负债率 + 股东权益比率 = 1 \tag{7-7}$$

根据东海实业有限公司的财务数据,

资产负债率 + 股东权益比率 = 33.52% + 66.48% = 100% = 1

根据式(7-7)可得:

$$资产负债率 = 1 - 股东权益比率$$

由此可得:股东权益比率越高,资产负债率越低,风险越低;股东权益比率越低,资产负债率越高,风险越大。

3. 偿债保障比率

偿债保障比率是负债总额与经营活动现金净流量的比率。其计算公式为:

$$偿债保障比率 = \frac{负债总额}{经营活动现金净流量} \tag{7-8}$$

根据东海实业有限公司有关财务数据,可以计算如下:

$$偿债保障比率 = \frac{11\,900\,000}{960\,000} \approx 12.396$$

一般情况下,偿债保障比率越低,企业的偿债能力越强。而该公司的偿债保障比率高达 12.396,说明每 1 元经营活动现金流量净额要保障 12.396 元的负债的偿还。

4. 产权比率和权益乘数

产权比率又称负债股权比率,是负债总额与股东权益总额的比值。其计算公式为:

$$产权比率 = \frac{负债总额}{股东权益} \tag{7-9}$$

产权比率表明每 1 元股东权益借入的债务额。

权益乘数是指反映资产总额是股东权益的多少倍的财务指标。它实际上是股东权益比率的倒数。权益乘数表明每 1 元股东权益所拥有的资产额。权益乘数越大,说明股东投入的资本在资产中所占比重越小,财务杠杆越大。其计算公式为:

$$权益乘数 = \frac{资产总额}{股东权益} \tag{7-10}$$

产权比率与权益乘数是两种常用的财务杠杆比率。财务杠杆表明债务多少,与偿债能力有关。同时,财务杠杆影响总资产净利率和权益净利率之间的关系,还表明权益净利率的风险高低,与盈利能力有关。

根据东海实业有限公司的有关财务数据,产权比率可以计算为:

$$产权比率 = \frac{负债总额}{股东权益} = \frac{10\,900\,000}{23\,600\,000} \approx 0.46$$

该数据表明,该公司每1元股东权益借入了0.46元债务资本。

根据东海实业有限公司的有关财务数据,权益乘数可以计算为:

$$权益乘数 = \frac{资产总额}{股东权益} = \frac{35\,500\,000}{23\,600\,000} \approx 1.50$$

该数据表明,该公司每1元股东权益拥有1.5元资产。

练一练

【判断题】 权益乘数越大,资产负债率越高,企业财务风险越大,偿债能力越差。( )
答案:√。

5. 长期资本负债率

长期资本负债率是指非流动负债占长期资本的百分比。其计算公式为:

$$长期资本负债率 = \frac{非流动负债}{非流动负债 + 股东权益} \times 100\% \tag{7-11}$$

根据东海实业有限公司的有关财务数据,长期资本负债率可以计算如下:

$$长期资本负债率 = \frac{非流动负债}{非流动负债 + 股东权益} \times 100\%$$

$$= \frac{1\,000\,000}{1\,000\,000 + 23\,600\,000} \times 100\% \approx 4.07\%$$

6. 利息保障倍数

利息保障倍数是指息税前利润对利息费用的倍数。利息费用是指本期的全部应付利息,其不仅包括计入利润表财务费用的利息费用,还应包括计入资产负债表固定资产等成本的资本化利息。该指标表明每1元利息支付有多少倍的息税前利润作保障,可以反映债务政策的风险大小。利息保障倍数越大,利息支付越有保障。如果利息支付尚且缺乏保障,则归还本金就更难指望。其计算公式为:

$$利息保障倍数 = \frac{息税前利润}{利息费用} = \frac{净利润 + 利息费用 + 所得税费用}{利息费用} \tag{7-12}$$

如果利息保障倍数小于1,则表明企业自身产生的经营收益不能支持现有的债务规模。利息保障倍数等于1也很危险,因为息税前利润受经营风险的影响,很不稳定,而且利息支付却是固定的。利息保障倍数越大,企业拥有的偿还利息的缓冲资金越多。

根据东海实业有限公司的有关财务数据,可以计算如下:

$$利息保障倍数 = \frac{息税前利润}{利息费用} = \frac{净利润 + 利息费用 + 所得税费用}{利息费用}$$

$$= \frac{275\,000 + 41\,500 + 85\,300}{41\,500} \approx 9.68$$

该公司的利息保障倍数为9.68,表明该公司每1元利息费用有9.68元的息税前利润作为偿还保障,拥有的偿还利息的缓冲资金很多。

7. 现金流量利息保障倍数

现金流量利息保障倍数是指经营活动现金流量净额对利息费用的倍数。该指标表明每 1 元利息费用有多少倍的经营活动现金流量净额作保障。其比以息税前利润为基础的保障倍数更为可靠。其计算公式为：

$$现金流量利息保障倍数 = \frac{经营活动现金流量净额}{利息费用} \tag{7-13}$$

根据东海实业有限公司的有关财务数据，可以计算如下：

$$现金流量利息保障倍数 = \frac{经营活动现金流量净额}{利息费用} = \frac{960\,000}{41\,500} \approx 23.13$$

从该公司的数据看，该公司的现金流量利息保障倍数远比利息保障倍数更高、更为可靠。

8. 现金流量债务比

现金流量债务比是指经营活动现金流量净额与债务总额的比率。该比率中的债务总额采用期末数而非平均数，因为实际需要偿还的是期末金额，而非平均金额。该比率越高，偿还债务总额的能力越强。其计算公式为：

$$经营活动现金流量净额债务比 = \frac{经营活动现金流量净额}{债务总额} \tag{7-14}$$

根据东海实业有限公司的有关财务数据，可以计算如下：

$$经营活动现金流量净额债务比 = \frac{经营活动现金流量净额}{债务总额} = \frac{960\,000}{11\,900\,000} \approx 0.080\,7$$

练一练

【单选题】 最关心企业偿债能力的分析方应该是（　　）。

　A. 投资者　　　B. 经营者　　　　　C. 债权人　　　　　D. 所有利益相关者

答案：C。

【多选题】 反映短期偿债能力的指标有（　　）。

　A. 资产负债率　　　　　　　　B. 产权比率

　C. 速动比率　　　　　　　　　D. 现金比率

答案：CD。

三、　营运能力分析

营运能力又称资产管理能力，是指企业各项资源的周转速度和使用效率。营运能力分析是指通过对各项资源的周转效率的计算和考察，揭示企业的资源利用效率，其一方面可促进企业加速资金周转和循环，同时另一方面可减少资源的占用，以提高企业的绩效。

常用的营运能力比率包括应收账款周转率（周转天数）、存货周转率（周转天数）、流动资产周转率（周转天数）、固定资产周转率（周转天数）和总资产周转率（周转天数）。

（一）应收账款周转率（周转天数）

应收账款周转率是销售收入与应收账款的比率。

1. 应收账款周转率

应收账款周转率又称应收账款周转次数,反映1年中应收账款周转的次数,或每1元应收账款支撑的销售收入。其计算公式为:

$$应收账款周转率(次数) = \frac{销售收入}{应收账款平均余额}$$

$$= \frac{销售收入}{(期初应收账款 + 期末应收账款) \div 2} \tag{7-15}$$

2. 应收账款周转天数

应收账款周转天数又称应收账款收现期,反映企业采用赊销方式产生从销售开始至收回现金这样一种资金流转和循环所需时间的长短。其计算公式为:

$$应收账款周转天数 = \frac{365^①}{应收账款周转次数} \tag{7-16}$$

3. 应收账款与收入比

应收账款与收入比,表明每1元销售收入需要的应收账款投资。其计算公式为:

$$应收账款与收入比 = \frac{应收账款平均余额}{销售收入}$$

$$= \frac{(期初应收账款 + 期末应收账款) \div 2}{销售收入} \tag{7-17}$$

根据东海实业有限公司的有关财务数据,可以计算如下:

$$应收账款周转率(次数) = \frac{1\ 300\ 000}{(0 + 1\ 400\ 000) \div 2} \approx 1.86(次)$$

$$应收账款周转天数 = \frac{365}{1.86} \approx 196.24(天)$$

$$应收账款与收入比 = \frac{(0 + 1\ 400\ 000) \div 2}{1\ 300\ 000} \approx 0.54$$

从上述数据可以知道,该公司应收账款周转次数太少了,而周转次数决定了周转天数,以及应收账款与收入比的数值。该公司亟待加强对应收账款的管理与控制,以增强资源的利用率,同时有效地降低风险。

(二) 存货周转率(周转天数)

存货周转率是销售收入[②]与存货的比率。其计算公式如下:

$$存货周转率(次数) = \frac{销售收入}{存货平均余额} = \frac{销售收入}{(期初存货 + 期末存货) \div 2} \tag{7-18}$$

---

① 在有些教科书中,分子采用的天数是360天。本教材采用365天,是为了能够更加准确地计算各类资源的周转天数。

② 在计算存货周转率时,使用"销售收入"还是"销售成本"作为周转额,要看分析的目的。在短期偿债能力分析中,应采用"销售收入"计算短期偿债能力;在分解总资产周转率时,应统一使用"销售收入"计算周转率;如果为了评估存货管理等的业绩,应当使用"销售成本"计算存货周转率。

$$存货周转天数 = \frac{365}{存货周转次数} \tag{7-19}$$

$$存货与收入比 = \frac{存货平均余额}{销售收入} = \frac{(期初存货+期末存货)\div 2}{销售收入} \tag{7-20}$$

根据东海实业有限公司的有关财务数据,可以计算如下:

$$存货周转率(次数) = \frac{1\,300\,000}{(0+2\,750\,000)\div 2} \approx 0.95(次)$$

$$存货周转天数 = \frac{365}{0.95} \approx 384.21(天)$$

$$存货与收入比 = \frac{(0+2\,750\,000)\div 2}{1\,300\,000} \approx 1.06$$

(三) 流动资产周转率(周转天数)

流动资产周转率是销售收入与流动资产的比率。其计算公式如下:

$$流动资产周转率(次数) = \frac{销售收入}{流动资产平均余额} = \frac{销售收入}{(期初流动资产+期末流动资产)\div 2} \tag{7-21}$$

$$流动资产周转天数 = \frac{365}{流动资产周转次数} \tag{7-22}$$

$$流动资产与收入比 = \frac{流动资产平均余额}{销售收入} = \frac{(期初流动资产+期末流动资产)\div 2}{销售收入} \tag{7-23}$$

根据东海实业有限公司的有关财务数据,可以计算如下:

$$流动资产周转率(次数) = \frac{1\,300\,000}{(0+6\,300\,000)\div 2} \approx 0.41(次)$$

$$流动资产周转天数 = \frac{365}{0.41} \approx 890.24(天)$$

$$流动资产与收入比 = \frac{(0+6\,300\,000)\div 2}{1\,300\,000} \approx 2.42$$

(四) 固定资产周转率(周转天数)

固定资产周转率是企业的销售收入与固定资产的比率。其计算公式为:

$$固定资产周转率(次数) = \frac{销售收入}{平均固定资产} = \frac{销售收入}{(期初固定资产+期末固定资产)\div 2} \tag{7-24}$$

$$固定资产周转天数 = \frac{365}{固定资产周转次数} \tag{7-25}$$

$$固定资产与收入比=\frac{平均固定资产}{销售收入}=\frac{(期初固定资产＋期末固定资产)÷2}{销售收入} \quad (7-26)$$

根据东海实业有限公司的有关财务数据,可以计算如下:

$$固定资产周转率(次数)=\frac{1\ 300\ 000}{(0＋1\ 900\ 000)÷2}≈0.14(次)$$

$$固定资产周转天数=\frac{365}{0.14}≈2\ 607.14(天)$$

$$固定资产与收入比=\frac{(0＋1\ 900\ 000)÷2}{1\ 300\ 000}≈7.31$$

(五) 总资产周转率(周转天数)

总资产周转率是销售收入与资产总额进行对比的比率。其计算公式为:

$$总资产周转率(次数)=\frac{销售收入}{平均资产总额}=\frac{销售收入}{(期初总资产＋期末总资产)÷2} \quad (7-27)$$

$$总资产周转天数=\frac{365}{总资产周转次数} \quad (7-28)$$

$$总资产与收入比=\frac{平均资产总额}{销售收入}=\frac{(期初总资产＋期末总资产)÷2}{销售收入} \quad (7-29)$$

根据东海实业有限公司的有关财务数据,可以计算如下:

$$总资产周转率(次数)=\frac{1\ 300\ 000}{(0＋35\ 500\ 000)÷2}≈0.07(次)$$

$$总资产周转天数=\frac{365}{0.07}≈5\ 214.29(天)$$

$$总资产与收入比=\frac{(0＋35\ 500\ 000)÷2}{1\ 300\ 000}≈13.65$$

四、盈利能力分析

盈利能力是指企业赚取利润的能力。获利是所有投资者和债权人进行投资、借贷的最根本目标。但是,企业的盈利能力很难加以定义和衡量,没有一种方法能够明确地告诉我们企业是否会具有较好的盈利性。一般来说,会计利润反映了收入与成本之差。财务分析人员至多能衡量当前或既往的会计利润,然而,许多商业机会都是以牺牲当前利润为代价来换取未来利润的。在此情况下,当前利润就不足以反映未来的盈利能力。以会计为基础来衡量企业盈利能力存在的另一个问题就是忽视了风险。用会计方法衡量企业盈利能力的一个最大的问题就是没有能够给出一个用于比较的尺度。因而,从经济学角度来看,只有当企业的盈利率大于投资者自己能够从资本市场上赚取的盈利率时,才能说明企业具有较强的盈利能力,而会计衡量方法无法作出该种比较。

(一) 收入类盈利能力比率
1. 销售毛利率

销售毛利率是由毛利与销售收入进行对比所确定的比率。其计算公式为:

$$销售毛利率=\frac{销售收入净额-销售成本}{销售收入净额}\times100\%=\frac{毛利}{销售收入净额}\times100\% \quad (7-30)$$

式(7-30)中的销售收入净额是指产品销售收入扣除销售退回、销售折扣与折让后的净额。本教材沿用营业收入代替销售收入净额。销售毛利率很好地反映了毛利(本教材采用营业利润)与销售收入净额的对比关系,是反映企业获利能力的主要指标。这一指标越高,说明企业获利能力越强。

根据东海实业有限责任公司的有关财务数据,可以计算如下:

$$销售毛利率=\frac{毛利}{销售收入净额}\times100\%=\frac{330\,000}{1\,300\,000}\times100\%\approx25.38\%$$

2. 销售净利率

销售净利率是净利润和销售收入净额进行对比所确定的比率。其计算公式为:

$$销售净利率=\frac{净利润}{销售收入净额}\times100\% \quad (7-31)$$

销售净利率很好地反映了净利润和销售收入的对比关系,该指标越高,说明企业通过扩大销售以获取利润的能力越强。

根据东海实业有限责任公司的有关财务数据,可以计算如下:

$$销售净利率=\frac{275\,000}{1\,300\,000}\times100\%\approx21.15\%$$

(二) 资金类盈利能力比率

1. 总资产净利率

总资产净利率是企业净利润同资产总额的比率。其计算公式为:

$$总资产净利率=\frac{净利润}{平均资产总额}\times100\% \quad (7-32)$$

总资产净利率反映了企业投入的全部资金的获利能力,是衡量企业投入产出能力的重要指标。该指标越高,说明企业获利能力越强。

根据东海实业有限责任公司的有关财务数据,可以计算如下:

$$总资产净利率=\frac{净利润}{平均资产总额}\times100\%=\frac{275\,000}{(0+35\,500\,000)\div2}\times100\%\approx1.55\%$$

2. 净资产收益率

净资产收益率又称股东权益报酬率、所有者权益报酬率、权益资本报酬率,是净利润与所有者权益的比率。其计算公式为:

$$净资产收益率=\frac{净利润}{平均净资产总额}\times100\% \quad (7-33)$$

净资产收益率很好地反映了企业股东投入资金的获利能力。该指标在资本市场上具有风向标的功能,会对股东的投资热情起到引导作用。该指标越高,说明投资在该特定企业中的获利能力就越强。

根据东海实业有限责任公司的有关财务数据,可以计算如下:

$$净资产收益率=\frac{净利润}{平均净资产总额}\times100\%=\frac{275\,000}{(0+23\,600\,000)\div2}\times100\%\approx2.33\%$$

(三) 股权类盈利能力比率

1. 每股收益

普通股每股收益简称每股收益,是由净利润扣除向优先股东支付的优先股股利后的余额与发行在外的普通股平均股数的比率。其计算公式为:

$$每股收益=\frac{净利润-优先股股利}{发行在外的普通股平均股数} \qquad (7-34)$$

每股收益是资本市场上投资人非常看重的一个重要指标,因为它很好地反映了股份公司的获利能力大小。每股收益越高,一般企业获利能力越强。

2. 普通股每股现金流量

普通股每股现金流量简称每股现金流量,是经营活动产生的现金净流量扣除优先股股利后的余额,与发行在外的普通股平均股数的比率。其计算公式为:

$$每股现金流量=\frac{经营活动现金净流量-优先股股利}{发行在外的普通股平均股数} \qquad (7-35)$$

关注资本市场的投资者,除关注每股收益外,同样也会格外留意每股现金流量,因为即便是每股收益很高,如果企业严重缺乏现金,则其利润再高也无法顺利实施现金股利的分派。因此,该指标也是值得投资者格外予以留意并关注的。每股现金流量越高,说明公司越有能力支付现金股利;反之则反。

3. 普通股每股股利

普通股每股股利简称每股股利,它是经股东大会决策向股东支付的现金股利总额扣除向优先股股东支付的固定股利之后所余部分,与发行在外的普通股平均股数的比率。其计算公式为:

$$普通股每股股利=\frac{现金股利总额-优先股股利}{发行在外的普通股平均股数} \qquad (7-36)$$

普通股每股股利反映了股份有限公司的股利政策。初创阶段的股份有限公司,一般会采取低股利政策,以便于其能够将更多的资源用于股份有限公司的长远发展;而到了股份有限公司发展的后期,随着基本建设项目的逐步完善和投入运营,股份有限公司在股利政策方面会倾向于较高的股利政策。尤其是对普通股股东,股份有限公司除了年度性的股利政策之外,还会推出颇有力度的红利政策,以答谢普通股股东长期以来与股份有限公司同甘共苦付出的辛劳。

五、 发展能力分析

衡量企业发展能力的指标主要有营业收入增长率、总资产增长率、营业利润增长率、资本保值增值率和所有者权益增长率等。

（一）营业收入增长率

营业收入增长率是通过分析当期营业收入比上期营业收入增长的比率来反映企业主营业务发展情况的比率。该指标反映的是营业收入增长情况，是衡量企业经营状况和市场占有能力、预测企业经营业务拓展趋势的重要指标。在实际分析时，应考虑企业历年的销售水平、市场占有情况、行业未来发展及其他影响企业发展的潜在因素，或结合企业前三年的营业收入增长率进行趋势性的分析判断。其计算公式为：

$$营业收入增长率 = \frac{本年营业收入增长额}{上年营业收入} \times 100\% \qquad (7\text{-}37)$$

其中   本年营业收入增长额 = 本年营业收入 − 上年营业收入

营业收入代表企业在其主要经营目标范围内，通过销售商品、提供劳务和让渡资产使用权，获取的经济利益流入。这方面的收入，代表了企业长期赖以发展的方向。同样，其也是企业长期生存与发展的动力之所在。毫无疑问，营业收入增长速度越快，则该企业在一定时期内的发展潜力就越大。

（二）总资产增长率

总资产增长率是通过分析当期总资产比上期总资产增长的比率来反映企业总资产增长情况的一个比率。其计算公式为：

$$总资产增长率 = \frac{当期总资产 − 上期总资产}{上期总资产} \times 100\% \qquad (7\text{-}38)$$

总资产增长率的计算，可以很好地反映企业总资产的增长速度，反映出企业的规模发展的情况。

（三）营业利润增长率

营业利润增长率是通过分析当期营业利润比上期营业利润增长的比率来反映企业营业利润增长情况的一个比率。其计算公式为：

$$营业利润增长率 = \frac{本年营业利润增长额}{上年营业利润总额} \times 100\% \qquad (7\text{-}39)$$

其中   本年营业利润增长额 = 本年营业利润 − 上年营业利润

营业利润增长率越高，则该企业在一定时期内的发展潜力同样就越大。同时也表明，该企业可以支配的资源增长速度也就越高。

（四）资本保值增值率

资本保值增值率是扣除客观增减因素后所有者权益的期末总额与期初总额的比率，主要反映企业资本的运营效益与安全状况。严格意义上的资本保值增值率指标应从利润表出发，以净利润为核心。其计算公式为：

$$资本保值增值率 = \frac{期初所有者权益 + 本期利润}{期初所有者权益} \times 100\% \qquad (7\text{-}40)$$

该指标越高，表明企业的资本保全状况越好，所有者权益增长越快，债权人的债务越有保障,企业发展后劲越强。

(五) 所有者权益增长率

所有者权益增长率是企业本年所有者权益增长额与年初所有者权益的比率,反映企业当年资本的积累能力。其计算公式为:

$$所有者权益增值率 = \frac{本年所有者权益增长额}{年初所有者权益} \times 100\% \tag{7-41}$$

其中　　　　本年所有者权益增长额 = 年末所有者权益 - 年初所有者权益

所有者权益增长率越高,表明企业的资本积累越多,应对风险、持续发展的能力也就越强。

六、 上市公司特殊财务分析指标

1. 市盈率

市盈率又称价格盈余比率,是普通股每股市价与普通股每股盈余进行对比的比率。其计算公式为:

$$市盈率 = \frac{普通股每股市价}{普通股每股盈余} \tag{7-42}$$

市盈率反映了投资者对于股份有限公司未来发展前景看好而容忍市价远远高于当前每股收益的倍数。投资者对该公司的前景越看好,越愿意出较高的价格购买该公司的股票,因而其可以容忍的倍数越高;反之则反。

投资者购买股票时,往往会以市盈率为重要的衡量标准,将不同企业进行比较。股份有限公司发行股票时,也会以市盈率为参照,合理确定发行价格。证券市场的监管当局也会运用市盈率,合理控制风险。当然,当市盈率上升到一定水平时,其便会丧失弹性,因而,绝对不可过于迷信市盈率所传递出来的信息。

2. 市净率

市净率是指每股市价与每股净资产的比率,是投资者用以衡量、分析个股是否具有投资价值的工具之一。其计算公式为:

$$市净率 = \frac{每股市价}{每股净资产} \tag{7-43}$$

市净率反映投资者原以为每 1 元净资产支付的价格,说明市场对企业资产质量的评价。式(7-43)中,每股净资产又称为每股账面价值,是指普通股股东权益与流通在外普通股股数的比率,反映每股普通股享有的净资产,代表理论上的每股最低价值。其计算公式为:

$$每股净资产 = \frac{股东权益 - 优先股权益}{流通在外普通股股数} = \frac{普通股股东权益}{流通在外普通股股数} \tag{7-44}$$

在计算市净率和每股净资产时,应注意所使用的是资产负债表日流通在外的普通股股数,而不是当期流通在外的普通股加权平均股数。

◎ **财智堂(技能实训)**

小东和小海进行了自己公司的基本财务报表分析,并查询了同行业服装企业海澜之家的财务能力指标数据后,便着手构建同类企业的财务能力分析指标。

一、任务目标

对目标企业进行财务能力分析。

二、任务描述

分析服装企业海澜之家 2019—2023 年的偿债能力、营运能力、盈利能力和发展能力。

三、实施步骤

步骤 1: 获取海澜之家 2019—2023 年的资产负债表、利润表、现金流量表。

访问巨潮资讯网(http://www.cninfo.com.cn/),点击"资讯"下的"个股 F10",详情如图 7-6 所示。

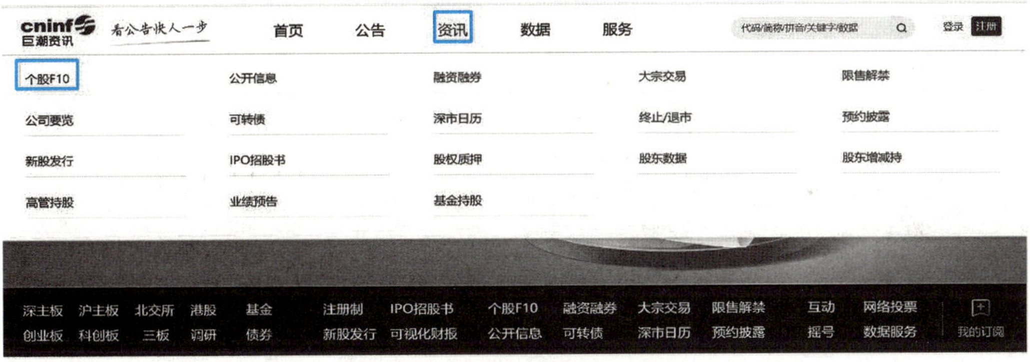

图 7-6 巨潮资讯网"个股 F10"

搜索框内搜索"海澜之家"(股票代码 600398),再点击左侧"公司公告"下的"定期报告",分类选择"年报",时间选择 2019 年 1 月 1 日至 2024 年 12 月 31 日,详情如图 7-7 所示。然后分别查找并下载海澜之家集团股份有限公司 2019—2024 年年度财务报告。

步骤 2: 复制粘贴 2019—2023 年"海澜之家"的资产负债表、利润表、现金流量表数据到 Excel 表中。

建立一个空白的 Excel 表,将表格命名为"海澜之家财务能力分析",表格中的 sheet1 命名"资产负债表",sheet2 命名为"利润表",sheet3 命名为"现金流量表"。将步骤 1 下载的海澜之家 2019—2023 年报中的合并资产负债表、合并利润表、合并现金流量表数据负债粘贴到表格中,详情如图 7-8 所示。

步骤 3: 建立偿债能力分析、营运能力分析、盈利能力分析和发展能力分析指标

图 7-7 "巨潮资讯网"海澜之家 2019—2023 年定期年报查询

A	B	C	D	E	F
指标/年份	2023	2022	2021	2020	2019
货币资金(元)	11,901,156,183.83	12,505,458,002.19	12,767,832,697.86	10,516,488,096.04	10,022,371,913.09
结算备付金(元)	0	0	0	0	0
拆出资金(元)	0	0	0	0	0
交易性金融资产(元)	365,041,769.40	162,050,666.84	176,858,307.99	197,777,260.62	0
应收票据(元)	0	0	0	0	0
应收账款(元)	1,005,123,628.55	1,130,734,115.85	1,022,677,330.89	972,434,153.13	773,366,691.68
预付账款(元)	230,440,671.06	564,030,351.93	352,857,272.70	332,910,365.79	449,622,457.05
应收保费(元)	0	0	0	0	0
应收分保账款(元)	0	0	0	0	0
应收分保合同准备金(元)	0	0	0	0	0
应收利息(元)	0	0	0	0	0
应收股利(元)	0	0	0	0	0
其他应收款(元)	393,199,527.36	484,846,814.95	566,792,375.30	616,664,575.52	370,009,986.47
买入返售金融资产(元)	0	0	0	0	0
存货(元)	9,336,829,906.65	9,455,106,333.80	8,120,319,470.12	7,416,375,221.68	9,044,042,581.30
一年内到期的非流动资产(元)	1,434,754,111.10				
其他流动资产(元)	302,780,933.80	243,003,649.46	178,416,500.61	138,859,626.83	237,578,798.03
流动资产合计(元)	25,004,570,824.33	24,563,369,580.08	23,213,624,434.54	20,205,712,786.51	20,919,823,553.66
发放贷款和垫款(元)	0	0	0	0	0

资产负债表　利润表　现金流量表　⊕

图 7-8 2019—2023 年海澜之家年报数据

模型。

在 Excel"财务能力分析表"中建立一个 sheet4 命名为"财务分析指标",在 A:H 列建立财务能力分析指标,包括短期偿债能力分析指标、长期偿债能力分析指标、营运能力分析指标、盈利能力分析指标、发展能力分析指标。其中,A 列、B 列是指标名称,C 列为方便计算和理解,列出了各指标的公式,D 列是 2023 年,E 列是 2022 年,F 列是 2021 年,G 列是 2020 年,H 列是 2019 年,如图 7-9 所示。

步骤 4:计算 2019—2023 年的短期偿债能力分析指标。

先建立 2023 年的短期偿债能力指标分析公式。根据财务分析相关理论,营运资本=流动资产-流动负债,所以 2023 年的营运资本=2023 年流动资产-2023 年流动负债,这两个数据在 sheet1 资产负债表中都有,所以可以在 D2 单元格中输入公式"=ROUND(资产负债表! B19-资产负债表! B61,2)"。在建立公式时,需要用到 ROUND 函数,其作用是按指定的位数对数值进行四舍五入。如果语法是 ROUND(所列公式,2),即结果四舍五入,保留 2 位小数。其他指标计算可以参考下列公式:

	A	B	C	D	E	F	G	H
1		指标	公式	2023年	2022年	2021年	2020年	2019年
2	短期偿债能力	营运资本	流动资产-流动负债					
3		流动比率	流动资产/流动负债					
4		速动比率	(流动资产-存货)/流动负债					
5		现金比率	(货币资金+交易性金融资产)/流动负债					
6	长期偿债能力	资产负债率	负债总额/资产总额*100%					
7		股东权益比率	股东权益总额/资产总额*100%					
8		偿债保障比率	负债总额/经营活动现金流量净额					
9		产权比率	负债总额/股东权益					
10		权益乘数	资产总额/股东权益					
11		长期资本负债率	非流动负债/(非流动负债+股东权益)*100%					
12		利息保障倍数	(净利润+利息费用+所得税费用)/利息费用					
13		现金流量利息保障倍数	经营活动现金流量净额/利息费用					
14		经营活动现金流量净额债务比	经营活动现金流量净额/债务总额					

图 7-9　2019—2023 年海澜之家偿债能力指标模型

流动比率 D3 单元格＝ROUND(资产负债表! B19/资产负债表! B61,2)

速动比率 D4 单元格＝ROUND((资产负债表! B19－资产负债表! B16)/资产负债表! B61,2)

现金比率 D5 单元格＝ROUND((资产负债表! B2＋资产负债表! B5)/资产负债表! B61,2)

然后建立 2019—2022 年的短期偿债能力指标分析公式,只需要选中 D2:D5,然后拖拽或者复制粘贴到 2019—2022 年的 E2:H5 列,即可自动填充公式。计算结果详情如图 7-10 所示。

	A	B	C	D	E	F	G	H
1		指标	公式	2023年	2022年	2021年	2020年	2019年
2	短期偿债能力	营运资本	流动资产-流动负债	8,236,280,266.63	10,377,864,175.27	10,563,865,125.24	9,370,489,524.03	8,890,757,777.95
3		流动比率	流动资产/流动负债	1.49	1.73	1.84	1.86	1.74
4		速动比率	(流动资产-存货)/流动负债	0.93	1.07	1.19	1.18	0.99
5		现金比率	(货币资金+交易性金融资产)/流动负债	0.73	0.89	1.02	0.99	0.83
6	长期偿债能力	资产负债率	负债总额/资产总额*100%	52.43%	55.66%	52.11%	49.78%	52.06%
7		股东权益比率	股东权益总额/资产总额*100%	47.57%	44.34%	47.89%	50.22%	47.94%
8		偿债保障比率	负债总额/经营活动现金流量净额	3.38	5.81	3.76	4.87	4.35
9		产权比率	负债总额/股东权益	1.10	1.26	1.09	0.99	1.09
10		权益乘数	资产总额/股东权益	2.10	2.26	2.09	1.99	2.09
11		长期资本负债率	非流动负债/(非流动负债+股东权益)*100%	5.35%	21.77%	19.98%	17.46%	17.92%
12		利息保障倍数	(净利润+利息费用+所得税费用)/利息费用	78.52	-122.49	513.78	84.16	234.05
13		现金流量利息保障倍数	经营活动现金流量净额/利息费用	111.89	-133.75	686.61	102.38	191.02
14		经营活动现金流量净额债务比	经营活动现金流量净额/债务总额	0.30	0.17	0.27	0.21	0.23

图 7-10　2019—2023 年海澜之家偿债能力指标计算结果

通过图 7-10 的分析可知,海澜之家的流动比率小于 2,低于流动比率的经验数值(流动比率经验值为 2),从流动比率看企业缺乏短期偿债能力。但是企业速动比率在 1 左右,现金比率也在 1 左右,接近速动比率的经验值(速动比率的经验值为 1),这说明海澜之家的整体短期偿债能力较好。

步骤 5：计算 2019—2023 年的长期偿债能力分析指标。

先建立 2023 年的长期偿债能力指标分析公式：

资产负债率 D6 单元格＝ROUND((资产负债表! B70/资产负债表! B39)＊100％,4)

股东权益比率 D7 单元格＝ROUND(资产负债表! B80/资产负债表! B39＊100％,4)

偿债保障比率 D8 单元格＝ROUND(资产负债表! B70/现金流量表! B26,2)

产权比率 D9 单元格＝ROUND(资产负债表！B70/资产负债表！B80,2)

权益乘数 D10 单元格＝ROUND(资产负债表！B39/资产负债表！B80,2)

长期资本负债率 D11 单元格＝ROUND(资产负债表！B69/(资产负债表！B69＋资产负债表！B80)＊100％,4)

利息保障倍数 D12 单元格＝ROUND((利润表！B31＋利润表！B19＋利润表！B30)/利润表！B19,2)

现金流量利息保障倍数 D13 单元格＝ROUND(现金流量表！B26/利润表！B19,2)

经营活动现金流量净额债务比 D14 单元格＝ROUND(现金流量表！B26/资产负债表！B70,2)

然后同理建立 2022—2019 年的长期偿债能力指标分析公式，只需要选中 D6:D14，然后拖拽或者复制粘贴到 2019—2022 年的 E6:H14 列，即可自动填充公式。计算结果详情如图 7-10 所示。

通过图 7-10 的长期偿债能力指标可以看出，企业的资产负债率基本在 50％ 左右，具体还需要考虑同行业的企业的平均资产负债率情况。产权比率接近 1，权益乘数接近 2，说明企业的负债和股东权益基本是 1∶1，可以看出企业的长期偿债能力不错。另外，利息保障倍数和现金流量利息保障倍数 2022 年为负数，是因为利息费用为负数，主要为利息收入。

步骤 6：计算 2019—2023 年的营运能力分析指标，如图 7-11 所示。

	指标	公式	2023年	2022年	2021年	2020年	2019年
15	应收账款周转率（次数）	销售收入/应收账款平均余额					
16	应收账款周转天数	365/应收账款周转率					
17	应收账款与收入比	应收账款平均余额/销售收入					
18	存货周转率（次数）	销售收入/存货平均余额（注释：这里采用销售收入计算）					
19	存货周转天数	365/存货周转率					
20	存货与收入比	存货平均余额/销售收入					
21	流动资产周转率（次数）	销售收入/流动资产平均余额					
22	流动资产周转天数	365/流动资产周转率					
23	流动资产与收入比	流动资产平均余额/销售收入					
24	固定资产周转率（次数）	销售收入/固定资产平均余额					
25	固定资产周转天数	365/固定资产周转率					
26	固定资产与收入比	固定资产平均余额/销售收入					
27	总资产周转率（次数）	销售收入/总资产平均余额					
28	总资产周转天数	365/总资产周转率					
29	总资产与收入比	总资产平均余额/销售收入					

（营运能力分析）

图 7-11　2019—2023 年海澜之家营运能力指标

因营运分析指标需要使用各资产的平均余额进行计算，所以需要根据海澜之家 2019 年年报合并资产负债表中 2018 年的应收账款期末余额 685 107 790.61 元、存货 9 473 636 673.58 元、流动资产 21 767 523 834.26 元、固定资产 4 035 587 004.85 元、总资产金额 29 591 446 002.78 元。

先建立 2023 年的营运能力指标分析公式：

应收账款周转率 D15 单元格＝ROUND(利润表！B2/((资产负债表！B7＋资产负债表！C7)/2),2)

「新专标」系列教材 Xinzhuanbiao Xilie Jiaocai

应收账款周转天数 D16 单元格＝ROUND(365/D15,2)

应收账款与收入比 D17 单元格＝ROUND(((资产负债表！B7＋资产负债表！C7)/2)/利润表！B2,2)

存货周转率(次数)D18 单元格＝ROUND(利润表！B2/((资产负债表！B16＋资产负债表！C16)/2),2)

存货周转天数 D19 单元格＝ROUND(365/D18,2)

存货与收入比 D20 单元格＝ROUND(((资产负债表！B16＋资产负债表！C16)/2)/利润表！B2,2)

流动资产周转率(次数)D21 单元格＝ROUND(利润表！B2/((资产负债表！B19＋资产负债表！C19)/2),2)

流动资产周转天数 D22 单元格＝ROUND(365/D21,2)

流动资产与收入比 D23 单元格＝ROUND(((资产负债表！B19＋资产负债表！C19)/2)/利润表！B2,2)

固定资产周转率(次数)D24 单元格＝ROUND(利润表！B2/((资产负债表！B26＋资产负债表！C26)/2),2)

固定资产周转天数 D25 单元格＝ROUND(365/D24,2)

固定资产与收入比 D26 单元格＝ROUND(((资产负债表！B26＋资产负债表！C26)/2)/利润表！B2,2)

总资产周转率(次数)D27 单元格＝ROUND(利润表！B2/((资产负债表！B39＋资产负债表！C39)/2),2)

总资产周转天数 D28 单元格＝ROUND(365/D27,2)

总资产与收入比 D29 单元格＝ROUND(((资产负债表！B39＋资产负债表！C39)/2)/利润表！B2,2)

然后建立 2019—2022 年的营运能力指标分析公式,只需要选中 D15:D29,然后拖拽或者复制粘贴到 2019—2022 年的 E15:H29 列,即可自动填充公式。计算结果详情如图 7-12 所示。

	指标	公式	2023年	2022年	2021年	2020年	2019年
15	应收账款周转率（次数）	销售收入/应收账款平均余额	20.16	17.24	20.24	20.57	30.13
16	应收账款周转天数	365/应收账款周转率	18.11	21.17	18.03	17.74	12.11
17	应收账款与收入比	应收账款平均余额/销售收入	0.05	0.06	0.05	0.05	0.03
18	存货周转率（次数）	销售收入/存货平均余额（注释：这里采用销售收入计算）	2.29	2.11	2.60	2.18	2.37
19	存货周转天数	365/存货周转率	159.39	172.99	140.38	167.43	154.01
20	存货与收入比	存货平均余额/销售收入	0.44	0.47	0.38	0.46	0.42
21	流动资产周转率（次数）	销售收入/流动资产平均余额	0.87	0.78	0.93	0.87	1.03
22	流动资产周转天数	365/流动资产周转率	419.54	467.95	392.47	419.54	354.37
23	流动资产与收入比	流动资产平均余额/销售收入	1.15	1.29	1.08	1.15	0.97
24	固定资产周转率（次数）	销售收入/固定资产平均余额	7.09	5.73	5.76	4.69	5.47
25	固定资产周转天数	365/固定资产周转率	51.48	63.70	63.37	77.83	66.73
26	固定资产与收入比	固定资产平均余额/销售收入	0.14	0.17	0.17	0.21	0.18
27	总资产周转率（次数）	销售收入/总资产平均余额	0.65	0.58	0.68	0.63	0.75
28	总资产周转天数	365/总资产周转率	561.54	629.31	536.76	579.37	486.67
29	总资产与收入比	总资产平均余额/销售收入	1.54	1.73	1.47	1.58	1.33

（第15~29行左侧标注：营运能力分析）

图 7-12　2019—2023 年海澜之家营运能力指标计算结果

通过图 7-12 的营运能力分析,可以看出应收账款的周转天数基本在 20 天左右,存货周转次数每年是 2 左右,2023 年的各资产周转率都好于 2022 年。海澜之家的营运能力情况还需要同时考虑其和同行业其他公司的比较分析。

步骤 7: 计算 2019—2023 年的盈利能力分析指标,如图 7-13 所示。

	指标	公式	2023年	2022年	2021年	2020年	2019年
盈利能力分析	销售毛利率	(营业收入-营业成本)/营业收入*100%					
	销售净利率	净利润/营业收入*100%					
	总资产净利率	净利润/资产平均总额*100%					
	净资产收益率	净利润/平均股东权益*100%					
发展能力分析	营业收入增长率	本年营业收入增长额/上年营业收入总额*100%					
	总资产增长率	本年总资产增长额/上期总资产*100%					
	营业利润增长率	本年营业利润增长额/上年营业利润总额*100%					
	资本保值增值率	(期初所有者权益+本期利润)/期初所有者权益*100%					
	所有者权益增值率	本年所有者权益增长额/年初所有者权益					

图 7-13　2019—2023 年海澜之家盈利能力指标和发展能力指标

先建立 2023 年的盈利能力指标分析公式:

销售毛利率 D30 单元格＝ROUND((利润表！B3－利润表！B8)/利润表！B3,4)

销售净利率 D31 单元格＝ROUND(利润表！B31/利润表！B2,4)

总资产净利率 D32 单元格＝ROUND(利润表！B31/((资产负债表！C39＋资产负债表！B39)/2),4)

净资产收益率 D33 单元格＝ROUND(利润表！B31/((资产负债表！C80＋资产负债表！B80)/2),4)

然后同理建立 2019—2022 年的盈利能力指标分析公式,只需要选中 D30:D33,然后拖拽或者复制粘贴到 2019—2022 年的 E30:H33 列,即可自动填充公式。计算结果详情如图 7-14 所示。

	指标	公式	2023年	2022年	2021年	2020年	2019年
盈利能力分析	销售毛利率	(营业收入-营业成本)/营业收入*100%	44.47%	42.89%	40.64%	37.42%	39.46%
	销售净利率	净利润/营业收入*100%	13.56%	11.11%	11.89%	9.56%	14.42%
	总资产净利率	净利润/资产平均总额*100%	8.78%	6.42%	8.11%	6.07%	10.83%
	净资产收益率	净利润/平均股东权益*100%	19.10%	13.93%	16.57%	12.38%	23.50%

图 7-14　2019—2023 年海澜之家盈利能力指标计算结果

通过图 7-14 分析可知,海澜之家的销售毛利率在 40％ 左右,销售净利率在 13％ 左右,需要结合关注分析期间费用等的情况。通过以上 4 个指标分析可以看出,虽然销售净利率、总资产净利率、净资产收益率还未恢复到 2019 年的水平,但是 2020—2023 年盈利能力指标呈现上升趋势。

步骤 8: 计算 2019—2023 年的发展能力分析指标,如图 7-3 所示。

先建立 2023 年的发展能力指标分析公式。

营业收入增长率 D34 单元格＝ROUND((利润表！B2－利润表！C2)/利润表！

C2,4)

总资产增长率 D35 单元格＝ROUND((资产负债表！B39－资产负债表！C39)/资产负债表！C39,4)

营业利润增长率 D36 单元格＝ROUND((利润表！B25－利润表！C25)/利润表！C25,4)

资本保值增值率 D37 单元格＝ROUND((资产负债表！C80＋利润表！B31)/资产负债表！C80,4)

所有者权益增值率 D38 单元格＝ROUND((资产负债表！B80－资产负债表！C80)/资产负债表！C80,4)

然后同理建立 2019—2022 年的发展能力指标分析公式，只需要选中 D34：D38，然后拖拽或者复制粘贴到 2019—2022 年的 E34：H38 列，即可自动填充公式。计算结果详情如图 7-15 所示。

	指标	公式	2023年	2022年	2021年	2020年	2019年
34	营业收入增长率	本年营业收入增长额/上年营业收入总额*100%	15.98%	-8.06%	12.41%	-18.26%	-
35	总资产增长率	本年总资产增长额/上期总资产*100%	2.94%	3.94%	13.87%	-4.31%	-
36	营业利润增长率（发展能力分析）	本年营业利润增长额/上年营业利润总额*100%	28.68%	-13.65%	42.42%	-45.41%	-
37	资本保值增值率	（期初所有者权益+本期利润）/期初所有者权益*100%	120.10%	113.67%	117.28%	112.39%	-
38	所有者权益增值率	本年所有者权益增长额/年初所有者权益*100%	10.44%	-3.76%	8.60%	0.23%	-

图 7-15 2019—2023 年海澜之家发展能力指标计算结果

通过图 7-15 的分析可知，海澜之家的营业收入增长率、营业利润增长率呈现波浪形变化趋势，需要和同行业其他公司再作比较。资本保值增值率逐年上升，所有者权益增值率 2023 年达到了 10.44%。

步骤 9：因部分分析需要考虑行业特性，所以获取并分析同行业企业的财务能力指标。在这里选取同行业的企业九牧王（股票代码 601566）、雅戈尔（股票代码 600177）进行分析。

利用构建的海澜之家分析模型进行九牧王、雅戈尔公司的财务能力指标计算分析。具体操作是，将"海澜之家财务能力分析"整个 Excel 表格另外复制保存为 2 个 Excel 表格，分别命名为"九牧王财务能力分析""雅戈尔财务能力分析"。表格中的"海澜之家财务指标分析"sheet 不需要改动。只需要将表格中的【资产负债表】数据、【利润表】数据、【现金流量表】数据分别替换为对应的九牧王、雅戈尔公司的 2019—2023 年数据（完整的九牧王、雅戈尔 2019—2023 年度报表数据请查阅二维码），然后计算出九牧王、雅戈尔的财务能力指标，与海澜之家的指标进行对比。

对比 3 家公司 2023 年财务分析指标，结果如图 7-16 所示。

通过图 7-16 的比较分析，可以看出海澜之家的资产负债率不算低。海澜之家的偿债能力、营运能力优于雅戈尔，比九牧王稍弱。海澜之家的盈利能力、发展能力中净资产收益率、资本保值增值率、所有者权益增值率优于九牧王和雅戈尔。

3 家公司报表

「新专标」系列教材 Xinzhuanbiao Xilie Jiaocai

	指标	海澜之家	九牧王	雅戈尔
	A / B	C	D	E
1	指标	海澜之家	九牧王	雅戈尔
2	营运资本	8,236,280,266.63	1,479,453,658.85	-1,981,514,217.06
3	短期偿债能力 流动比率	1.49	1.92	0.94
4	速动比率	0.93	1.33	0.48
5	现金比率	0.73	1.03	0.38
6	资产负债率	52.43%	32.86%	50.97%
7	股东权益比率	47.57%	67.14%	49.03%
8	偿债保障比率	3.38	3.26	6.27
9	产权比率	1.10	0.49	1.04
10	长期偿债能力 权益乘数	2.10	1.49	2.04
11	长期资本负债率	5.35%	7.12%	14.96%
12	利息保障倍数	78.52	-43.95	11.25
13	现金流量利息保障倍数	111.89	-103.10	16.91
14	经营活动现金流量净额债务比	0.30	0.31	0.16
15	应收账款周转率（次数）	20.16	19.42	49.40
16	应收账款周转天数	18.11	18.80	7.39
17	应收账款与收入比	0.05	0.05	0.02
18	存货周转率（次数）	2.29	3.44	0.84
19	存货周转天数	159.39	106.10	434.52
20	存货与收入比	0.44	0.29	1.19
21	流动资产周转率（次数）	0.87	1.03	0.42
22	营运能力分析 流动资产周转天数	419.54	354.37	869.05
23	流动资产与收入比	1.15	0.97	2.39
24	固定资产周转率（次数）	7.09	7.92	1.53
25	固定资产周转天数	51.48	46.09	238.56
26	固定资产与收入比	0.14	0.13	0.65
27	总资产周转率（次数）	0.65	0.53	0.17
28	总资产周转天数	561.54	688.68	2147.06
29	总资产与收入比	1.54	1.88	5.76
30	销售毛利率	44.47%	63.56%	44.05%
31	盈利能力分析 销售净利率	13.56%	6.16%	25.53%
32	总资产净利率	8.78%	3.25%	4.36%
33	净资产收益率	19.10%	4.84%	8.89%
34	营业收入增长率	15.98%	16.60%	-7.23%
35	总资产增长率	2.94%	2.01%	3.52%
36	发展能力分析 营业利润增长率	28.68%	-308.92%	-33.10%
37	资本保值增值率	120.10%	105.05%	109.21%
38	所有者权益增值率	10.44%	4.24%	3.57%

图 7-16　2023 年海澜之家、九牧王、雅戈尔财务指标对比分析

做一做

以小组为单位，每组成员不超过 6 人，选择一家企业，计算并分析该企业近五年的偿债能力指标、营运能力指标、盈利能力指标和发展能力指标，并与同行业的其他两家企业的财务能力进行对比分析。

任务三　财务趋势分析

◎ 财学堂（基础理论）

一、财务趋势分析的含义

财务趋势分析是指通过比较企业连续几期的财务报表或财务比率,来了解企业财务状况和经营成果的变化趋势,并以此来预测企业未来的财务状况和经营成果,判断企业的发展前景。其主要目的是揭示变化趋势、预测未来发展以及确定变动原因。

趋势分析主要有比较财务报表、比较财务比率等方法,除了通过数字的直接对比,还可以通过将连续期间的相同指标绘图来更直观地反映趋势。

练一练

【判断题】　趋势分析法是企业财务分析中重要的财务状况综合评价方法之一。（　　）

答案：√。

二、财务趋势分析的方法

（一）比较财务报表

比较财务报表,又称水平分析法,是指比较企业连续几期财务报表的数据,分析财务报表中各个项目的增减变化的幅度及其原因,来判断企业财务状况发展趋势的方法。比如,通过比较企业连续三年的营业收入数据,可以分析营业收入的增长或下降趋势,并判断其变化原因。

采用比较财务报表分析法时,必须考虑到各期数据的可比性,而且选择的财务报表期数越多,分析结果的可靠性越高。

（二）比较百分比财务报表

比较百分比财务报表是在比较财务报表的基础上发展而来的。百分比财务报表是将财务报表中的各项数据用百分比来表示。比较百分比财务报表是比较各项目百分比的变化,以此来判断企业财务状况发展趋势的方法。比如,通过比较企业连续三年的毛利率百分比,可以分析企业产品或服务的盈利能力变化趋势。这种方法比普通财务报表能更加直观地反映企业的发展趋势。

比较百分比财务报表既可用于同一企业不同时期财务状况的纵向比较,也可用于不同企业之间以及与同行企业平均数之间的横向比较。

（三）比较财务比率

比较财务比率是指将企业连续几期的财务比率进行对比,分析企业财务状况发展趋势的方法。这种方法实际上就是比率分析法与比较分析法的结合。比如,通过比较企业连续三年的流动比率,可以分析企业短期偿债能力的变化趋势。

（四）图解法

图解法是指将企业连续几期的财务数据或财务比率绘制成图，并根据图形走势来判断企业财务状况变动趋势的方法。这种方法比较简单、直观地反映了企业财务状况的发展趋势，使分析者能够发现一些比较法不易发现的问题。

三、 财务趋势分析的应用领域

财务趋势分析主要应用在以下领域：

（1）盈利能力趋势分析：通过分析企业连续几年的毛利率、净利率等指标，可以评估企业盈利能力的稳定性和增长趋势。

（2）偿债能力趋势分析：通过分析企业连续几年的流动比率、速动比率等指标，可以了解企业短期和长期偿债能力的变化趋势。

（3）运营效率趋势分析：通过分析企业连续几年的存货周转率、应收账款周转率等指标，可以评估企业的存货管理效率和应收账款回收速度的变化趋势。

（4）成长能力趋势分析：通过分析企业连续几年的营业收入增长率、净利润增长率等指标，可以了解企业的成长能力和市场竞争力的变化趋势。

四、 财务趋势分析的注意事项与局限性

（一）财务趋势分析注意事项

1. 确保数据可比性

在进行比较分析时，必须确保各期数据的可比性，排除非可比因素的影响。例如，会计政策变更或市场环境变化导致的财务数据异常波动，应在分析时予以剔除或调整。

2. 结合其他分析方法

财务趋势分析可以与其他分析方法如比率分析、因素分析等方法相结合，以提高分析的准确性和全面性。例如，分析者可以结合行业平均水平或竞争对手的数据进行比较分析，以更准确地评估企业的财务状况和经营成果。

3. 关注非财务信息

除财务报表数据外，分析者还应关注企业的非财务信息，如市场环境、行业趋势、政策法规等，以更全面地了解企业的财务状况和经营成果。这些信息可能对企业的未来发展产生重要影响。

练一练

【单选题】 下列关于财务报表趋势分析法的说法中，正确的是（　　）。

A. 趋势分析法的对比对象仅限于两期财务报告中的相同指标

B. 趋势分析法能反映企业财务状况、经营成果和现金流量变动趋势

C. 环比指数是指各个时期的指数都以某一固定时期为基期来计算

D. 趋势分析法通常采用环比指数，其优点是直观、简便

答案：B。

【多选题】 财务趋势分析的主要方法有( )。

　　A. 比率分析法　　　　　　　B. 比较财务报表

　　C. 比较百分比财务报表　　　D. 比较财务比率

答案：BCD。

(二) 财务趋势分析局限性

　　财务趋势分析虽然能够揭示企业财务状况和经营成果的变化趋势,但并不能完全预测未来的财务状况和经营成果。未来市场环境、政策法规等因素可能发生变化,导致预测结果与实际情况存在差异。在进行财务趋势分析时,需要谨慎对待预测结果,并结合其他信息进行综合判断。

五、 案例分析

　　假设东海公司 2022—2024 年的财务数据如表 7-4 所示。

表 7-4　东海公司 2022—2024 财务数据　　　　　金额单位：万元

年份	营业收入	净利润	流动比率	速动比率	存货周转率(次)
2022	1 000	100	2.0	1.5	6.0
2023	1 200	120	2.2	1.7	6.5
2024	1 500	150	2.5	2.0	7.0

　　通过财务趋势分析,可以得出以下结论:

　　(1) 企业的营业收入和净利润均呈现逐年增长的趋势,表明企业的经营状况良好,盈利能力增强。

　　(2) 企业的流动比率和速动比率也呈现逐年增长的趋势,表明企业的短期偿债能力增强,财务风险降低。

　　(3) 企业的存货周转率呈现逐年增长的趋势,表明企业的存货管理效率提高,资金占用减少。

　　财务趋势分析是财务分析中的重要内容之一,它通过对财务报表数据的比较分析,揭示了企业财务状况和经营成果的变化趋势,为决策者提供了可靠的预测依据和改进建议。在进行财务趋势分析时,需要确保数据的可比性,结合其他分析方法进行综合判断,并关注非财务信息的影响。同时,也需要注意财务趋势分析的局限性,谨慎对待预测结果。

◎ 财智堂(技能实训)

　　小东和小海进行了海澜之家 2019—2023 年五年的财务报表分析后,想对这五年财务报表项目的趋势变化进行直观、可视化的分析。他们想到曾经看到过的可视化大屏,想要自己设计一个。

一、任务目标

　　对目标企业财务情况进行可视化的展现。

「新专标」系列教材
Xinzhuanbiao
系列教材 Xilie Jiaocai

二、任务描述

运用大数据可视化分析工具 SMARTBI,对服装企业海澜之家 2019—2023 年的重要指标趋势变化进行分析展示,对其偿债能力、营运能力、盈利能力分析进行图形化展示。

三、实施步骤

为便于后续操作,经过步骤 1 和步骤 2 处理完成的表格可以直接通过查阅二维码获取,由此,可以跳过步骤 1 和步骤 2。

步骤 1:数据集成。

由于在进行可视化分析前,需要将待分析的数据集合为一个数据集,并且数据格式有特定要求,所以需要按照可视化工具可以识别的格式进行数据集成。

数据集成具体操作是:根据本章任务二里的"海澜之家财务能力分析"Excel 表,新建一个空白的 Excel 表,将其命名为"BI 分析基础数据-海澜之家 2019—2023 年年报数据和财务能力指标数据",sheet 命名为【数据集成】,将任务二的"海澜之家财务能力分析"Excel 表中的【资产负债表】【利润表】【现金流量表】【海澜之家财务分析指标】这 4 个 sheet 中的所有指标数据复制后,转置粘贴到【数据集成】中。

步骤 2:数据整理。

将【数据集成】sheet 里的全部数据调整为保留两位小数的数值形式;为了更便于快速分析,删除全部为 0 的值的列;第一行指标名称不能包含特殊字符"()",可视化工具 SMARTBI 无法识别特殊字符"()",所以去掉括号"(元)"。

步骤 3:打开大数据可视化分析工具 SMARTBI。

搜索大数据可视化分析工具 SMARTBI 官网(https://www.smartbi.com.cn/),点击"申请试用",填写完善信息,点击"下一步",选择开始体验"一站式 ABI 平台"、"数据分析,数据可视化/看板",选择体验版本"个人版",单击"立即申请",然后点击选择"本地部署"或者"在线试用"都可以,这里选择"在线试用"演示,详情如图 7-17 和图 7-18 所示。

BI 分析
基础数据

图 7-17 SMARTBI 注册登录界面(1)

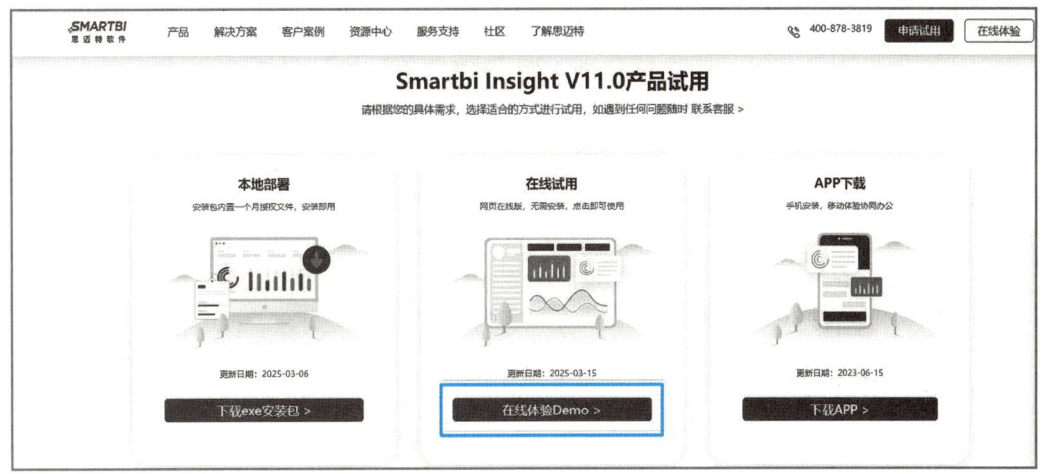

图 7-18 SMARTBI 注册登录界面(2)

本节可视化分析 SMARTBI 有关的图片均来自思迈特软件官网上的 SMARTBI 软件。

步骤 4： 导入准备好的数据，然后检查数据格式，保存。

(1) 点击"数据准备"—"数据模型"，如图 7-19 所示。

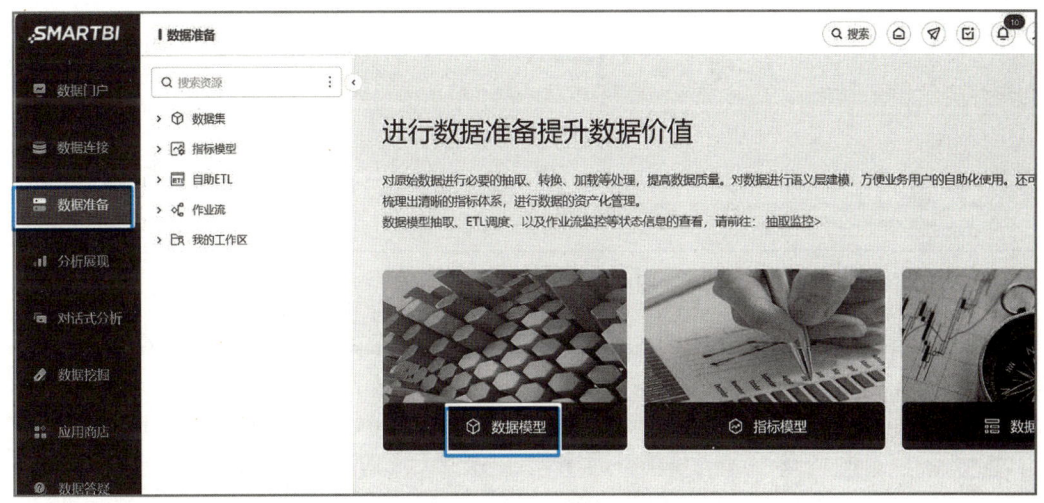

图 7-19 "数据准备"项下的"数据模型"界面

(2) 点击"＋"号，点击"导入文件"，如图 7-20 所示。

(3) 点击"上传文件"，如图 7-21 所示。

(4) 上传步骤 1 和步骤 2 整理完成的"BI 分析基础数据-海澜之家 2019—2023 年年报数据和财务能力指标数据"表格。

(5) 检查全部字段的格式，字段第一列"年份"列应为"abc"字符型，其他的字段应为".00"浮点型，如不是，可以点击".00"修改类型，无误后点击"导入数据"；数据加载完成后点击"关闭"，如图 7-22 所示。

图 7-20 "导入文件"界面

图 7-21 "上传文件"界面

图 7-22 检查字段格式界面

（6）检查数据类型"年份"为字符串，其他的指标为"浮点型"；检查维度"年份"，度量下是各分析指标；无误后点击"保存"—"数据集"—名称"财务分析可视化"—"确定"，然后点击"新建分析"—"交互式仪表盘"，如图 7-23 所示。

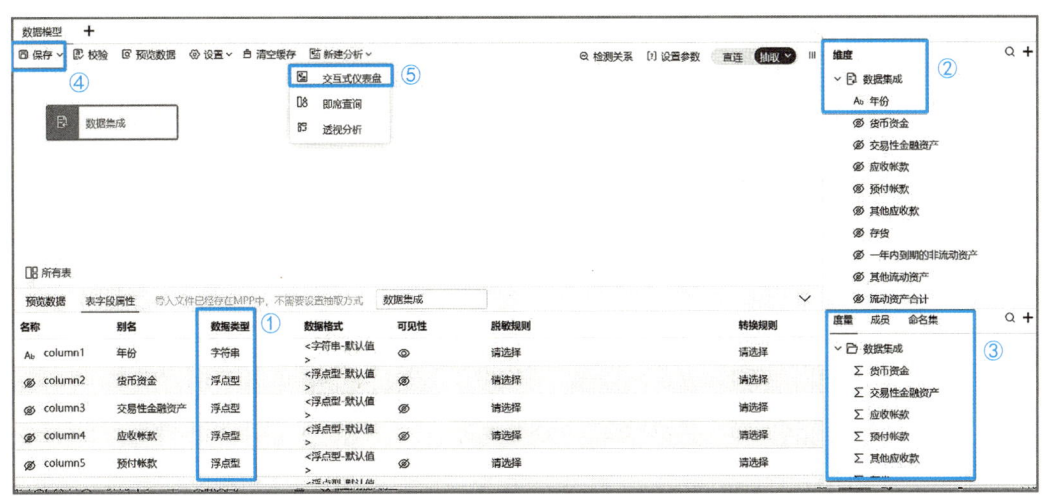

图 7-23　检查数据类型和新建"交互式仪表盘"界面

步骤 5：制作海澜之家短期偿债能力比率趋势图。

（1）点击"组件"—"图形"—"趋势线"—"线图"右上角的"＋"号，详情如图 7-24 所示。

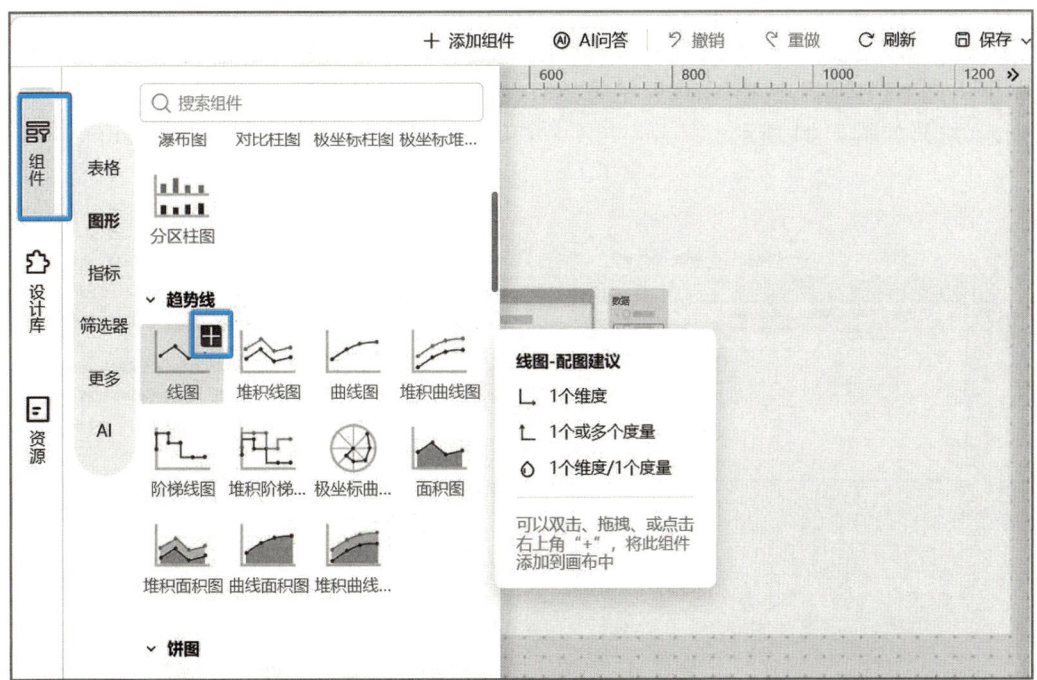

图 7-24　插入"线图"操作界面

（2）然后选中插入的线图，选择"组件设置"下的"数据"—勾选右侧的"年份"至 X 轴，Y 轴依次勾选"现金比率""速动比率""流动比率"，详情如图 7-25 所示。

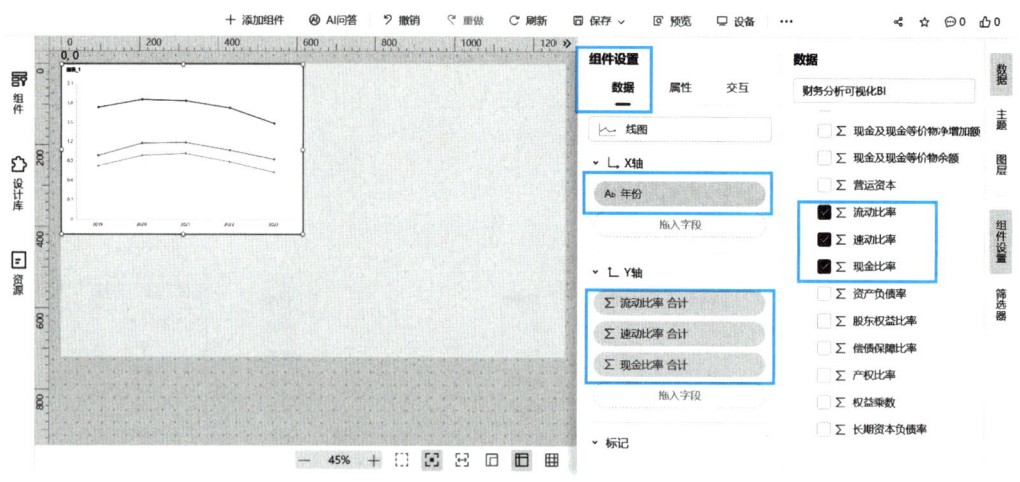

图 7-25　选择 X 轴和 Y 轴指标界面

（3）给图形 X 轴、Y 轴设置名称，显示图例，设置可视化图形名称。先选中图形，然后点击右侧"属性"，点击"X 轴"—"名称"，输入 X 轴名称"年份"，选择"楷体"，字号"14"；再点击"Y 轴"—"名称"，输入 Y 轴名称"比率"，选择"楷体"，字号"12"；再点击"图例"—"位置"，选择右侧显示的图标；再点击"组件"—"标题"，输入标题"海澜之家短期偿债能力比率趋势图"，选择"楷体"，字号"20"，选择居中。设置详情如图 7-26 至图 7-30 所示，结果如图 7-31 所示。

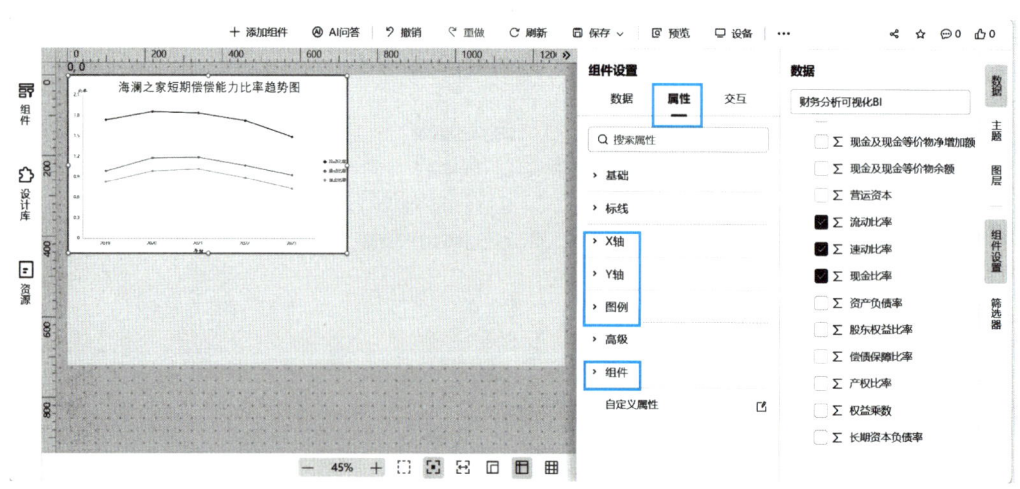

图 7-26　设置图形的属性

图 7-27 设置 X 轴名称　图 7-28 设置 Y 轴名称　　图 7-29 设置图例　　　图 7-30 设置标题

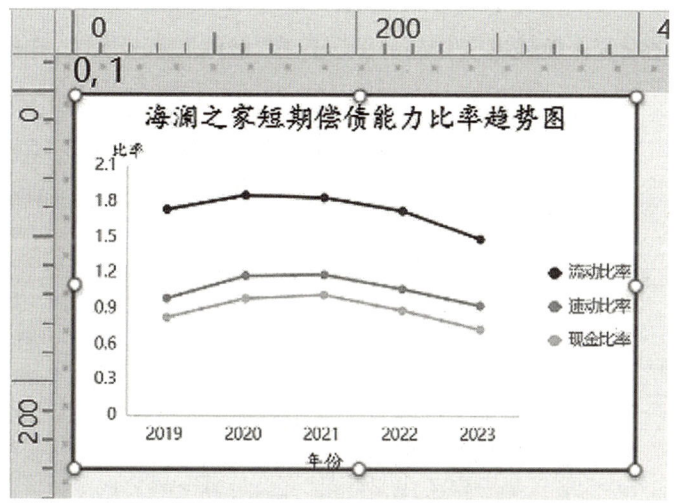

图 7-31　海澜之家短期偿债能力比率趋势图结果展示

步骤 6：参考步骤 5,绘制海澜之家资产负债率变化趋势图。

（1）点击"组件"—"图形"—"趋势线"—"线图"右上角的"＋"号。

（2）选中新建的图形,组件设置—数据—X 轴勾选右侧的"年份",Y 轴勾选"资产负债率"。

（3）然后点击 Y 轴的指标"资产负债率"右侧的三个点,选择"数据格式",点击"百分比（两位小数）",点击"确定",详情如图 7-32 和图 7-33 所示。

（4）给图形 X 轴、Y 轴设置名称,显示图例,设置可视化图形名称。

（5）选中新建的图形,点击右侧"属性",点击"X 轴"—"名称",输入 X 轴名称"年份",选择"楷体",字号"12";再点击"Y 轴"—"名称",输入 Y 轴名称"资产负债率",选择"楷体",字号"12";点击"图例"—"位置",选择右侧显示的图标;再点击"组件"—"标题",

图 7-32　图形 Y 轴"资产负债率"指标设置

图 7-33　图形 Y 轴"资产负债率"指标显示百分比设置

输入标题"海澜之家资产负债率变化趋势图",选择"楷体",字号"20",选择居中。结果如图 7-34 所示。

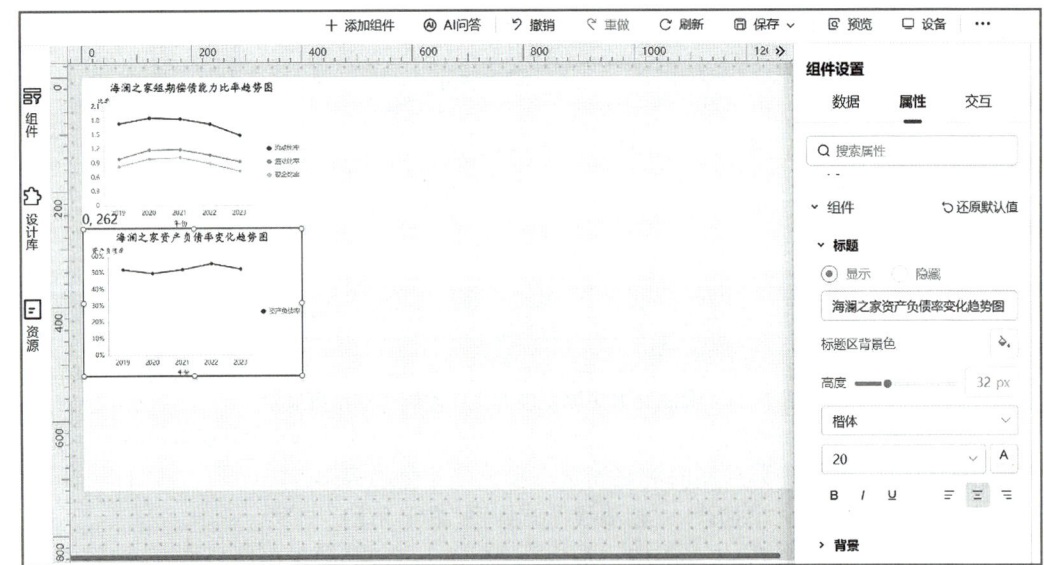

图 7-34　海澜之家资产负债率变化趋势图设计结果展示

步骤 7：参考步骤 5 绘制海澜之家营运周转率变化趋势图。

（1）点击"组件"—"图形"—"趋势线"—"线图"右上角的"＋"号。

（2）选中新建的图形,组件设置—数据—X 轴勾选右侧的"年份",Y 轴依次勾选"应收账款周转率""存货周转率""流动资产周转率""固定资产周转率"。

（3）给图形 X 轴、Y 轴设置名称,显示图例,设置可视化图形名称。

（4）选中新建的图形，然后点击右侧"属性"，点击"X 轴"—"名称"，输入 X 轴名称"年份"，选择"楷体"，字号"12"；再点击"Y 轴"—"名称"，输入 Y 轴名称"周转率"，选择"楷体"，字号"12"；点击"图例"—"位置"，选择上方显示的图标；再点击"组件"—"标题"，输入标题"海澜之家周转率变化趋势图"，选择"楷体"，字号"20"，选择居中。结果如图 7-35 所示。

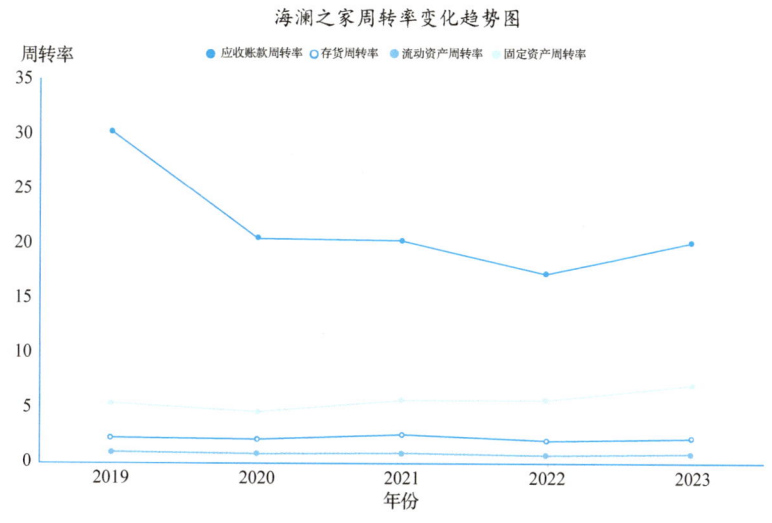

图 7-35　海澜之家营运周转率变化趋势图设计结果展示

步骤 8：参考步骤 5，绘制海澜之家 2019—2023 年税金及附加、销售费用、管理费用、财务费用、营业利润变化趋势图。

（1）点击"组件"—"图形"—"趋势线"—"线图"右上角的"＋"号。

（2）选中新建的图形，组件设置—数据—X 轴勾选右侧的"年份"，Y 轴依次勾选"税金及附加""销售费用""管理费用""财务费用""营业利润"。

（3）给图形 X 轴、Y 轴设置名称，显示图例，设置可视化图形名称。

（4）选中新建的图形，然后点击右侧"属性"，点击"X 轴"—"名称"，输入 X 轴名称"年份"，选择"楷体"，字号"12"；再点击"Y 轴"—"名称"，输入 Y 轴名称"金额：元"，选择"楷体"，字号"12"；点击"图例"—"位置"，选择右侧显示的图标；再点击"组件"—"标题"，输入标题"海澜之家 2019—2023 年部分指标趋势图"，选择"楷体"，字号"20"，选择居中。结果如图 7-36 所示。

步骤 9：参考步骤 5，绘制海澜之家 2019—2023 年盈利能力分析雷达图。

（1）点击"组件"—"图形"—"高级"—"圆环线雷达图"右上角的"＋"号。

（2）选中新建的图形，组件设置—数据—维度勾选右侧的"年份"，指标依次勾选"净资产收益率""总资产净利率""销售毛利率"。

（3）给图形设置属性，显示图例，设置可视化图形名称：选中新建的图形，然后点击右侧"属性"，再点击"图例"—"位置"，选择上方显示的图标；点击"组件"—"标题"，输入标题"海澜之家盈利能力分析图"，选择"楷体"，字号"20"，选择居中。结果如图 7-37 所示。

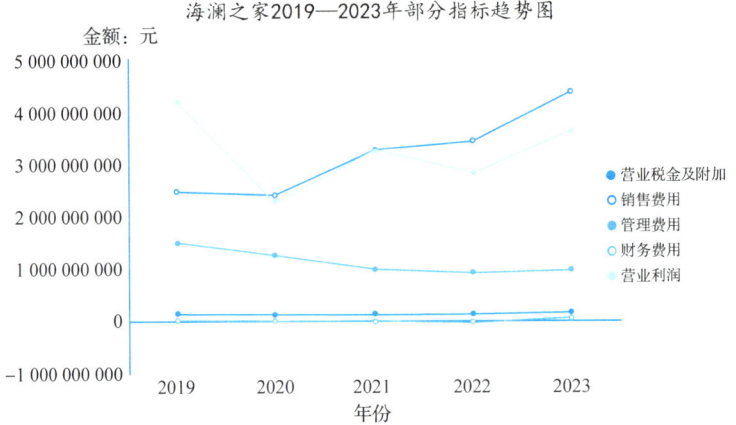

图 7-36　海澜之家 2019—2023 年部分指标趋势图

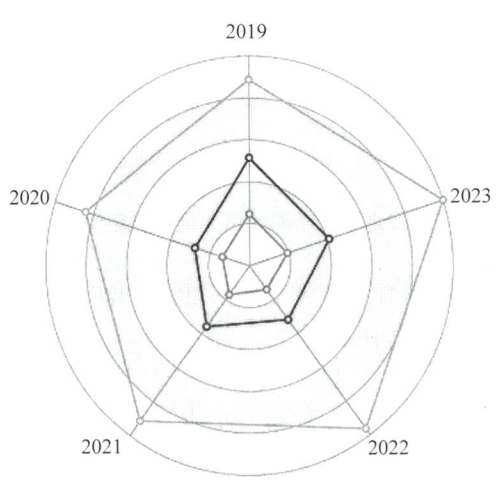

图 7-37　海澜之家盈利能力分析雷达图

步骤 10：参考步骤 5，绘制海澜之家的净利润指标卡、销售费用指标卡。

（1）点击"组件"—"指标"—"指标卡"右上角的"＋"号。

（2）选中新建的图形，组件设置—数据—指标勾选"净利润"；然后点击"组件设置"—"属性"，再点击"系列设置"—"净利润"—"度量名称"，内容里填写"海澜之家2019—2023 年净利润合计"，选择"楷体"，字号"20"；点击"系列设置"—"净利润"—"后缀"，单击"显示"，内容里填写"元"，选择"楷体"，字号"26"。然后参照制作销售费用指标卡。结果如图 7-38 所示。

步骤 11：以上制作的可视化结果如图 7-39 所示。对可视化看板结果进行进一步的页面美观布置。选中需要拖拽移动可视化试图，调整各图形位置，达到美观及便于理解的展现效果。再进一步进行主题设置，点击右侧"主题"，选择"简约深蓝"模式，详情如图 7-40 所示。

海澜之家2019-2023年净利润合计
12,266,257,226.51元

海澜之家2019-2023年销售费用合计
15,900,160,468.21元

图 7-38　海澜之家净利润指标卡、销售费用指标卡

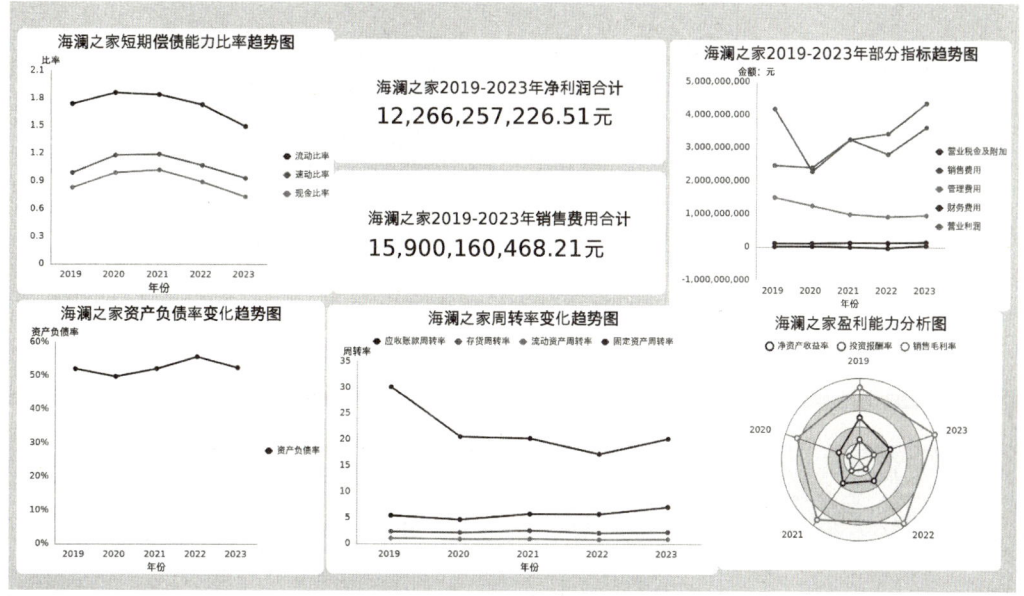

图 7-39　可视化图形制作结果

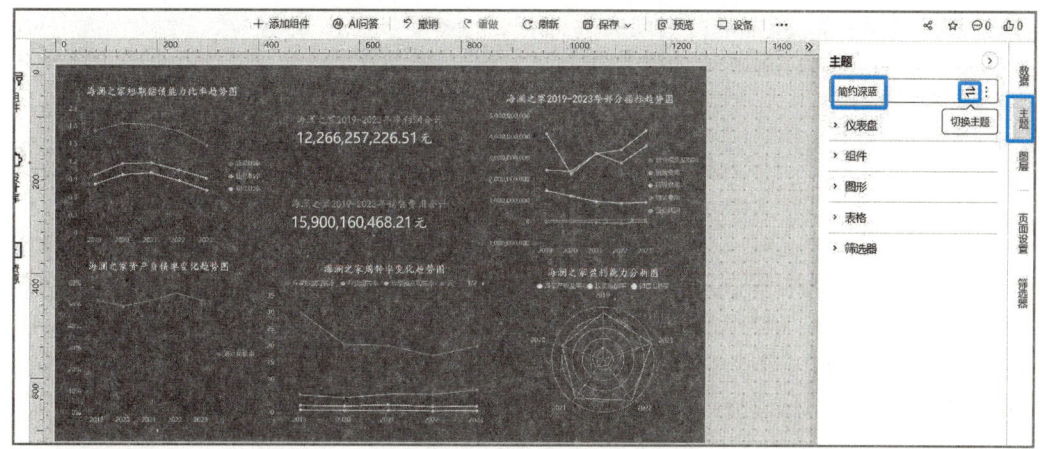

图 7-40　"可视化图形制作结果"主题设计界面

「新专标」系列教材 Xinzhuanbiao Xilie Jiaocai

步骤 12：设置完毕后，点击"保存"，"预览"。如需导出，可以点击"预览"模式下的"导出"按钮，选择导出保存为 PDF 或者导出为图片 PNG，详情如图 7-41 和图 7-42 所示。

图 7-41　"可视化图形制作结果"保存、预览界面

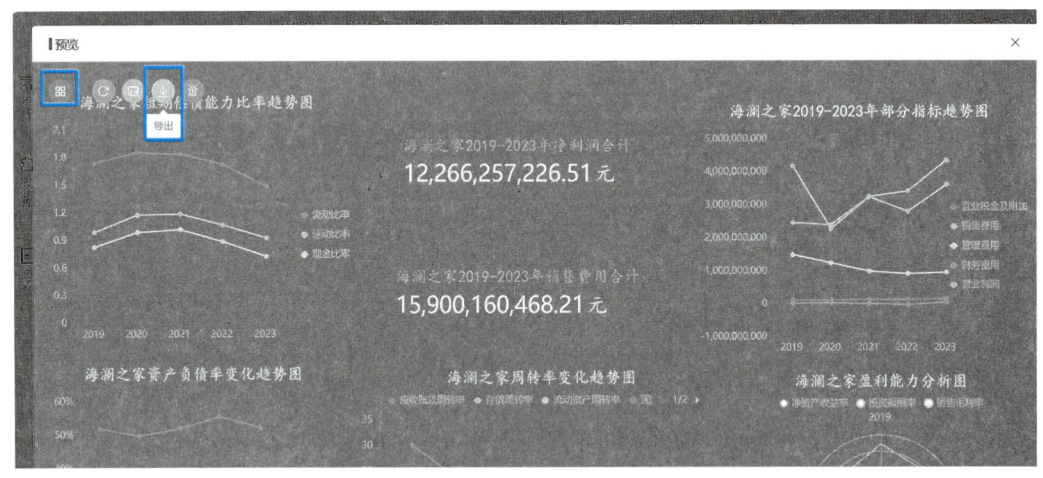

图 7-42　可视化图形制作结果及导出界面

通过图 7-42 的可视化看板，可以分析出海澜之家的短期偿债能力从 2020 年到 2023 年逐年下降，长期偿债能力中的资产负债率变化波动不大。通过周转率趋势图，可分析出海澜之家 2019 年的营运周转能力下降，而 2023 年的营运周转能力有所上升。从海澜之家盈利能力分析图可以看出，公司销售毛利率 2023 年达到近五年最高，而公司 2019 年的净资产收益率为近五年最高。再通过海澜之家 2019—2023 年的部分指标趋势图，可分析出公司 2020—2023 年营业利润与销售费用的变动趋势基本一致，由此可以初步判断销售费用逐年增长带动了部分营业利润的变动。

根据本章任务二的"做一做"任务结果,利用 SMARTBI 可视化分析工具,对选择的目标企业近五年的财报数据及重要指标进行分析及可视化看板制作,并根据分析结果撰写分析报告。

任务四 财务综合分析

◎ 财学堂(基础理论)

财务分析的最终目的在于全面、准确、客观地揭示与披露企业财务状况和经营状况,并借以对企业经济效益优劣作出合理的评价。显然,要达到这样一个分析目的,仅仅测算几个简单、孤立的财务比率,或者将一些孤立的财务分析指标堆砌在一起,彼此毫无联系地考察,不可能得出合理、正确的综合性结论,有时甚至会得出错误的结论。因此,只有将企业偿债能力、营运能力、盈利能力及发展能力等各项指标有机地联系起来,作为一套完整的体系,相互配合使用,作出系统的综合评价,才能从总体意义上把握企业财务状况和经营情况。

所谓财务综合分析,就是将企业营运能力、偿债能力和盈利能力等方面的分析纳入一个有机的分析系统,全面地对企业财务状况、经营成果进行解剖和分析,从而对企业经济效益作出较为准确的评价与判断。

综合分析的意义在于能够全面、正确评价企业的财务状况和经营成果,因为局部不能代替整体,某项指标的好坏不能说明整个企业经济效益的高低。除此之外,综合分析的结果在进行企业不同时期比较分析和不同企业之间比较分析时消除了时间上和空间上的差异,有利于企业总结经验、吸取教训、发现差距、赶超先进,进而从整体上、本质上反映和把握企业生产经营的财务状况和经营成果。

一、 沃尔评分法

沃尔评分法又称财务比率综合评分法,是指通过对选定的几项财务比率进行评分,然后计算出综合得分,并据此评价企业的财务状况的方法。因为最早采用这种方法的是亚历山大·沃尔,故该法称为沃尔评分法。

这种方法选择了七个财务比率,包括流动比率、产权比率、固定资产比率、存货周转率、应收账款周转率、固定资产周转率和股权资本周转率,并且对各项财务比率分别给定了不同的权重,综合为 100 分。该方法以行业平均数为基础确定各项财务比率的标准值,将各项财务比率的实际值与标准值进行比较,得出一个关系比率,将此关系比率与各项财务比率的权重相乘得出总评分,以此来评价企业的信用状况。

沃尔评分法从理论上讲有一个弱点,就是未能证明为什么选择这七个财务比率,而不是更多或更少些,或者选择别的财务比率,其也未能证明每个指标所占比重的合理性。

沃尔评分法从技术上来讲有一个问题，就是当某一个指标严重异常时，会对综合指数产生不合逻辑的重大影响。这个缺陷是由相对比率与比重相"乘"而引起的。财务比率提高1倍，其综合指数增加100%；而财务比率缩小1倍，其综合指数只减少50%。

现代社会与沃尔的时代相比，已经有很大变化。一般认为企业财务评价的内容首先是盈利能力，其次是偿债能力，最后是成长能力，它们之间大致可按5：3：2的比重来分配。

二、 杜邦分析法

沃尔评分法虽然可以了解公司各方面的财务状况，但是无法全面地反映公司各方面的财务信息之间的关联关系。公司的财务状况是一个完整的系统，内部各种因素都是相互依存、相互作用的，任何一个因素的变动都会引起公司整体财务状况的改变。这就要求财务分析者在进行财务状况的分析时，必须深入了解企业财务状况内部的各项因素及其相互之间的关系，这样才能比较全面地揭示公司财务状况的全貌。

杜邦分析法恰好就是这样一种分析方法，它是利用各主要财务比率指标之间的内在联系，对企业财务状况及经济效益进行综合系统分析评价的方法。该方法是由美国杜邦公司率先创造的，故该法称为杜邦分析法。

杜邦分析法将净资产收益率（权益净利率）分解如图7-43所示。杜邦分析法主要反映了下列几种主要的财务比率关系。

（1）净资产收益率与资产净利率及权益乘数之间的关系如下：

$$净资产收益率＝总资产净利率×权益乘数 \tag{7-45}$$

（2）资产净利率与销售净利率及总资产周转率之间的关系如下：

$$总资产净利率＝销售净利率×总资产周转率 \tag{7-46}$$

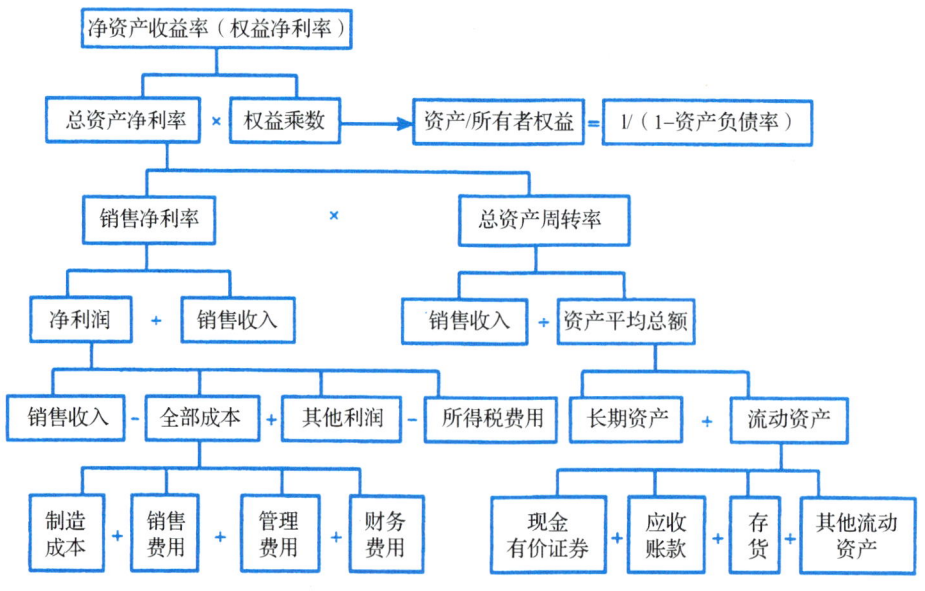

图7-43　杜邦分析法

（3）销售净利率与净利率及销售收入之间的关系如下：

$$销售净利率＝净利润÷销售收入 \qquad (7-47)$$

（4）总资产周转率与销售收入及资产总额之间的关系如下：

$$总资产周转率＝销售收入÷资产平均总额 \qquad (7-48)$$

其中，式(7-46)"资产净利率＝销售净利率×总资产周转率"被称为杜邦等式。

运用杜邦分析法需要抓住以下几点：

（1）净资产收益率是一个综合性最强的财务指标，是杜邦分析的起点。净资产收益率的高低的决定因素主要有三个，即营业净利率、总资产周转率和权益乘数。这样，在进行分解后，就可以将净资产收益率这一综合指标发生升降变化的原因具体化，因此这比只用一项综合性指标更能说明问题。

（2）营业净利率反映了企业净利润与营业收入的关系，它的高低取决于营业收入与成本总额的高低。要想提高营业净利率，一是要扩大营业收入，二是要降低成本费用。扩大营业收入既有利于提高营业净利率，又有利于提高总资产周转率。降低成本费用是提高营业净利率的一个重要因素，从杜邦分析图(图7-43)可以看出成本费用的基本结构是否合理，从而找出降低成本费用的途径和加强成本费用控制的办法。

（3）影响总资产周转率的一个重要因素是资产总额。资产总额由流动资产与长期资产组成，它们的结构合理与否将直接影响资产的周转速度。一般来说，流动资产直接体现企业的偿债能力和变现能力，而长期资产则体现企业的经营规模、发展潜力，两者之间应该有一个合理的比例关系。

（4）权益乘数主要受资产负债率指标的影响。资产负债率越高，权益乘数就越高，这说明企业的负债程度较高，会给企业带来较大的杠杆利益，同时，也会带来较大的风险。

练一练

【多选题】 以下关于沃尔分析法和杜邦分析法的说法中，正确的是（　　）。

    A. 沃尔分析法通过给定财务比率的分数比重来评价企业信用水平

    B. 杜邦分析法主要关注企业的盈利能力和股东权益回报水平

    C. 两者都仅使用单一财务指标来全面评价企业财务状况

    D. 沃尔分析法和杜邦分析法都是综合性的财务分析方法

答案：ABD。

【判断题】 杜邦分析法通过将净资产收益率分解为销售净利率、总资产周转率和权益乘数三个指标的乘积，从而深入分析企业盈利能力的来源。（　　）

答案：✓。

【单选题】 杜邦分析法是一种用来评价公司盈利能力和股东权益回报水平，从财务角度评价企业绩效的经典方法。杜邦分析法的核心指标是（　　）。

    A. 总资产周转率   B. 净资产收益率

    C. 销售净利率   D. 权益乘数

答案：B。

◎ 财智堂（技能实训）

小东和小海进行了海澜之家的偿债能力分析、营运能力分析、盈利能力分析、发展能力分析后，发现这些指标只能衡量企业财务某个方面的能力，而无法衡量企业的财务综合能力。因此，小东和小海接着对企业财务综合能力进行了分析。

一、任务目标

对目标企业进行财务综合能力分析。

二、任务描述

运用杜邦分析法，对服装企业海澜之家进行财务综合能力分析，相关数据和表格如图 7-44 和图 7-45 所示。

	A	B	C	D
1	海澜之家财报数据			
2	指标	2023年	2022年	同比
3	营业成本	11954406129.01	10600314872.50	12.77%
4	销售费用	4353303134.13	3424650617.56	27.12%
5	管理费用	962592365.86	921544014.83	4.45%
6	全部成本	17666948341.91	15247854158.46	15.87%
7	营业收入	21527549051.48	18561742244.11	15.98%
8	其他利润	230303662.59	90821571.60	153.58%
9	所得税费用	705470360.51	834816182.78	-15.49%
10	货币资金	11901156183.83	12505458002.19	-4.83%
11	应收账款	1005123628.55	1130734115.85	-11.11%
12	存货	9336829906.65	9455106333.80	-1.25%
13	预付账款	230440671.06	564030351.93	-59.14%
14	其他流动资产	302780933.80	243003649.46	24.60%
15	流动资产	25004570824.33	24563369580.08	1.80%
16	长期资产	8708270938.27	8185298218.68	6.39%
17	资产总额	33712841762.60	32748667798.76	2.94%
18	负债总额	17675167545.25	18226565063.73	-3.03%
19	净利润	2918435324.11	2062025208.85	41.53%

图 7-44 已知财务报表数据

	A	B	C	D
20				
21	海澜之家财务综合分析			
22	指标	2023年	2022年	变动
23	资产负债率			
24	销售净利率			
25	总资产周转率			
26	总资产净利率			
27	权益乘数			
28	净资产收益率			

图 7-45 财务综合分析计算结果区域

「新专标」系列教材 Xinzhuanbiao 系列教材 Xilie Jiaocai

三、实施步骤

步骤 1：建立杜邦分析计算模型。

打开一个新的 Excel 工作簿，在 Sheet1 工作表的单元格区域 A1:C19 输入海澜之家 2022 年和 2023 年的如图 7-44 所列的财报指标数据，或者根据前面任务获取的海澜之家财务报表数据，直接复制粘贴或者引用财报数据。D 列字段同比的公式为"＝(2023 年指标－2022 年指标)/2022 年指标 * 100％"，显示设置为百分比格式，保留 2 位小数。在单元格区域 A21:D28 设计财务综合分析计算输出区域的格式，如图 7-45 所示。

步骤 2：计算 2023 年资产负债率。选取单元格 B23，输入公式"＝ROUND(B18/B17 * 100％,4)"，按回车键确定后，在单元格 B23 中会得到公式的计算结果为 52.43％。

步骤 3：计算 2023 年销售净利率。选取单元格 B24，输入公式"＝ROUND(B19/B7 * 100％,4)"，按回车键确定后，在单元格中会得到公式的计算结果为 13.56％。

步骤 4：计算 2023 年总资产周转率。选取单元格 B25，输入公式"＝ROUND(B7/B17,2)"，按回车键确定后，在单元格中会得到公式的计算结果为 0.64。

步骤 5：计算 2023 年总资产净利率。选取单元格 B26，输入公式"＝ROUND(B24 * B25 * 100％,4)"，按回车键确定后，在单元格中会得到公式的计算结果为 8.68％。

步骤 6：计算 2023 年权益乘数。选取单元格 B27，输入公式"＝ROUND(1/(1－B23),2)"，按回车键确定后，在单元格中会得到公式的计算结果为 2.10。

步骤 7：计算 2023 年净资产收益率。选取单元格 B28，输入公式"＝ROUND(B26 * B27 * 100％,4)"，按回车键确定后，在单元格中会得到公式的计算结果为 18.23％。

步骤 8：选中单元格区域 B23:B28，拖拽复制 2023 年公式到 2022 年，得到 2022 年的数据，D 列变动指标公式为"＝(2023 年指标－2022 年指标)/2022 年指标 * 100％"，显示设置为百分比格式，保留 2 位小数。最终计算结果如图 7-46 所示。

	A	B	C	D
20				
21	海澜之家财务综合分析			
22	指标	2023年	2022年	变动（%）
23	资产负债率	52.43%	55.66%	-5.80%
24	销售净利率	13.56%	11.11%	22.05%
25	总资产周转率	0.64	0.57	12.28%
26	总资产净利率	8.68%	6.33%	37.12%
27	权益乘数	2.10	2.26	-7.08%
28	净资产收益率	18.23%	14.31%	27.39%

图 7-46 最终计算结果区域

通过图 7-46 可知，海澜之家 2023 年净资产收益率增长变动 27.39％，其中总资产净利率增加变动 37.12％；总资产净利率变动的影响因素销售净利率变动 22.05％，总资产周转率变动 12.28％。结合已知的海澜之家 2023 年和 2022 年财报情况及变动（图 7-44），进一步分析 2023 年资产情况，可以看出其他流动资产增加变动 24.60％，除此之外，2023 年的其他的流动资产都有相应比例的下降；2023 年净利润变动增加了 41.53％，2023 年营业收入也变动增加了 15.98％，比前几年有较好的增长，同时也需关

「新专标」系列教材 Xinzhuanbiao Xilie Jiaocai

注 2023 年销售费用增长率为 27.12%,远超营业收入的增长;另外,公司 2023 年投资收益也有大幅度的增加。

选择一家企业,运用杜邦分析体系对该企业进行财务综合分析,并撰写简要的分析报告。

◎ 智驭未来(前沿技术)

一、数据工具赋能财务分析的实践路径

Excel 与大数据工具结合在财务分析中成为破解财务数据密码的核心载体。在基础数据处理中,Excel 的函数计算与数据透视表功能,可高效整合资产负债表、利润表等多维度数据,快速生成流动比率、资产负债率等关键指标。在趋势分析环节,可利用 Excel 的图表工具(折线图、雷达图)可视化呈现财务指标变化,如将海澜之家近五年的存货周转率绘制成趋势线,直观揭示存货管理效率的波动趋势。而 SMARTBI 等大数据工具则进一步拓展分析边界,通过数据建模与交互式看板,实现偿债能力、营运能力等多维度指标的动态关联展示,帮助决策者快速捕捉财务风险点与优化方向,例如通过雷达图对比同行业企业的净资产收益率,可精准定位企业盈利能力的行业坐标。这些工具的应用不仅提升了数据处理的效率,更通过可视化与模型化分析,将抽象的财务数据转化为可操作的管理建议,推动财务分析从"事后核算"向"事中监控"进阶。

二、人工智能引领财务分析的未来变革

随着机器学习、自然语言处理(NLP)等技术的深化应用,财务分析正从"数据描述"迈向"智能预测"。在数据挖掘层面,机器学习算法可自动解析海量财报数据,识别隐藏的财务风险因子,例如通过训练随机森林模型预测企业短期偿债能力的异常波动,相较传统比率分析更能精准捕捉非线性关联。NLP 技术则赋能非结构化数据处理,自动提取政策文件、行业报告中的关键信息,动态调整财务分析模型参数,如根据最新税收政策修正盈利能力评估体系。未来,区块链技术将构建透明化财务分析生态,通过分布式账本确保数据不可篡改,结合智能合约自动触发风险预警(如资产负债率突破阈值时实时警示)。强化学习算法还可模拟不同财务策略的长期影响,为企业定制最优资本结构方案。这些技术的融合应用将催生"智能财务分析师"系统,实现从数据采集、指标计算到策略建议的全流程自动化,使财务分析不仅成为企业经营的"后视镜",更进化为战略决策的"导航仪",在复杂市场环境中为企业提供前瞻性的风险防控与价值增长路径。

◎ 财思汇(总结升华)

一个阳光明媚的午后,小东和小海回到母校,走进了会计老师的办公室。他们此行目的明确:向老师请教如何更深入地解读会计报表。

会计老师微笑着迎接了他们,并拿出华为历年的年报作为教学案例。"我们以华为为例,来学习如何分析会计报表。"老师的话语中透露出对民族企业的深深自豪。

随着老师的细致讲解,小东和小海被华为稳健的财务状况和持续的创新投入所震撼。"你们看,华为在研发投入上的比例一直很高,这正是他们能保持行业领先地位的关键。"老师指着报表上的数据,语重心长地说道。

小东听得入了迷,不禁感叹道:"华为真是我们民族企业的骄傲,他们的财务管理策略值得我们深入学习。"

小海也点头表示赞同:"是啊,老师,我们也得加强财务管理,不仅要学习华为的策略,更要传承他们的民族精神。"

老师欣慰地看着他们,鼓励道:"你们有这样的觉悟很好,财务管理是企业发展的核心,但民族精神才是企业的灵魂。只有不断学习和进步,坚守民族精神,才能在激烈的市场竞争中立于不败之地。"

这次请教,不仅让小东和小海学会了如何解读会计报表,更激发了他们对民族企业的自豪感和责任感。

思政元素:民族精神、创新意识

习题答案

习 题

一、单项选择题

1. 下列各项中,不属于经营活动产生的现金流量的是(   )。
   A. 销售产成品、商品、提供劳务收到的现金
   B. 收到其他与经营活动有关的现金
   C. 购买原材料、商品、接受劳务支付的现金
   D. 取得投资收益的现金

2. 下列各项中,属于经营活动产生的现金流量的是(   )。
   A. 支付的职工薪酬　　　　　　　　　B. 取得借款收到的现金
   C. 吸收投资者投资收到的现金　　　　D. 偿还借款本金支付的现金

3. 下列各项中,不属于投资活动产生的现金流量的是(   )。
   A. 支付的职工薪酬　　　　　　　　　B. 支付的税费
   C. 取得投资收益收到的现金　　　　　D. 偿还借款利息支付的现金

4. 下列指标中,用于分析企业的长期偿债能力的是(   )。
   A. 产权比率　　　　　　　　　　　　B. 流动比率
   C. 存货周转率　　　　　　　　　　　D. 现金比率

5. 如果企业的速动比率很小,则下列结论正确的是(   )。
   A. 企业流动资产占用过多　　　　　　B. 企业短期偿债风险很大
   C. 企业短期偿债能力很强　　　　　　D. 企业资产流动性很强

6. 最关心企业偿债能力的分析方应该是(   )。
   A. 投资者　　　　　　　　　　　　　B. 经营者
   C. 债权人　　　　　　　　　　　　　D. 所有利益相关者

7. 若流动比率大于1,则下列结论成立的是(   )。
   A. 速动比率必大于1　　　　　　　　B. 营运资本大于0
   C. 资产负债率大于1　　　　　　　　D. 短期偿债能力绝对有保障

8. 下列各项经济业务中,会使流动比率提高的业务是(   )。
   A. 购买股票作为短期投资　　　　　　B. 用无形资产做企业长期投资
   C. 从银行提取现金　　　　　　　　　D. 接受现金投资

9. 某公司 2024 年的销售净收入为 315 000 元,应收账款的年末数为 18 000 元,年初数为 16 000 元,则其应收账款的周转次数为(   )次。
   A. 10　　　　　　　B. 15　　　　　　　C. 18.5　　　　　　D. 20

二、多项选择题

1. 企业财务报表的作用包括(   )。
   A. 有助于财务报表使用者了解企业的财务状况、经营成果和现金流量
   B. 有助于考核企业管理层受托经济责任的履行情况

  C. 有助于企业管理层加强经营管理、提高经济效益

  D. 有助于国家税务机关在税收监管上由以往的定额征收改为查账征收

  E. 有助于商业银行通过企业的财务报表,了解企业的经营运作情况

2. 下列各项中,属于经营活动产生的现金流量的有(　　　)。

  A. 销售产成品、商品、提供劳务收到的现金

  B. 收到其他与经营活动有关的现金

  C. 购买原材料、商品、接受劳务支付的现金

  D. 取得投资收益的现金

3. 下列各项中,不属于经营活动产生的现金流量的有(　　　)。

  A. 支付的职工薪酬　　　　　　　　B. 取得借款收到的现金

  C. 吸收投资者投资收到的现金　　　　D. 偿还借款本金支付的现金

4. 财务分析按照分析实施主体的不同,可分为(　　　)。

  A. 内部分析　　　　　　　　　　　B. 外部分析

  C. 比率分析　　　　　　　　　　　D. 比较分析

5. 财务分析按照财务数据的载体的不同,可分为(　　　)。

  A. 资产负债表分析　　　　　　　　B. 利润表分析

  C. 现金流量表分析　　　　　　　　D. 比较分析

6. 现代财务报表的分析一般包括(　　　)。

  A. 战略分析　　　　　　　　　　　B. 会计分析

  C. 财务分析　　　　　　　　　　　D. 前景分析

7. 把财务报表中的有关项目进行对比的财务分析包括(　　　)。

  A. 构成比率分析　　　　　　　　　B. 效率比率分析

  C. 相关比率分析　　　　　　　　　D. 比较分析

8. 反映短期偿债能力的指标有(　　　)。

  A. 资产负债率　　　B. 产权比率　　　C. 速动比率　　　D. 现金比率

三、判断题

1. 收入来自企业销售产品和向客户提供服务而创造的经济利益。　　　　　(　　)

2. 费用是指在创造收入过程中发生的经济利益流出。　　　　　　　　　　(　　)

3. 现金比率反映企业的偿债能力,该指标越高越好。　　　　　　　　　　(　　)

4. 权益乘数越大,资产负债率越高,企业财务风险越大,偿债能力越差。　(　　)

5. 负债比率越高,说明企业的偿债能力越强。　　　　　　　　　　　　　(　　)

6. 一般来说,企业的利息保障倍数至少应大于1,否则将难以偿付债务及利息。(　　)

7. 流动比率保持在1对企业是合适的。　　　　　　　　　　　　　　　　(　　)

8. 应收账款周转率过低或过高,对企业都可能是不利的。　　　　　　　　(　　)

四、业务题

  某公司 2024 年 12 月 31 日的资产负债表(简表)如表 7-5 所示。另外,该公司 2023 年的销售利润率为 20%,总资产周转率为 0.7 次,权益乘数为 1.71,自有资金利润率为 23.9%。2024 年的销售净收入为 1 014 万元(其中,赊销净额为 570 万元),净利润为 253.3 万元。

表 7-5　资产负债表(简表)

2024 年 12 月 31 日　　　　　　　　　　　　　　单位:万元

资产	期末余额	上年年末余额	负债及所有者权益	期末余额	上年年末余额
货币资金	95	100	流动负债合计	218	220
应收账款净额	150	135	长期负债合计	372	290
存货	170	160	负债合计	590	510
待摊费用	35	30	所有者权益	720	715
流动资产合计	450	425			
固定资产净值	860	800			
总计	1 310	1 225		1 310	1 225

要求:

(1)计算 2024 年的流动比率、速动比率、资产负债率和权益乘数;

(2)计算 2024 年的应收账款周转率、固定资产周转率和总资产周转率;

(3)计算 2024 年的销售净利率、权益净利率;

(4)采用杜邦分析法分析销售净利率、总资产周转率和权益乘数变动对权益净利率的影响。

附表 1

复利终值系数表 $FV_{in} = (1+i)^n$

n	1%	2%	3%	4%	5%	6%	7%	8%	9%
1	1.010 0	1.020 0	1.030 0	1.040 0	1.050 0	1.060 0	1.070 0	1.080 0	1.090 0
2	1.020 1	1.040 4	1.060 9	1.081 6	1.102 5	1.123 6	1.144 9	1.166 4	1.188 1
3	1.030 3	1.061 2	1.092 7	1.124 9	1.157 6	1.191 0	1.225 0	1.259 7	1.295 0
4	1.040 6	1.082 4	1.125 5	1.169 9	1.215 5	1.262 5	1.310 8	1.360 5	1.411 6
5	1.051 0	1.104 1	1.159 3	1.216 7	1.276 3	1.338 2	1.402 6	1.469 3	1.538 6
6	1.061 5	1.126 2	1.194 1	1.265 3	1.340 1	1.418 5	1.500 7	1.586 9	1.677 1
7	1.072 1	1.148 7	1.229 9	1.315 9	1.407 1	1.503 6	1.605 8	1.713 8	1.828 0
8	1.082 9	1.171 7	1.266 8	1.368 6	1.477 5	1.593 8	1.718 2	1.850 9	1.992 6
9	1.093 7	1.195 1	1.304 8	1.423 3	1.551 3	1.689 5	1.838 5	1.999 0	2.171 9
10	1.104 6	1.219 0	1.343 9	1.480 2	1.628 9	1.790 8	1.967 2	2.158 9	2.367 4
11	1.115 7	1.243 4	1.384 2	1.539 5	1.710 3	1.898 3	2.104 9	2.331 6	2.580 4
12	1.126 8	1.268 2	1.425 8	1.601 0	1.795 9	2.012 2	2.252 2	2.518 2	2.812 7
13	1.138 1	1.293 6	1.468 5	1.665 1	1.885 6	2.132 9	2.409 8	2.719 6	3.065 8
14	1.149 5	1.319 5	1.512 6	1.731 7	1.979 9	2.260 9	2.578 5	2.937 2	3.341 7
15	1.161 0	1.345 9	1.558 0	1.800 9	2.078 9	2.396 6	2.759 0	3.172 2	3.642 5
16	1.172 6	1.372 8	1.604 7	1.873 0	2.182 9	2.540 4	2.952 2	3.425 9	3.970 3
17	1.184 3	1.400 2	1.652 8	1.947 9	2.292 0	2.692 8	3.158 8	3.700 0	4.327 6
18	1.196 1	1.428 2	1.702 4	2.025 8	2.406 6	2.854 3	3.379 9	3.996 0	4.717 1
19	1.208 1	1.456 8	1.753 5	2.106 8	2.527 0	3.025 6	3.616 5	4.315 7	5.141 7
20	1.220 2	1.485 9	1.806 1	2.191 1	2.653 3	3.207 1	3.869 7	4.661 0	5.604 4
21	1.232 4	1.515 7	1.860 3	2.278 8	2.786 0	3.399 6	4.140 6	5.033 8	6.108 8
22	1.244 7	1.546 0	1.916 1	2.369 9	2.925 3	3.603 5	4.430 4	5.436 5	6.658 6
23	1.257 2	1.576 9	1.973 6	2.464 7	3.071 5	3.819 7	4.740 5	5.871 5	7.257 9
24	1.269 7	1.608 4	2.032 8	2.563 3	3.225 1	4.048 9	5.072 4	6.341 2	7.911 1
25	1.282 4	1.640 6	2.093 8	2.665 8	3.386 4	4.291 9	5.427 4	6.848 5	8.623 1
30	1.347 8	1.811 4	2.427 3	3.243 4	4.321 9	5.743 5	7.612 3	10.063	13.268
40	1.488 9	2.208 0	3.262 0	4.801 0	7.040 0	10.286	14.975	21.725	31.409
50	1.644 6	2.691 6	4.383 9	7.106 7	11.467	18.420	29.457	46.902	74.358
60	1.816 7	3.281 0	5.891 6	10.519 6	18.679	32.988	57.946	101.26	176.03

（续表）

n	10%	12%	14%	15%	16%	18%	20%	24%	28%	32%	36%
1	1.100 0	1.120 0	1.140 0	1.150 0	1.160 0	1.180 0	1.200 0	1.240 0	1.280 0	1.320 0	1.360 0
2	1.210 0	1.254 4	1.299 6	1.322 5	1.345 6	1.392 4	1.440 0	1.537 6	1.638 4	1.742 4	1.849 6
3	1.331 0	1.404 9	1.481 5	1.520 9	1.560 9	1.643 0	1.728 0	1.906 6	2.097 2	2.300 0	2.515 5
4	1.464 1	1.573 5	1.689 0	1.749 0	1.810 6	1.938 8	2.073 6	2.364 2	2.684 4	3.036 0	3.421 0
5	1.610 5	1.762 3	1.925 4	2.011 4	2.100 3	2.287 8	2.488 3	2.931 6	3.436 0	4.007 5	4.652 6
6	1.771 6	1.973 8	2.195 0	2.313 1	2.436 4	2.699 6	2.986 0	3.635 2	4.398 0	5.289 9	6.327 5
7	1.948 7	2.210 7	2.502 3	2.660 0	2.826 2	3.185 5	3.583 2	4.507 7	5.629 5	6.982 6	8.605 4
8	2.143 6	2.476 0	2.852 6	3.059 0	3.278 4	3.758 9	4.299 8	5.589 5	7.205 8	9.217 0	11.703
9	2.357 9	2.773 1	3.251 9	3.517 9	3.803 0	4.435 5	5.159 8	6.931 0	9.223 4	12.167	15.917
10	2.593 7	3.105 8	3.707 2	4.045 6	4.411 4	5.233 8	6.191 7	8.594 4	11.806	16.060	21.647
11	2.853 1	3.478 5	4.226 2	4.652 4	5.117 3	6.175 9	7.430 1	10.657	15.112	21.199	29.439
12	3.138 4	3.896 0	4.817 9	5.350 3	5.936 0	7.287 6	8.916 1	13.215	19.343	27.983	40.038
13	3.452 3	4.363 5	5.492 4	6.152 8	6.885 8	8.599 4	10.699	16.386	24.759	36.937	54.451
14	3.797 5	4.887 1	6.261 3	7.075 7	7.987 5	10.147	12.839	20.319	31.691	48.757	74.053
15	4.177 2	5.473 6	7.137 9	8.137 1	9.265 5	11.974	15.407	25.196	40.565	64.359	100.71
16	4.595 0	6.130 4	8.137 2	9.357 6	10.748	14.129	18.488	31.243	51.923	84.954	136.97
17	5.054 5	6.866 0	9.276 5	10.761	12.468	16.672	22.186	38.741	66.461	112.14	186.28
18	5.559 9	7.690 0	10.575	12.376	14.463	19.673	26.623	48.039	85.071	148.02	253.34
19	6.115 9	8.612 8	12.056	14.232	16.777	23.214	31.948	59.568	108.89	195.39	344.54
20	6.727 5	9.646 3	13.744	16.367	19.461	27.393	38.338	73.864	139.38	257.92	468.57
21	7.400 2	10.804	15.668	18.822	22.575	32.324	46.005	91.592	178.41	340.45	637.26
22	8.140 3	12.100	17.861	21.645	26.186	38.142	55.206	113.57	228.36	449.39	866.67
23	8.954 3	13.552	20.362	24.892	30.376	45.008	66.247	140.83	292.30	593.20	1 178.7
24	9.849 7	15.179	23.212	28.625	35.236	53.109	79.497	174.63	374.14	783.02	1 603.0
25	10.835	17.000	26.462	32.919	40.874	62.669	95.396	216.54	478.90	1 033.6	2 180.1
30	17.449	29.960	50.950	66.212	85.850	143.37	237.38	634.82	1 645.5	4 142.1	10 143
40	45.259	93.051	188.88	267.86	378.72	750.38	1 469.8	5 455.9	19 427	66 521	219 562
50	117.39	289.00	700.23	1 083.7	1 670.7	3 927.4	9 100.4	46 890	229 350	1 068 308	4 752 755
60	304.48	897.60	2 595.9	4 384.0	7 370.2	20 555	56 348	402 996	2 707 685	17 156 784	102 880 840

附表 2

复利现值系数表 $PV_{in} = (1 + i)^{-n}$

n	1%	2%	3%	4%	5%	6%	7%	8%	9%
1	0.990 1	0.980 4	0.970 9	0.961 5	0.952 4	0.943 4	0.934 6	0.925 9	0.917 4
2	0.980 3	0.961 2	0.942 6	0.924 6	0.907 0	0.890 0	0.873 4	0.857 3	0.841 7
3	0.970 6	0.942 3	0.915 1	0.889 0	0.863 8	0.839 6	0.816 3	0.793 8	0.772 2
4	0.961 0	0.923 8	0.888 5	0.854 8	0.822 7	0.792 1	0.762 9	0.735 0	0.708 4
5	0.951 5	0.905 7	0.862 6	0.821 9	0.783 5	0.747 3	0.713 0	0.680 6	0.649 9
6	0.942 0	0.888 0	0.837 5	0.790 3	0.746 2	0.705 0	0.666 3	0.630 2	0.596 3
7	0.932 7	0.870 6	0.813 1	0.759 9	0.710 7	0.665 1	0.622 7	0.583 5	0.547 0
8	0.923 5	0.853 5	0.789 4	0.730 7	0.676 8	0.627 4	0.582 0	0.540 3	0.501 9
9	0.914 3	0.836 8	0.766 4	0.702 6	0.644 6	0.591 9	0.543 9	0.500 2	0.460 4
10	0.905 3	0.820 3	0.744 1	0.675 6	0.613 9	0.558 4	0.508 3	0.463 2	0.422 4
11	0.896 3	0.804 3	0.722 4	0.649 6	0.584 7	0.526 8	0.475 1	0.428 9	0.387 5
12	0.887 4	0.788 5	0.701 4	0.624 6	0.556 8	0.497 0	0.444 0	0.397 1	0.355 5
13	0.878 7	0.773 0	0.681 0	0.600 6	0.530 3	0.468 8	0.415 0	0.367 7	0.326 2
14	0.870 0	0.757 9	0.661 1	0.577 5	0.505 1	0.442 3	0.387 8	0.340 5	0.299 2
15	0.861 3	0.743 0	0.641 9	0.555 3	0.481 0	0.417 3	0.362 4	0.315 2	0.274 5
16	0.852 8	0.728 4	0.623 2	0.533 9	0.458 1	0.393 6	0.338 7	0.291 9	0.251 9
17	0.844 4	0.714 2	0.605 0	0.513 4	0.436 3	0.371 4	0.316 6	0.270 3	0.231 1
18	0.836 0	0.700 2	0.587 4	0.493 6	0.415 5	0.350 3	0.295 9	0.250 2	0.212 0
19	0.827 7	0.686 4	0.570 3	0.474 6	0.395 7	0.330 5	0.276 5	0.231 7	0.194 5
20	0.819 5	0.673 0	0.553 7	0.456 4	0.376 9	0.311 8	0.258 4	0.214 5	0.178 4
21	0.811 4	0.659 8	0.537 5	0.438 8	0.358 9	0.294 2	0.241 5	0.198 7	0.163 7
22	0.803 4	0.646 8	0.521 9	0.422 0	0.341 8	0.277 5	0.225 7	0.183 9	0.150 2
23	0.795 4	0.634 2	0.506 7	0.405 7	0.325 6	0.261 8	0.210 9	0.170 3	0.137 8
24	0.787 6	0.621 7	0.491 9	0.390 1	0.310 1	0.247 0	0.197 1	0.157 7	0.126 4
25	0.779 8	0.609 5	0.477 6	0.375 1	0.295 3	0.233 0	0.184 2	0.146 0	0.116 0
30	0.741 9	0.552 1	0.412 0	0.308 3	0.231 4	0.174 1	0.131 4	0.099 4	0.075 4
40	0.671 7	0.452 9	0.306 6	0.208 3	0.142 0	0.097 2	0.066 8	0.046 0	0.031 8
50	0.608 0	0.371 5	0.228 1	0.140 7	0.087 2	0.054 3	0.033 9	0.021 3	0.013 4
60	0.550 4	0.304 8	0.169 7	0.095 1	0.053 5	0.030 3	0.017 3	0.009 9	0.005 7

（续表）

n	10%	12%	14%	15%	16%	18%	20%	24%	28%	32%	36%
1	0.909 1	0.892 9	0.877 2	0.869 6	0.862 1	0.847 5	0.833 3	0.806 5	0.781 3	0.757 6	0.735 3
2	0.826 4	0.797 2	0.769 5	0.756 1	0.743 2	0.718 2	0.694 4	0.650 4	0.610 4	0.573 9	0.540 7
3	0.751 3	0.711 8	0.675 0	0.657 5	0.640 7	0.608 6	0.578 7	0.524 5	0.476 8	0.434 8	0.397 5
4	0.683 0	0.635 5	0.592 1	0.571 8	0.552 3	0.515 8	0.482 3	0.423 0	0.372 5	0.329 4	0.292 3
5	0.620 9	0.567 4	0.519 4	0.497 2	0.476 1	0.437 1	0.401 9	0.341 1	0.291 0	0.249 5	0.214 9
6	0.564 5	0.506 6	0.455 6	0.432 3	0.410 4	0.370 4	0.334 9	0.275 1	0.227 4	0.189 0	0.158 0
7	0.513 2	0.452 3	0.399 6	0.375 9	0.353 8	0.313 9	0.279 1	0.221 8	0.177 6	0.143 2	0.116 2
8	0.466 5	0.403 9	0.350 6	0.326 9	0.305 0	0.266 0	0.232 6	0.178 9	0.138 8	0.108 5	0.085 4
9	0.424 1	0.360 6	0.307 5	0.284 3	0.263 0	0.225 5	0.193 8	0.144 3	0.108 4	0.082 2	0.062 8
10	0.385 5	0.322 0	0.269 7	0.247 2	0.226 7	0.191 1	0.161 5	0.116 4	0.084 7	0.062 3	0.046 2
11	0.350 5	0.287 5	0.236 6	0.214 9	0.195 4	0.161 9	0.134 6	0.093 8	0.066 2	0.047 2	0.034 0
12	0.318 6	0.256 7	0.207 6	0.186 9	0.168 5	0.137 2	0.112 2	0.075 7	0.051 7	0.035 7	0.025 0
13	0.289 7	0.229 2	0.182 1	0.162 5	0.145 2	0.116 3	0.093 5	0.061 0	0.040 4	0.027 1	0.018 4
14	0.263 3	0.204 6	0.159 7	0.141 3	0.125 2	0.098 5	0.077 9	0.049 2	0.031 6	0.020 5	0.013 5
15	0.239 4	0.182 7	0.140 1	0.122 9	0.107 9	0.083 5	0.064 9	0.039 7	0.024 7	0.015 5	0.009 9
16	0.217 6	0.163 1	0.122 9	0.106 9	0.093 0	0.070 8	0.054 1	0.032 0	0.019 3	0.011 8	0.007 3
17	0.197 8	0.145 6	0.107 8	0.092 9	0.080 2	0.060 0	0.045 1	0.025 8	0.015 0	0.008 9	0.005 4
18	0.179 9	0.130 0	0.094 6	0.080 8	0.069 1	0.050 8	0.037 6	0.020 8	0.011 8	0.006 8	0.003 9
19	0.163 5	0.116 1	0.082 9	0.070 3	0.059 6	0.043 1	0.031 3	0.016 8	0.009 2	0.005 1	0.002 9
20	0.148 6	0.103 7	0.072 8	0.061 1	0.051 4	0.036 5	0.026 1	0.013 5	0.007 2	0.003 9	0.002 1
21	0.135 1	0.092 6	0.063 8	0.053 1	0.044 3	0.030 9	0.021 7	0.010 9	0.005 6	0.002 9	0.001 6
22	0.122 8	0.082 6	0.056 0	0.046 2	0.038 2	0.026 2	0.018 1	0.008 8	0.004 4	0.002 2	0.001 2
23	0.111 7	0.073 8	0.049 1	0.040 2	0.032 9	0.022 2	0.015 1	0.007 1	0.003 4	0.001 7	0.000 8
24	0.101 5	0.065 9	0.043 1	0.034 9	0.028 4	0.018 8	0.012 6	0.005 7	0.002 7	0.001 3	0.000 6
25	0.092 3	0.058 8	0.037 8	0.030 4	0.024 5	0.016 0	0.011	0.00	0.002 1	0.001 0	0.000 5
30	0.057 3	0.033 4	0.019 6	0.015 1	0.011 6	0.007 0	0.004 2	0.001 6	0.000 6	0.000 2	0.000 1
40	0.022 1	0.010 7	0.005 3	0.003 7	0.002 6	0.001 3	0.000 7	0.000 2	0.000 1	0.000 0	0.000 0
50	0.008 5	0.003 5	0.001 4	0.000 9	0.000 6	0.000 3	0.000 1	0.000 0	0.000 0	0.000 0	0.000 0
60	0.003 3	0.001 1	0.000 4	0.000 2	0.000 1	0.000 0	0.000 0	0.000 0	0.000 0	0.000 0	0.000 0

「新专标」系列教材 Xinzhuanbiao Xilie Jiaocai

附表 3

普通年金终值系数表 $FVA_{in} = [(1+i)^n - 1] / i$

n	1%	2%	3%	4%	5%	6%	7%	8%	9%
1	1.000	1.000	1.000	1.000	1.000	1.000	1.000	1.000	1.000
2	2.010	2.020	2.030	2.040	2.050	2.060	2.070	2.080	2.090
3	3.030	3.060	3.091	3.122	3.153	3.184	3.215	3.246	3.278
4	4.060	4.122	4.184	4.247	4.310	4.375	4.440	4.506	4.573
5	5.101	5.204	5.309	5.416	5.526	5.637	5.751	5.867	5.985
6	6.152	6.308	6.468	6.633	6.802	6.975	7.153	7.336	7.523
7	7.214	7.434	7.663	7.898	8.142	8.394	8.654	8.923	9.200
8	8.286	8.583	8.892	9.214	9.549	9.898	10.260	10.637	11.029
9	9.369	9.755	10.159	10.583	11.027	11.491	11.978	12.488	13.021
10	10.462	10.950	11.464	12.006	12.578	13.181	13.816	14.487	15.193
11	11.567	12.169	12.808	13.486	14.207	14.972	15.784	16.646	17.560
12	12.683	13.412	14.192	15.026	15.917	16.870	17.889	18.977	20.141
13	13.809	14.680	15.618	16.627	17.713	18.882	20.141	21.495	22.953
14	14.947	15.974	17.086	18.292	19.599	21.015	22.551	24.215	26.019
15	16.097	17.293	18.599	20.024	21.579	23.276	25.129	27.152	29.361
16	17.258	18.639	20.157	21.825	23.658	25.673	27.888	30.324	33.003
17	18.430	20.012	21.762	23.698	25.840	28.213	30.840	33.750	36.974
18	19.615	21.412	23.414	25.645	28.132	30.906	33.999	37.450	41.301
19	20.811	22.841	25.117	27.671	30.539	33.760	37.379	41.446	46.019
20	22.019	24.297	26.870	29.778	33.066	36.786	40.996	45.762	51.160
21	23.239	25.783	28.677	31.969	35.719	39.993	44.865	50.423	56.765
22	24.472	27.299	30.537	34.248	38.505	43.392	49.006	55.457	62.873
23	25.716	28.845	32.453	36.618	41.431	46.996	53.436	60.893	69.532
24	26.974	30.422	34.427	39.083	44.502	50.816	58.177	66.765	76.790
25	28.243	32.030	36.459	41.646	47.727	54.865	63.249	73.106	84.701
30	34.785	40.568	47.575	56.085	66.439	79.058	94.461	113.283	136.308
40	48.886	60.402	75.401	95.026	120.800	154.762	199.635	259.057	337.882
50	64.463	84.579	112.797	152.667	209.348	290.336	406.529	573.770	815.084
60	81.670	114.052	163.053	237.991	353.584	533.128	813.520	1 253.213	1 944.792

（续表）

n	10%	12%	14%	15%	16%	18%	20%	24%	28%	32%	36%
1	1.000 0	1.000 0	1.000 0	1.000 0	1.000 0	1.000 0	1.000 0	1.000 0	1.000 0	1.000 0	1.000 0
2	2.100 0	2.120 0	2.140 0	2.150 0	2.160 0	2.180 0	2.200 0	2.240 0	2.280 0	2.320 0	2.360 0
3	3.310 0	3.374 4	3.439 6	3.472 5	3.505 6	3.572 4	3.640 0	3.777 6	3.918 4	4.062 4	4.209 6
4	4.641 0	4.779 3	4.921 1	4.993 4	5.066 5	5.215 4	5.368 0	5.684 2	6.015 6	6.362 4	6.725 1
5	6.105 1	6.352 8	6.610 1	6.742 4	6.877 1	7.154 2	7.441 6	8.048 4	8.699 9	9.398 3	10.146
6	7.715 6	8.115 2	8.535 5	8.753 7	8.977 5	9.442 0	9.929 9	10.980	12.136	13.406	14.799
7	9.487 2	10.089	10.731	11.067	11.414	12.142	12.916	14.615	16.534	18.696	21.126
8	11.436	12.300	13.233	13.727	14.240	15.327	16.499	19.123	22.163	25.678	29.732
9	13.580	14.776	16.085	16.786	17.519	19.086	20.799	24.713	29.369	34.895	41.435
10	15.937	17.549	19.337	20.304	21.322	23.521	25.959	31.643	38.593	47.062	57.352
11	18.531	20.655	23.045	24.349	25.733	28.755	32.150	40.238	50.399	63.122	78.998
12	21.384	24.133	27.271	29.002	30.850	34.931	39.581	50.895	65.510	84.320	108.44
13	24.523	28.029	32.089	34.352	36.786	42.219	48.497	64.110	84.853	112.30	148.48
14	27.975	32.393	37.581	40.505	43.672	50.818	59.196	80.496	109.61	149.24	202.93
15	31.773	37.280	43.842	47.580	51.660	60.965	72.035	100.82	141.30	198.00	276.98
16	35.950	42.753	50.980	55.718	60.925	72.939	87.442	126.01	181.87	262.36	377.69
17	40.545	48.884	59.118	65.075	71.673	87.068	105.93	157.25	233.79	347.31	514.66
18	45.599	55.750	68.394	75.836	84.141	103.74	128.12	195.99	300.25	459.45	700.94
19	51.159	63.440	78.969	88.212	98.603	123.41	154.74	244.03	385.32	607.47	954.28
20	57.275	72.052	91.025	102.44	115.38	146.63	186.69	303.60	494.21	802.86	1 298.8
21	64.003	81.699	104.77	118.81	134.84	174.02	225.03	377.46	633.59	1 060.8	1 767.4
22	71.403	92.503	120.44	137.63	157.42	206.34	271.03	469.06	812.00	1 401.2	2 404.7
23	79.543	104.60	138.30	159.28	183.60	244.49	326.24	582.63	1 040.4	1 850.6	3 271.3
24	88.497	118.16	158.66	184.17	213.98	289.49	392.48	723.46	1 332.7	2 443.8	4 450.0
25	98.347	133.33	181.87	212.79	249.21	342.60	471.98	898.09	1 706.8	3 226.8	6 053.0
30	164.49	241.33	356.79	434.75	530.31	790.95	1 181.9	2 640.9	5 873.2	12 941	28 172
40	442.59	767.09	1 342.0	1 779.1	2 360.8	4 163.2	7 343.9	22 728.8	69 377	207 874	609 890
50	1 163.9	2 400.0	4 994.5	7 217.7	10 435.6	21 813	45 497	195 373	819 103	3 338 460	13 202 094
60	3 034.8	7 471.6	18 535	29 220	46 057.5	114 190	281 733	1 679 147	9 670 301	53 614 945	285 780 109

附表 4

普通年金现值系数表 $FPVA_{in} = [1-(1+i)^{-n}]/i$

n	1%	2%	3%	4%	5%	6%	7%	8%	9%
1	0.990 1	0.980 4	0.970 9	0.961 5	0.952 4	0.943 4	0.934 6	0.925 9	0.917 4
2	1.970 4	1.941 6	1.913 5	1.886 1	1.859 4	1.833 4	1.808 0	1.783 3	1.759 1
3	2.941 0	2.883 9	2.828 6	2.775 1	2.723 2	2.673 0	2.624 3	2.577 1	2.531 3
4	3.902 0	3.807 7	3.717 1	3.629 9	3.546 0	3.465 1	3.387 2	3.312 1	3.239 7
5	4.853 4	4.713 5	4.579 7	4.451 8	4.329 5	4.212 4	4.100 2	3.992 7	3.889 7
6	5.795 5	5.601 4	5.417 2	5.242 1	5.075 7	4.917 3	4.766 5	4.622 9	4.485 9
7	6.728 2	6.472 0	6.230 3	6.002 1	5.786 4	5.582 4	5.389 3	5.206 4	5.033 0
8	7.651 7	7.325 5	7.019 7	6.732 7	6.463 2	6.209 8	5.971 3	5.746 6	5.534 8
9	8.566 0	8.162 2	7.786 1	7.435 3	7.107 8	6.801 7	6.515 2	6.246 9	5.995 2
10	9.471 3	8.982 6	8.530 2	8.110 9	7.721 7	7.360 1	7.023 6	6.710 1	6.417 7
11	10.368	9.786 8	9.252 6	8.760 5	8.306 4	7.886 9	7.498 7	7.139 0	6.805 2
12	11.255	10.575	9.954 0	9.385 1	8.863 3	8.383 8	7.942 7	7.536 1	7.160 7
13	12.134	11.348	10.635	9.985 6	9.393 6	8.852 7	8.357 7	7.903 8	7.486 9
14	13.004	12.106	11.296	10.563	9.898 6	9.295 0	8.745 5	8.244 2	7.786 2
15	13.865	12.849	11.938	11.118	10.380	9.712 2	9.107 9	8.559 5	8.060 7
16	14.718	13.578	12.561	11.652	10.838	10.106	9.446 6	8.851 4	8.312 6
17	15.562	14.292	13.166	12.166	11.274	10.477	9.763 2	9.121 6	8.543 6
18	16.398	14.992	13.754	12.659	11.690	10.828	10.059	9.371 9	8.755 6
19	17.226	15.679	14.324	13.134	12.085	11.158	10.336	9.603 6	8.950 1
20	18.046	16.351	14.878	13.590	12.462	11.470	10.594	9.818 1	9.128 5
21	18.857	17.011	15.415	14.029	12.821	11.764	10.836	10.017	9.292 2
22	19.660	17.658	15.937	14.451	13.163	12.042	11.061	10.201	9.442 4
23	20.456	18.292	16.444	14.857	13.489	12.303	11.272	10.371	9.580 2
24	21.243	18.914	16.936	15.247	13.799	12.550	11.469	10.529	9.706 6
25	22.023	19.524	17.413	15.622	14.094	12.783	11.654	10.675	9.822 6
30	25.808	22.397	19.600	17.292	15.373	13.765	12.409	11.258	10.274
40	32.835	27.356	23.115	19.793	17.159	15.046	13.332	11.925	10.757
50	39.196	31.424	25.730	21.482	18.256	15.762	13.801	12.234	10.962
60	44.955	34.761	27.676	22.624	18.929	16.161	14.039	12.377	11.048

（续表）

n	10%	12%	14%	15%	16%	18%	20%	24%	28%	32%	36%
1	0.909 1	0.892 9	0.877 2	0.869 6	0.862 1	0.847 5	0.833 3	0.806 5	0.781 3	0.757 6	0.735 3
2	1.735 5	1.690 1	1.646 7	1.625 7	1.605 2	1.565 6	1.527 8	1.456 8	1.391 6	1.331 5	1.276 0
3	2.486 9	2.401 8	2.321 6	2.283 2	2.245 9	2.174 3	2.106 5	1.981 3	1.868 4	1.766 3	1.673 5
4	3.169 9	3.037 3	2.913 7	2.855 0	2.798 2	2.690 1	2.588 7	2.404 3	2.241 0	2.095 7	1.965 8
5	3.790 8	3.604 8	3.433 1	3.352 2	3.274 3	3.127 2	2.990 6	2.745 4	2.532 0	2.345 2	2.180 7
6	4.355 3	4.111 4	3.888 7	3.784 5	3.684 7	3.497 6	3.325 5	3.020 5	2.759 4	2.534 2	2.338 8
7	4.868 4	4.563 8	4.288 3	4.160 4	4.038 6	3.811 5	3.604 6	3.242 3	2.937 0	2.677 5	2.455 0
8	5.334 9	4.967 6	4.638 9	4.487 3	4.343 6	4.077 6	3.837 2	3.421 2	3.075 8	2.786 0	2.540 4
9	5.759 0	5.328 2	4.946 4	4.771 6	4.606 5	4.303 0	4.031 0	3.565 5	3.184 2	2.868 1	2.603 3
10	6.144 6	5.650 2	5.216 1	5.018 8	4.833 2	4.494 1	4.192 5	3.681 9	3.268 9	2.930 4	2.649 5
11	6.495 1	5.937 7	5.452 7	5.233 7	5.028 6	4.656 0	4.327 1	3.775 7	3.335 1	2.977 6	2.683 4
12	6.813 7	6.194 4	5.660 3	5.420 6	5.197 1	4.793 2	4.439 2	3.851 4	3.386 8	3.013 3	2.708 4
13	7.103 4	6.423 5	5.842 4	5.583 1	5.342 3	4.909 5	4.532 7	3.912 4	3.427 2	3.040 4	2.726 8
14	7.366 7	6.628 2	6.002 1	5.724 5	5.467 5	5.008 1	4.610 6	3.961 6	3.458 7	3.060 9	2.740 3
15	7.606 1	6.810 9	6.142 2	5.847 4	5.575 5	5.091 6	4.675 5	4.001 3	3.483 4	3.076 4	2.750 2
16	7.823 7	6.974 0	6.265 1	5.954 2	5.668 5	5.162 4	4.729 6	4.033 3	3.502 6	3.088 2	2.757 5
17	8.021 6	7.119 6	6.372 9	6.047 2	5.748 7	5.222 3	4.774 6	4.059 1	3.517 7	3.097 1	2.762 9
18	8.201 4	7.249 7	6.467 4	6.128 0	5.817 8	5.273 2	4.812 2	4.079 9	3.529 4	3.103 9	2.766 8
19	8.364 9	7.365 8	6.550 4	6.198 2	5.877 5	5.316 2	4.843 5	4.096 7	3.538 6	3.109 0	2.769 7
20	8.513 6	7.469 4	6.623 1	6.259 3	5.928 8	5.352 7	4.869 6	4.110 3	3.545 8	3.112 9	2.771 8
21	8.648 7	7.562 0	6.687 0	6.312 5	5.973 1	5.383 7	4.891 3	4.121 2	3.551 4	3.115 8	2.773 4
22	8.771 5	7.644 6	6.742 9	6.358 7	6.011 3	5.409 9	4.909 4	4.130 0	3.555 8	3.118 0	2.774 6
23	8.883 2	7.718 4	6.792 1	6.398 8	6.044 2	5.432 1	4.924 5	4.137 1	3.559 2	3.119 7	2.775 4
24	8.984 7	7.784 3	6.835 1	6.433 8	6.072 6	5.450 9	4.937 1	4.142 8	3.561 9	3.121 0	2.776 0
25	9.077 0	7.843 1	6.872 9	6.464 1	6.097 1	5.466 9	4.948	4.15	3.564 0	3.122 0	2.776 5
30	9.426 9	8.055 2	7.002 7	6.566 0	6.177 2	5.516 8	4.978 9	4.160 1	3.569 3	3.124 2	2.777 5
40	9.779 1	8.243 8	7.105 0	6.641 8	6.233 5	5.548 2	4.996 6	4.165 9	3.571 2	3.125 0	2.777 8
50	9.914 8	8.304 5	7.132 7	6.660 5	6.246 3	5.554 1	4.999 5	4.166 6	3.571 4	3.125 0	2.777 8
60	9.967 2	8.324 0	7.140 1	6.665 1	6.249 2	5.555 3	4.999 9	4.166 7	3.571 4	3.125 0	2.777 8